인간 이후의 철학

인간 이후의 철학

시노하라 마사타케 지음 / 최승현 옮김

OIUI

일러두기

1. 단행본과 정기 간행물에는 《 》를, 논문과 작품명 등에는 〈 〉를 사용했다.
2. 본문 하단의 각주는 옮긴이의 주이다.

한국어판 서문

이 책은 인간의 조건에 관한 근대적 이해를 비판적으로 재검토하고자 하는 문제의식을 기반으로 쓴 것이다. 기후 위기나 인공 지능(AI)의 발전은 인간 존재를 지탱하는 인간의 조건에 관한 근대적 이해의 한계를 보여 준다(나는 이 개념을 한나 아렌트의 《인간의 조건》에서 얻었다). 이는 인간 세계가 자연과 단절된 것이며 안정적이고 지속 가능한 상태로 유지되어 왔다는 근대적 이해가 어려워졌음을 뜻한다. 인간의 조건에 관한 근대적 이해는 서양 여러 나라에 한정된 것이 아니다. 일본도 19세기 후반에 시작된 '서양화' 속에서 학술, 정치제도, 생활 양식의 근대화modernization를 맞이했다. 이 과정에서 '인간과 자연이 분리된다'는 생각이 사람들 사이에 널리 퍼졌다. 그러나 최근 이상 기후는 인간 세계가 자연 세계와 분리된다는 가정에 대한 재검토를 요구하기 시작했다. 일본에서는 2011년 3월 11일에 발생한 동일본 대지진 이후 인간의 조건 자체가 '근본적으로 불안정하다radical uncertainty'는 감각이 높아졌다. 물론 이 불안감을 해소하고자 하는 분위기도 감지된다.

　이로부터 인간의 존재 조건에 관한 이해를 새롭게 그리는 작업이 요청된다. 나는 이와 같은 문제의식을 기반으로 "인간의 조건은 인위적 산물로서 자연과 분리된 지점에서 성립한다"는 한나 아렌트의 테제에 대한 비판을 시도했다. 인공물로 구축된 인간 생활의 조건과 자연이 어떻게 다른가를 생각하는 동시에 인공적 세계의 한계를 재검토한 것이다. 미국의 사상가 프레드릭 제임슨은 1991년 저작인《포스트모더니즘, 혹은 후기 자본주의 문화 논리Postmodernism, or, The Cultural Logic of Late Capitalism》에 모더니티는 인공화이며 포스트모더니티는 그 인공화가 완성된 상태라고 썼다. 그러나 나는 세계의 인공화가 과연 완성될 수 있느냐라는 의문을 가진다. 제임슨이 말한 것처럼 포스트모더니티에서 인공화가 완성되더라도 인류세에서는 오히려 그 한계 사태로 인공물의 위태로움이나 불안정성uncertainty이 명료해질 것이다(파울 크뤼천을 필두로 과학자들이 제시한 가설이다. 인간 활동이 지구에 끼치는 영향이 자연의 모든 힘에 필적할 정도로 고조되어 지구적 조건 자체의 변경이 일어난다). 인공화된 상황은 붕괴하거나 잠재적으로 폐기물이 될 수 있다. 재활용되지 못하고 방치된 채 폐허로 남을 수 있다는 점이 명확해진 셈이다.

나는 사실 이 폐허화를 인류세라는 행성적 사태의 징후로 파악한다. 2016년에 개최된 베네치아 비엔날레 국제건축전의 일본관 제작 위원으로 참가한 적이 있다. 전체 테마는 '건축을 통해 인간이 살기 위한 조건을 만들 수 있는가'였고, 건축가인 알레한드로 아라베나가 총괄 디렉터를 맡았다. 나는 여기에서 매우 충격적인 전시를 보았다. 바로 발트 삼국관 전시였다. 스페인관이나 한국관 등 흥미로운 전시도 있었지만, 발트 삼국관 전시는 공산권 붕괴 이후의 풍경을 제시하고 있어 매우 충격적이었다. 여러 공장과 발전소 등 인간이 만든 인공 시설이 폐기되고 난 뒤의 풍경이 대량으로 전시된 것이다. 공산권 내부로 국가가 병합된 시대에는 인공 환경 또한 인간 사회와의 상호 관계 속에서 유지되고, 그것이 인간을 위해 쓰였다. 하지만 냉전의 종식과 더불어 공산주의 체제가 붕괴되고 이를 인간이 쓰지 않게 됨에 따라 사물로 방치되었다. 전시는 인간에게서 멀어진 세계이자 인간 부재의 세계를 눈앞에서 그대로 보여 주는 느낌이었다.

되돌아보면 나는 줄곧 그런 생각을 해 온 듯싶다. 예컨대, 2000년대 후반 이후 일본 열도 각지에서 이른바 '셔터가 내려진 상점가'를 마주하곤 했다. 휴업이나 폐점으로 셔터가 내려진 상점이 늘어난 상점가는 지구 사회의 쇠퇴나 초고령화를 반영하는 것으로 인간이 사용해 온 상태를 '벗어나' 사물이 된 점포가 폐기물로 남게 된 상황이다. 접골원이나 100엔숍이던 가게는 무너지고 텅 빈 땅에는 잡초만 무성할 뿐이다. 공산권 붕괴 이후의 공장이나 인구 감소로 쇠퇴한 일본에서 셔터가 내려진 상점가는 인간이 없어져도 인간이 건설 활동을 통해 지구상에 각인시킨 흔적을 남겨 놓는다. 상상력을 발휘할 것도 없이 산중에 건조된 댐이 누구도 쓰지 않은 채 폐기된다거나 고속 도로 및 매립지에 세워진 쇼핑몰이 인구 감소와 도시의 축소로 그대로 폐기된다.

　내 질문의 기점에는 생활 세계의 인공화라는 문제가 있다. 이는 건축에 대한 흥미에서 출발한 것이다. 도시는 수목형 구조가 아닌 다양한 요소가 합쳐져 형성된 준격자semilattice 구조라고 할 수 있다. 나는 대학원 석사 과정에서 도시적 요소의 단편을 집적하여 풍요롭고 살아 있는 도시의 양상을 만드는 '패턴 랭귀지' 방법을 제창한 크리스토퍼 알렉산더의 건축론을 공부했다. 박사 과정에서는 이를 아렌트의 공적 공간과 함께 논의했다. 이때부터 나는 인공적인 도시에는 무언가 본질적인 것이 없고 인간 생활을 살아 있게 하는 조건이 결여되어 있다고 생각하기 시작했다.
　예컨대, 전형적으로 교외에 건설된 대단지 주택 단지에는 기능성과 인공성을 결합한 쇼핑센터나 공원 등 최적화된 공간들이 있다. 반면 생활being alive을 위한 공간은 없다. 마찬가지 이야기를 한국 영화인 〈플란다스의 개〉(2000)에서도 하고 있다. 그렇다면 인공성 이외의 것이란 무엇인가, 또 인공성이란 대체 무엇인가, 나아가 무엇을 위해 사람은 인공 세계를 건축하는가 등을 더욱 이해하기 어렵게 된다.

그러나 2000년대 이후부터 그렇지 않다고 보게 되었는데, 그 이유는 무너지기 쉽고 폐기 가능한 인공 세계에서 살아가는 근거를 발견했기 때문인 것 같다.

발트 삼국관 전시에서 본 폐허의 풍경은 냉혹했다. 이는 발트 지역의 한랭 기후나 황량한 토양 같은 자연환경 자체의 인상 때문이기도 하지만, 인공 시설이 만들어진 장소 자체의 침식과 붕괴의 모습을 상징적으로 보게 되었기 때문이다.

인간은 거주할 수 있는 행성인 지구 위에 인공물을 건설해 왔다. 그 후 그것이 버려지고 방치된다. 인간이 없는 상태로 시설이 남겨진다. 인간의 시간 감각과는 무관한 상태로 사물이 존재한다. 만일 현재 인간이 써 온 인공물을 1억 년이 지난 뒤 인간 이외의 지성이 발견한다면 이는 공룡의 화석처럼 인간적인 것과는 무관한 지질학적인 것으로 여겨지고 발굴될 것이다. 인간이 만든 인공물이 그 세계에 각인되기 전 존재하는 것이다. 그렇게 되면 지구가 탄생한 46억 년 전부터 이런 장소가 있었을지도 모른다. 46억 년이라는 시간의 흐름 속에 공장이 있었다고 할 수 있다. 그렇다면 이 인공물 바깥 혹은 이 인공물의 존재 가능성에 앞서 인간이 관여할 수 없는 완전히 다른 세계가 있었다고 할 수 있다.

　여기서 새롭게 드러나는 것은 어쩌면 행성의 경계, 디페시 차크라바르티가 말하는 '행성적인 것'일 것이다. 인도 출신으로 현재 시카고 대학에서 교편을 잡고 있는 차크라바르티는 '인류세'를 다음과 같이 설명한다. 한편으로 생태 위기는 인류 자신이 이후 지속 가능한가에 관한 불안을 낳는다. 과거부터 현재 그리고 미래로 이어지는 시간적 지속의 가능성이 희박해지고 있다. 미래는 불확실하다. 다른 한편으로 홀로세의 종말은 지질학적 시간 속에서 인간도 살아간다는 것에 대한 자각을 촉진하고 있다. 인간적 척도를 벗어난 시공간에 인간도 살고 있다는 것에 대한 자각 말이다. 곧 인류세는 인간이 사는 곳의 조건에 관한 철저한 비인간성radical inhumanity of the condition for human inhabitation을 고려하지 않을 수 없음을 말해 준다.

　우리 인간은 대단히 작은 존재로서의 인간을 포함하는 거대한 세계인 지구적 영역 속에서 계속 살아왔다. 이와 상관없이 지구적 영역은 전혀 보이지 않는다. 인공화에 한계가 있음에도 그것이 보이지 않는 것이다. 산업 혁명에 따른 근대화가 시작되고 인공물을 제작하는 생존 영역을 확장해 왔지만, 거기서 인간 없는 곳의 영역은 인간에 의해 조종 가능한 대상으로 간주되어 왔다. 실제로 그것이 가능했다. 따라서 행성적인 것이라는 의미에서의 외부 세계를 의식하지 않아도 괜찮았다. 그러나 현재 생태 위기에서는 이처럼 인공적으로 만든 환경 자체가 흔들리고 때로 붕괴한다. 이 붕괴로 인해 외부로서의 지구적인 경계가 드러나게 된다. 이를 통해 우리가 안정적인 것으로 생각하던 인공화된 세계가 사실 전혀 안정적이지 않음을 깨닫게 된다. 인간은 인공적 세계를 만들어 왔지만 그것이 간단히 무너진 상황을 눈앞에서 목격하고 그 한계를 직시하는 일, 즉 인간의 영역과 그 바깥에 펼쳐진 행성적인 영역과의 경계선을 재검토할 필요가 있다. 인간은 인공적으로 생산한 사물을 지구상에 각인시켜 자신의 생활을 위한 장소로 삼아 왔다. 고도 성장기에는 이것이 확대되었지만 인구 감소 시대(생산적 노동 인구 감소, 유지 비용 감소 등)에는 쓸 수 없게 된 인프라가 폐기되고 재해가 발생하면 무너져 버린다.

중국의 천키우판(陳楸帆, Chen Qiufan)이라는 작가가 쓴 《버려진 조류》(《荒潮》, Waste Tide, 2013)라는 SF 소설이 있다. 이 소설은 망가진 아이폰이나 개인용 컴퓨터 등 유용하던 물건이 폐기된 '실리콘섬'을 무대로 쓰레기가 된 사물이 사용 가능한 새로운 물질로 재생된다는 이야기를 담고 있다. 이는 이른바 인공물과 쓰레기의 경계에 집적된 장소를 파악한 작품이다. 예컨대, 지금 우리는 인공물인 개인용 컴퓨터를 쓰고 있지만 어쩌면 미래에 이 컴퓨터는 쓰레기가 될지도 모른다.

쓰레기가 된 컴퓨터가 실리콘섬으로 보내지거나 유용한 인공물로 재생됨으로써 경계선상에 놓이게 된다.

  나는 인간의 세계 자체가 그러한 경계선상에 위치한다고 생각한다. 내가 지금 머무는 건물도 태풍이나 지진이 닥쳐 일순간 파탄 날 가능성이 있다. 현재 상황과 파탄 난 상황은 표리일체의 관계로서 쓰레기가 아니거나 쓰레기가 될 것이다. 이렇게 본다면 고가의 공예품이나 개인용 컴퓨터, 100엔 숍에서 산 도시락통은 인공물이라는 의미에서는 같다. 그것들은 사용하지 않으면 그저 집적된 사물로 버려진다는 의미에서 동일하다. 나는 인위적 산물이 완전히 무너지지 않은 채 남아 있음을 보면서 이를 지탱해 온 인간 중심주의적 사고나 세계관에 무리가 있다고 생각한다. 이에서 무언가를 느끼는 사람도 적지 않겠지만 대부분은 단순히 변하지 않은 채로 유지해 온 인간관이나 세계관을 토대로 일상생활을 이어 간다. 이로부터 거리를 두고 인간관이나 세계관을 직시할 필요가 있다. 이를 위해 폐허가 된 장소에 몸을 둘 필요가 있다.

  이러한 상황 인식에서 새삼스럽게 묻는 것은 '나는 언제, 어디에 있는가'이다. 서양 중심적 세계 설정에 기반해 성장해 온 우리는 이미 '잠재적인 폐허 상황' 속에 살고 있다. 그러나 이 폐허 상황에서 만나는 '행성'의 보편성, 즉 모든 인간이 사는 곳의 '유일성$_{oneness}$'을 느낀다. 디페시 차크라바르티가 최근 저작인《하나의 행성, 여러 세계들One planet, Many worlds : The Climate Parallax》에서 말한 것처럼 우리는 이 유일한 행성에서 '복수의 존재 방식'으로 살아간다. 이 책도 결국 '일본'이라는 장소에서 논의된 것이다. 한국의 모든 독자도 '행성의 유일성'을 독자적 생활 양식 속에서 느끼고 반성적으로 이해하고 있을 것이다.

마지막으로 이 책《인간 이후의 철학》이 한국어로 번역된 것을 기쁘게 생각한다. 이 책은 사변적 실재론이나 인류세의 인문학에 관한 서양의 최첨단 지식을 일본어로 번역해 동아시아의 작은 나라인 일본에 도입하고자 한 것이다. 한편, 일본의 전통적인 지식에 대한 감각을 논하면서 서양의 지식을 재해석하고 그 세계적 의의를 검토했다. 이와 동일한 시각을 같은 동아시아에 위치한 한국의 독자들도 이해하시리라 생각한다. 번역을 해 주신 최승현 교수님을 비롯해 이 책의 출간을 위해 노력해 주신 모든 분에게 감사드린다.

2023년 5월

서문

2000년대 후반 이후 철학적 사고는 인간에게서 멀어진 세계나 인간 부재의 세계로 향하고 있다. 인간에게서 벗어나 멀어진 세계. 인간으로서는 도달할 수 없는 지경에 이른 세계. 예를 들어, 인간이 소멸하더라도, 인간이 정한 이름이나 분류 도식이 모두 사라지더라도 여전히 남아 있는 세계. 우리는 그러한 세계를 어떻게 다루고, 그것에 어떻게 개입할 것인가? 우리는 그러한 세계에 발맞춰 새로운 사고를 시작해야 한다. 생존을 위해 만들어 온 인위적 질서인 인간 세계와 상관없는 세계, 이 세계로 인해 자연스러운 질서와는 다른 인위적 질서를 간단히 정리할 수 없게 된 것이 현실이다.

지금까지 근대 이후의 인간은 살아 있는 자연이 기른 유기체적 질서에서 빠져나와 스스로의 질서를 구축하고, 그 질서를 문화이자 상징 교환의 체계로 삼아 왔으며, 의사소통 행위를 위한 공적 공간을 세웠다. 그리고 이를 자신의 존재론적 근거로 삼아 왔다.[1] 그런데 지금 인간은 자신을 둘러싼 세계가 인위적 질서 자체에서 멀어질 뿐 아니라 통제선 바깥에서 변용되는 것을 목도하고 있다. 지구 온난화, 인류세, 팬데믹의 위협, AI의 진화, 내전과 국가 붕괴 같은 문제군이 새롭게 부상하거나 인간의 의식 및 언어와 관련되어 구축된 인위적 질서가 사실상 위험에 처하고 붕괴 상태에 이르렀다. 이뿐 아니라 인간에게서 멀어진 세계의 일부, 즉 인간과의 상호 연관망 한복판에 존재하던 세계가 새롭게 발견되기 시작했다. 이에 따라 철학적 사고 또한 근본적으로 바뀌지 않을 수 없게 되었다.

이 책은 현재 진행 중인 철학적 사고의 변화를 인간적 질서 바깥에서 세계의 변화를 진전시키는 것으로 파악하고, 다양한 논문이나 저작을 독해하면서 그 논리를 탐구해 나간다. 이 책의 과제는 다음 세 가지로 요약할 수 있다.

첫째, 취약성에 대한 실존 감각sense of fragility, 인간적 척도를 벗어나 확장 중인 세계의 일부로 살아가는 감각의 내용에 관한 질문.

둘째, 인간을 벗어나지만 인간이 살며 만들어 낸 세계를 둘러싼 현대 철학과 사상에 대한 독해. 중요한 것은 인류세 학설이다[인류세에 관해서는 졸저(2018)에서 논한 바 있다]. 2000년대에 제창된 이 학설에 따르면 이산화탄소 배출이나 댐 건설, 고속 도로 건설 등 인간 활동이 지구를 근본적으로 바꿔왔다. 이 변화는 인간의 생존 조건에 근본적인 영향을 미칠 것이다. 이 책은 이 학설의 충격을 받아들이면서 현대 철학과 사상의 조류를 세계의 전환에 대한 징후로 독해하고, 인간의 조건에 대한 철학적 재설정을 위한 지침을 도출하고자 한다.

셋째, 인간 내부가 아닌, 즉 인간적 척도를 벗어난 세계는 형체가 없는 세계, 침묵과 무음, 주변성, 사물이 남긴 흔적, 공공성 이전의 세계이다. 형체가 없는, 무음의, 독특하고 흔적 없는 사물성이 존재한다. 그런데 보통 우리는 상식적으로 존재하는 일상생활에 매몰되지 않고서는 세계의 사물성을 느낄 수 없다고 생각한다. 그러나 이 책은 생활 세계와 그것을 다루는 사물의 세계에 관심을 둔다.

우리가 경험 중인 인간 문명의 위기는 인간의 생존 위기이다. 역설적이게도 인간 소멸의 위기는 우리가 지구라는 조건에서 사는 존재임을 알게 해 준다. 중요한 것은 인간의 삶을 그저 연장하는 게 아니라 살아 있는 인간으로서 그 실존적 조건을 새롭게 정의하는 일이다. 인간이 소멸하더라도 남아 있는 지구의 조건을 발견한다든가 모든 존재의 일부로 인간을 새롭게 정의하는 것이다.

그런데 인간의 존재 조건을 설명하기 위한 말로 취약성이나 섬세함을 뜻하는 '프래절fragile'은 내가 만든 것이 아니다. 이는 티머시 모턴(Timothy Morton, 1968~   )의 용어에서 시사점을 얻은 것이다[모턴의 사상에 대해서는 졸저(2016a)를 참고할 것]. 모턴은 《자연 없는 생태주의Ecology without Nature》(2007)와 《생태주의적 사고Ecological Thought》(2010)에서 인간이 사는 곳을 '둘러싼 것'으로 파악하고, 상호 연관의 망에서 공존하는 상태 자체가 생태주의적이라고 생각한다. 그것은 "자기를 포함한 세계에 대한 평온한 감각"(Morton, 2002 : 56)이 표류하는 것이다. 그러나 그는 인간이 사는 곳으로서의 세계 자체를 죽음이나 소멸과의 접점에서 사고한다. '둘러싼 것'이나 상호 연관의 망이라는 말은 그 자체로 취약한 것, 붕괴되기 쉬운 것, 섬세한 것, 정할 수 없는 것을 뜻한다.

모턴은 "존재하기 위해서는 취약하고 섬세해야만 한다"(Morton, 2013a : 188)라고 말한다. 그렇지 않으면 그것은 존재할 수 없는 것이기도 하다. 취약함과 섬세함은 존재의 근거이다. 그것들이야말로 존재할 수 있게 해 주는 것이다. 취약함과 섬세함으로 존재한다는 것은 결국 붕괴하고 마는 상태로 존재함을 뜻하기도 한다. 세계는 부서지는 가운데 존재한다. 우리는 세계의 부서짐이라는 실재를 우리가 서 있는 장소와 관련지어 경험한다. 인간의 언어를 통한 파악에 앞서 사물을 소재로 구축된 장소 자체의 부서짐을 경험하는 것이다. 그리고 세계는 인간적 척도를 초월한 시공을 가진 곳으로서 인간 또한 이따금 거주하는 곳이다. 이 상태를 어떻게 생각하면 좋을까? 이 상태에 대한 통찰은 인간 생활을 영위하는 우리에게 얼마만큼 의미가 있을까?

이 책은 "우리는 세계의 종말 이후 상황을 살아간다"(Morton, 2013b : 7)는 모턴의 한 문장에서 힌트를 얻었다. 그것은 인간적 척도와의 관련 속에서 성립하는 인간 세계와 배경으로서의 세계 간 구분이 붕괴되는 것을 뜻한다. 우리는 이 구분의 붕괴 이후 인간적 척도만이 지배적이던 때 의식하지 못하던 여러 존재가 우리의 일부임을 알게 된다.

그러나 모턴의 사상은 독립적으로 존재하는 것이 아니다. 그와 같은 시대, 즉 21세기 초에 인간 또한 거주하는 세계의 정립 불가능, 취약함, 사물성을 둘러싼 논의가 융성했다. 그레이엄 하먼, 퀑탱 메이야수, 디페시 차크라바르티, 마르쿠스 가브리엘, 에두아르두 비베이루스 지 카스트루, 미요시 마사오, 프레드 모튼, 클레어 콜브룩 등은 인간의 소멸이라는 이론적 과제를 통해 인간 세계의 정립 불가능성, 사물성에 대한 관심으로 향하고 있다. 인간 세계의 정립 불가능성이란 인간적 척도를 벗어난 지점에 존재하는 세계와의 접촉면이 존재하는 상태를 의미한다. 비인간적인 동시에 살아 있는 곳으로서의 세계가 아니라 이로 인해 침식된 상태를 의미한다. 인간 이후를 묻는다는 것이 인간의 소멸을 의미하지는 않는다. 그

것은 세계의 변용과 더불어 인간의 존재 방식 또한 바뀜을 인
정하고 그런 가운데 인간을 어떻게 할 것인가, 어떻게 살아갈
것인가를 묻는다는 뜻이다

차례

프롤로그

　2019년 8월 3일, 프랑스인 길리언 씨로부터 다음과 같은
메일을 받았다.
　"저는 건축과 사회, 자연재해를 공부하는 건축학과 학생입
니다. 일본 대학에 교환 학생으로 와 있는데, 며칠 간사이 지
역에 머물면서 당신과 이야기를 나누고 싶습니다."
　길리언 씨는 최근 일본의 건축가들은 건축물만이 아닌 주
변 환경을 포함해 생각하고 실천하는 이가 많은 듯하다고 했
다. 그가 연락한 이유는 지진의 충격이 크다고 생각했기 때문
이다. 나는 다음과 같이 말했다.
　"건축도 인간 생활을 위한 토대이며 주어진 조건에 맞게 만
든 인공물입니다. 보통 그것은 붕괴되지 않고 안정적으로 유
지된다고 생각합니다. 이때 건축, 나아가 거기서 살아가는 사

람들을 다루지 않을 수 없습니다. 지진이나 해일과 같이 인간 세계의 무언가를 일시에 파탄 내 잿더미로 만드는 사건이 발생하지 않을 수 없기에 자신의 생활을 지탱하는 조건을 생각하지 않을 수 없죠. 그때 무엇이 발견될까요? 역시 부서짐의 감각, 취약성에 대한 감각sense of fragility이라고 생각합니다."

신체가 직접 지면에 접촉하는 세계는 잠재적으로 불안정성을 띤다. 정해지지 않은 세계. 이 현실이 2011년 지진으로 재발견되었다. 지진은 가옥을 무너뜨리고 잿더미라는 사물의 산란 상태를 만들었다. 인간 세계는 소멸하지 않았음에도 사람이 그 위에서 살 때와는 달리 파탄 상태로 이행했다. 거기서 일어난 일은 무수한 사물을 묶어 구축한 장소에 세워진 생활 조건의 붕괴이다.[2]

대체 무엇이 붕괴한 걸까? 그저 건물이 무너졌거나 도로가 파탄 난 것만이 아니다. 붕괴는 물리 법칙을 따르는 객관적 자연 현상에 불과한 것이 아니라 살아가는 조건과 관련되는 실존적 사태, 즉 인간의 존재, 생존의 조건 자체와 관련되는 사태이다. 이 사태를 생각해서라도 현실 세계와 관련된 사상적 설정을 근본적으로 바꿀 것이 요청된다.

인간 세계는 이를 둘러싼 자연 세계의 일부에 불과하다. 인간 또한 이처럼 사소한 입장에서 살아간다. 이렇게 생각할 것을 요청받지만 어쩌면 이는 단순한 것일지도 모르겠다. 과학

문명 덕분에 생활은 편리해졌다. 그러나 여기서 우리는 인간 생활이 자연과의 접점, 곧 자연 세계와 맞닿은 지점에서 영위된다는 사실에 무감각해지고 있다. 인간의 생활은 우리의 염원이나 의식에 대해 완전히 무관심한, 인간적 척도를 벗어난 곳에 있는 광대한 자연 세계의 일부에 불과하다는 의미에서 그러하다. 그에 따라 인간의 사고 또한 자연 세계를 벗어나 구축된 인간 세계에 적합한 것, 인간 세계를 둘러싼 것을 생각하지 못하고 있다.

나는 이 책에서 사상적으로 막다른 골목에서 빠져나오고자 2000년대 후반에 시작된 철학적 성과를 독해할 것이다. 여기서 중요한 것은 '인간은 인간을 벗어난 세계에 살고 있다'는 그레이엄 하먼(Graham Harman, 1968~　)의 아이디어이다. 그는 박사 논문을 토대로 한 저서인 《도구 존재Tool-Being》(2002)에서 하이데거 철학의 주요 개념 중 하나인 '도구 존재'를 실마리로 사물 자체의 존재론을 펼친다. 이 독해는 '이론적인 추상성에 대한 실천의 우위'나 '사물 자체에 대한 언어적 연결망의 우위'를 주장하는 하이데거에 관한 기존의 해석을 비판한다. 하먼은 자신의 주장에 대해 다음과 같이 말한다.

귀향 존재Zuhandenheit는 사물과 관련되지만, 이는 사물이 인간의 시야에서 이탈하여 어둠에 은폐된 현실dark subterranean reality을 벗어나는 한에서 그러하다. 이 현실은 이론적인 자각이든 현실적 행위이든 현전할 수 없다(Harman, 2002 : 1).[3]

한 사물이 다른 사물과 연관되는 상태로서의 귀향 존재는 거기에 인간이 있는가 아닌가와는 무관하게 그 자체로 존재한다. 이를 하먼은 '어둠에 은폐된 현실'이라고 표현하지만 나는 어둠과 은폐됨을 어떻게 볼 것인가, 곧 무엇이 어둠 속에 은폐되어 있는가를 과제로 삼아야 한다고 생각한다. 실제로 하먼은 이후의 《게릴라 형이상학Guerilla Metaphysics》(2005)에서 인간을 벗어난 세계에서 사물 간의 상호 작용과 관계가 벌어지는 지점을 사고해 나간다. 이 무렵 하먼은 어쩌면 하이데거나 현상학 연구자 집단의 책을 내고 논문을 썼을 테지만, 그의 논의는 독창적인 것으로서 성실한 하이데거 학자나 레비나스 학자와는 애초 대화가 될 수 없었다. 2006년 그는 퀑탱 메이야수(Quentin Meillassoux, 1967~   )의 《유한성 이후 After Finitude》(2006)를 만난다. 어쩌면 그에게 결정적인 만남이었을 것이다. 자신과 같은 생각을 지닌 사람이 프랑스에 있었기에 말이다. 하먼은 메이야수의 철학에서 "인간 사고의 바깥에 있는 모든 존재의 자율적 현실"이 중요 과제라고 생각한다며 "메이야수는 인간의 사고 바깥에 늘 무언가가 존재한다고 생각한다. 그리고 이 사고는 정확히 우발적이다"(Harman, 2011 : 9)라고 말한다.

그는 메이야수와의 만남을 통해 2007년 런던 대학의 골드스미스 칼리지에서 새로운 사상 조류로서의 '사변적 실재론'을 주장하는 학술 대회를 개최하는 일에 관여한다(Brassier, Grant, Harman, and Meillassoux, 2012). 이로부터 시작된 조류는 우리가 살고 있는 세계에 사고의 변화를 적확히 표현할 수 있는 것으로 수용되어 현재 진행 중이다.

이 조류에 티머시 모턴도 반응했다. 모턴은《자연 없는 생태주의》(2007) 이후의 새로운 환경 철학에 대한 시도를 동시대의 것으로 수용해 나간다. 그는 우선《생태주의적 사고》(2010)에서 '거대 사물'이라는 말을 제시했고(Morton, 2010 : 130),《거대 사물Hyperobjects》(2013)에서는 사변적 실재론에서 현재의 인류세적 상황에서 경험하는 바를 생각하고자 세계에 관한 독해를 이어 간다. 모턴이 보기에 사변적 실재론은 "인간의 역사와 지구의 지질학적인 것 간의 두려운 일치"로서 인류세와 동시대적이다(Morton, 2013b : 9). 인간이 실제로 자신의 척도를 벗어난 곳에 있는 지구에서 살아간다는 점을 생각하기 위해서는 인간을 벗어난 세계와의 관계 속에서 인간 세계를 생각해야 할 것이다.

모턴은 인간의 거주지로서 자기 완결적인 장소인 세계를 생각하는 일이 어려워졌다고 주장한다. 이것이 그가 말하는 '세계의 종말'이다. 이는 우선 와트의 증기 기관 발명(1769)에서 시작되어 1945년 맨해튼 계획과 히로시마 및 나가사키에 대한 원폭 투하로 가속화되었다. 이산화탄소와 핵물질의 인위적 증가는 지구의 존재 방식뿐만 아니라 인간 세계의 존재 방식까지 바꾸었다(ibid., 7).

모턴은 "세계의 종말은 거대 사물의 침식에 의해 일어난 일"이라고 말한다. 거대 사물이란 "인간과의 관련으로 시공간에 거대하게 축적된 사물"을 의미하지만(ibid., 1), 그는 인간적 척도를 벗어난 곳에서 사물의 거대한 확산이 일어난다고 보고 인간의 생활 세계는 그 일부라고 생각한다. 하먼 또한 모턴의 사상에 주목하면서 양자의 관심이 비슷한 곳을 향한다고 느낀다. 즉 모턴은 하먼이 말하는 '실재적인 것'과 같은 것을 생각한다는 것이다. 하먼은 "내가 보는가 아닌가와는 무관하게 존재하는 것뿐 아니라 내가 본 부분과는 공약 불가능한 것"으로서 "인간의 직접적 접근에서 물러나 있는 것"으로 생각되는 무언가가 바로 모턴이 말하는 '거대 사물'에 가깝다는 것이다(Harman, 2012 : 18).

그러나 하먼은 자신과 모턴 사이에 불일치가 있다고 생각한다. 하먼의 '객체지향 존재론(OOO : Object Oriented Ontology)'에서 '실재적인 것'은 동일성을 특질로 삼는 데 비해, 모턴은 (어쩌면 데리다의 영향으로) '무엇이든 동일성을 특질로 삼는 것은 없다'고 생각한다는 것이다. 정확히 말해 모턴은 사물을 독립되고 고정적인 것으로 보지 않는다. 하먼의 주장은 오독이 아니다. 그러나 그는 모턴이 왜 그런가를 명확히 다루지 않는다. 내가 볼 때 모턴은 이를 위험함, 섬세함으로 바라본다. 즉 '존재하기 위해 사물은 위험하고 섬세하지 않으면 안 된다'라고 말이다. 이어서 모턴은 다음과 같이 말한다.

이는 당연한 말이지만, 깊은 존재론적 이유에 관해 생각해 보면 매우 신비롭다. 즉 결국 사물은 언제나 우리 주변에서 사멸한다. 예를 들면, 이것이 다른 것을 낳더라도 말이다. 사물에 존재하는 느낌, 감촉은 그 소멸에 대한 슬픈 노래이다(Morton, 2013a : 188).

모턴의 생각에 사물은 그저 일정한 것이 아닐 뿐 아니라 소멸해도 사물로서 존재한다. 소멸한다는 것은 무엇인가? 이는 인간적 척도를 벗어난 곳에 남겨짐을 의미한다. 사물은 인간적 척도를 벗어난 곳에 남겨지더라도 완전히 소멸하지 않는다. 이 차이는 중요하다. 인간적 척도의 관점에서 볼 때 사물은 소멸하지 않을 수 없지만, 사실 그것은 인간적 척도를 벗어난 곳에 물러나 있다. 물러나고 벗어난 곳, 인간 세계 외부 영역에 무언가 흔적처럼 남아 있다.[4]

모턴은 거기에 어떤 감촉, 감각이 살아 있음을 직감하고 그 감촉이 남긴 흔적에서 이 세상에 살아 있는 모든 것을 위한 공존의 실마리를 찾는다.

모턴의 말은 단지 철학서를 읽고서 나온 것이 아니다. 그는 비외르크(Björk, 1965~　　)와의 왕복 서신에서 그녀의 음악에 큰 영향을 받았다고 고백한다.

생각해 보면 수십 년 동안 나는 당신의 음악과 말을 가슴 깊이 간직해 왔습니다. 예를 들면, 나의 '거대 사물'이라는 말 등은 당신이 한 말처럼 들립니다. 당신의 작품은 매우 인간적이라고 할 수 있습니다. 나는 사물을 애니미즘적으로 봅니다. 나는 모든 것이 살아 있다고 생각합니다(Björk and Morton, 2015).

모턴의 '거대 사물'이란 비외르크의 '하이퍼 발라드'에서 유래한다. 왜 하필 비외르크의 음악일까? 그녀의 음악은 모턴이 생각하는 예술 자체이기 때문이다. 모턴은 비외르크의 작품 '오로라'[앨범 〈저녁에Vespertine〉(2001)에 수록]에 관해 다음과 같이 말한다.

오로라에서 눈은 마치 있는 것처럼 묘사되는 동시에 무어라 형용할 수 없을 정도로 감각적인 것을 드러낸다. 그러나 이를 파악할 수는 없다. 이로 인해 눈이 아름다운 것이다(ibid.).

비외르크의 음악은 사물이 존재함을 세상에서 허용하고 그저 존재하도록 할 뿐이다. 그러나 음악에 나타나는 것은 감각적인 것이다. 모턴은 이를 파악할 수 없는 존재라고 말한다.

감각되는 것으로 나타나는 딱 그만큼일 뿐이라는 것이다. 눈의 아름다움은 그것이 녹고 소멸하는 것과 관계가 깊다. 붕괴하고 소멸하는 것, 즉 위태로움이 눈에 현저한 일이라고 생각할 수 있다.

모턴은 눈을 그 위태로움으로 존재하도록 하는 비외르크의 노래를 실재의 영역 혹은 환경과 같은 것으로 생각한다. 그 노래에서 모든 것은 독립적이라 서로 관여하지 않고, 섬세함과 더불어 존재하는 방식으로 만나고 촉발된다. 노래가 하나의 영역을 만들어 낸다. 이를 그는 미적 영역이라고 부른다.

사물이 본질적으로 다름으로 존재하고 그에 대한 감각, 관계, 사용으로 환원되지 않기에 사물이 서로를 촉발하는 것은 이들 사물 앞에 놓인 기묘한 영역이다. 이는 흔적과 족적의 영역이자 미적인 영역이다(Morton, 2013a : 17-18).

세계는 독립을 기조로 삼는다. 사물도 인간도 세계에서 독립적이다. 지각, 관계성, 사용 가치, 시민 사회, 문명과 무관하게, 의미 부여나 해석과도 무관하게 사물도 인간도 세계에서 독립적으로 존재한다. 온갖 관계에서 벗어난 곳에 존재한다. 이것이 하먼이 《도구 존재》에서 주장한 것이다. 이러한 가운데 이제 사물이 상호 작용하고, 또 그것이 어떤 존재 방식을 띠는가, 이것이 《게릴라 형이상학》에서 하먼이 던진 질문이다. 모턴의 논의는 하먼의 물음에 관한 나름의 대답이지만, 그가 독창적인 것은 음악을 필두로 예술과 더불어 느끼고 생각하기 때문이다. 이로부터 상호 촉발의 기제로서 미적 영역이 도출된다. 그것은 흔적과 족적의 영역이다. 일정한 것이 붕괴되고 소멸한 후에 남는 잔향과도 같은 것이 표시된 영역이다.

2019년 8월 3일

제1장

세계의 종말?

2018년 7월 6일 오사카에 호우가 내렸다. 오전에 오사카 시내에서 볼일을 마쳤을 때 큰비가 내려 우메다역의 아나운서가 한큐 다카라즈카선이 운행 정지되었다고 알리는 중이었다. 어쩌면 북오사카행 급행은 운행할지도 모른다고 생각해 우메다역으로 갔는데 운행을 하고 있었다. 전철에 올라 녹지 공원역에서 내려 도보로 집까지 갈 수 있게 된 것에 안도했지만 호우로 전철이 멈춘 일에 큰 충격을 받았다. 역 바깥에는 무섭게 비가 내렸다. 우산이 아무 소용이 없어서 바지와 셔츠 모두 젖었다. 그래도 집까지 걸었지만 정말 내가 걷고 있음을 인식하지 못했다. 거기는 과연 인간의 세계일까? 어쩌면 비의 세계가 아닐까?

두 달 후인 9월 4일에는 간사이 지방에 거대한 태풍이 상륙했다. 이때 센다이에서 직접 경험한 것은 아니지만 직격탄을 맞은 다음 날 오사카에 머무르던 나는 또 한 번 충격을 받았다. 근처 신사에서 나무가 잘리고, 집의 기와 몇 장이 날아가 버린 것이다. 인간적 척도를 넘어선 거대한 것이 통과할 때 휘몰아친 광경이다.

자연 현상으로 볼 때는 그저 호우이고, 바람이 휘몰아쳐 그로 인해 인간의 행동이 방해받고, 주거나 설비가 파탄된 것에 불과할지도 모른다. 그런데 나는 호우나 태풍으로 인간의 생존 조건의 근간이 흔들림을 느낀다. 그뿐 아니라 인간이 살아가는 곳에 대한 기본 설정을 직시하지 않으면 안 된다는 생각이 든다.

이 막연하고 말로 표현할 수 없는 것에 생각이라는 형태를 부여한 것은 모턴의 언어였다. 2017년 8월 그는 휴스턴에서 허리케인을 직접 겪었다. 1년 뒤 쓴 문장에서 그는 자신이 허리케인의 시간을 살았다고 말한다. 그에 따르면 그것은 "인간의 세계에 살고 있지 않다는 감각"(Morton, 2018)이다. 즉 허리케인이 이른바 인간적 척도를 벗어난 것의 일부로서의 세계를 만든다는 것이다.

우리는 인간으로만 구성되지 않은 세계에 살고 있다. 이를 인정하고 받아들이는 것이 우리가 사는 세계에 대한 기본 설정이 되어야만 한다.

이것이 이 책의 과제 중 하나이다.

인간을 벗어난 세계

'인간 이후'의 철학이라는 주제는 인간을 벗어난 다른 어떤 것으로서의 세계를 말한다. 그러나 인간을 벗어난 세계는 인간이 사는 세계이기도 하다. 세계는 인간이 자신의 생활을 위한 장소를 조직화하는 토대이자 조건으로 존재한다. 인간의 사고와는 완전히 상관없는, 이를 벗어난 지점에 있으면서 우리가 살아가는 데 불가결한 것으로서 세계가 존재하는 것이다. 세계는 반드시 인간을 통해서만 살 수 있는 곳이 아니다. 오히려 인간에 의해 급속하게 벗어난 곳, 불쾌한 곳, 차갑게 식어 버린 곳으로 존재한다. 이렇게 생각하는 나의 입장이 기존과 다르다는 점을 분명히 해 두고자 한다.

다키 고지(多木浩二, 1928~2011)는 현상학적 공간론을 기반으로 기호론 및 상징론과의 접점에서 도시론, 주택론, 건축론을 전개했다[다키의 현상학적 건축론에 관해서는 졸고(시노하라, 2017)를 참고할 것]. 인간 생존의 조건을 세계 속에서 만들어 간다고 생각하는 점에서 나도 동일한 관심을 가지고 있다. 그 대표 저작이 1984년에 나온 《살았던 집生きられた家》이다. 여기서 다키는 인간이 살고자 만든 시공간으로서의 집을 '살았던 집'으로 파악한다. 그는 이와 관련하여 "인간이 살았던 집은 삶을 깊이 새겨 넣어 간신히 죽음의 분출을 억누른다. 집은 끓어오르는 생명을 가진 동시에 부패하고, 따뜻한

곳인 동시에 악취를 내뿜는 곳이기도 하다"(多木, 2000 : 193)
라고 말한다.

　다키는 물리적인 공간이라기보다는 근원적인 것으로서 살았던 공간을 이해한다. 그가 말하는 살았던 공간이란 인간의 경험이 각인되어 불가사의한 맥박을 잃지 않고 존속되는 곳을 의미한다. 인간의 삶 및 경험과 관련된 곳으로서 거기에서 고유한 생명을 얻지만, 시간의 경과와 더불어 노쇠하고 부패한다. 따라서 집은 유지 보수를 필요로 하는 인공물이다.

　다키의 논의는 물리적 공간과 달리 인간화된 공간이 존재함을 지적하고, 그 공간을 집이라는 구체물과의 연관 속에서 건축 및 철학과 교차해 논한다는 점에서 획기적이었다. 그러나 그는 집이란 붕괴한다는 것, 붕괴와 더불어 인간화된 시공간을 벗어나 사물로 떨어지고, 비정한 세계로 번져 나가 산화된다고 생각하지는 않았다.[5]

　인간 이후의 세계. 인간 부재의 세계. 이는 인간이 자신을 위해 만든 조직체로서의 집이나 도시의 존재 조건이지만, 인간적 척도를 벗어난 곳에 있음으로써 인간화된 시공간의 질서와 상관없는 것으로 존재한다. 다키는 "자연과 다른 시간과 공간의 그물코를 통해 인간은 자신과 그 문화를 조직화해 왔다"고 말하면서, 이를 인간의 자기실현, 주체화의 조건으로 파악한다(ibid., 196). 그러나 이 책에서 내가 생각하고자 하는 것은 인간 세계가 자신과 문화를 조직하고 쓰는 시공간의 틀에서 벗어나 존재하는 광대한 세계의 일부로 존재한다는 점, 나아가 인간은 자신의 세계와 그 광대한 세계 두 곳을 동시에 살아간다는 점이다. 다키가 말하는 살았던 공간을 둘러싸고 이를 성립하게 해 주는 것, 즉 붕괴되기도 하는 광대한 세계를 어떻게 볼 것인가, 이 세계와의 접점에서 살아온 인간을 어떻게 볼 것인가, 그리고 여기서 가능한 삶의 모습은 어떠해야 하는가를 묻고자 한다.

인류세의 주거 가능성 문제

세계는 인간도 사는 곳이지만 이에서 벗어난 다른 곳, 외적인 곳으로도 존재한다. 인간적 척도를 벗어난 곳에 존재하는 것이다.

세계의 타자성, 기묘함은 일상적 행위에 따른 인간 세계에 매몰되는 한 느낄 수 없다. 지진이나 해일 혹은 거대한 태풍 같은 인간적 척도를 넘어선 사태를 맞아 인간으로서 산다는 것에 위태로움을 느낄 때 우리는 자신의 일상 의식과 관련된 세계가 인간적 척도를 넘어선 거대한 것의 일부에 불과함을 느낀다. 디페시 차크라바르티(Dipesh Chakrabarty, 1948~   )도 말한 것처럼 인간의 시간 감각을 넘어선 지구사적 과정을 생각하지 않는 한 인간이 현재 직면한 상황을 깊이 이해할 수 없다(Chakrabarty, 2018a : 6). 이는 1만 2000여 년을 이어 온 홀로세가 인류세로 이동한다는 유례없는 인류사적 변화를 의미한다.

그러나 인간 세계의 기본 구조는 인간을 넘어선 시공간에 대해 침묵을 강요한다. 인간적 척도를 벗어난 지구 규모의 세계에 침입하여 인간 세계가 파편화되더라도 파편들은 철거되고 아무것도 남지 않은 것처럼 재구축된다. 인간 세계의 기초가 되는 사상적 설정이 바뀌지 않기 때문이다.

따라서 물어야 할 것은 다음과 같다. 과연 인간적 척도를 벗어난 곳에 있는 너른 세계의 일부인 우리도 살아가는 장을 구축하는 일이 가능한가? 가능하다면 그 기본 구조는 어떤 가치관을 토대로 해야 하는가? 파편화와 물질화를 마주한 상황을 살아가는 우리의 조건을, 인간적 척도를 벗어난 곳에서 이해하는 것은 어떻게 가능한가?

인류세에서 인간의 조건을 철학적 문제로 생각할 때 결정적인 것이 차크라바르티의 논문 〈역사의 기후〉(2009)이다. 신식민성 연구를 역사학과 사상사의 관점을 연결 지어 전개하면서 인문학에 독자적인 공헌을 해 온 그는 자연 과학에서 제기해 온 기후 변동이나 인류세 문제를 받아들여, 이를 인간 존재의 근간에 연결하는 세계상의 갱신을 촉구하는 논문을 발표했다. 이 논문이 제기하는 것은 인간이 사는 세계의 시공간과 관련되어 설정된 물음이다. 즉 한편으로는 생태적 위기가 인류 자체의 생존에 대해 불안을 일으킨다는 점이다. 미래에 인간은 존재하지 않을 수도 있다("우리는 미래를 그려내기 위해서라도 '자신이 부재하는' 미래에 발을 들일 필요가 있다")(Chakrabarty, 2009 : 197-198). 이렇게 과거에서 현재, 미래로 이어지는 시간적 지속의 감각이 희박해지고 결정적인 종말을 둘러싼 불안한 기운이 고조되고 있다. 나아가 다른 한편으로는 홀로세의 종말이 지질학적 시공간 속에서 인간도 살아간다는 것에 대한 자각을 촉구하고 있다. 인간적 척도를 벗어난 곳에 존재하는 시공간(심층적 시공간)에 의거해 지탱되어 온 곳으로서 우리가 사는 곳을 이해하는 것이 과제가 된 것이다.[6]

2018년 차크라바르티는 〈인류세의 시간〉에서 인간을 척도로 삼아 온 시공간의 틀을 철저하게 그 바깥에 존재하는 비인간적 시공간 속에 있는 것으로 이해함으로써 인간 존재의 조건을 재검토할 것을 제창했다. 질문은 우리가 행성을 거주 가능한 곳으로 삼을 수 있을 것인가에 있다. 그는 "행성을 그저 인간 생활이 아닌 다양한 생명 일반이 거주하는 곳으로 가능하게 하는 것은 무엇인가?"(Chakrabarty, 2018a : 24)라고 묻는다.

차크라바르티에 따르면 이 문제는 지구 과학에서 시작된다.

여기서 지구는 단일 시스템으로 파악되고, 생명권은 그 가운데 활동하는 중요한 구성 부분으로 파악된다. 나아가 여기서 인간 활동은 전 지구적 규모의 영향을 받을 정도로 광범위하고 깊은 것으로 파악된다. 그리고 인간은 지금 지구 시스템을 변경하여 인간이 취한 과정과 구성 요소(생물학적인 것과 비생물학적인 것 모두를 포함해) 자체를 위협하고 있다(Chakrabarty, 2018b : 264).

지진이나 화산 폭발, 태풍이 생길 때 인간은 생활이 붕괴되는 것을 느낀다. 그러나 이 위태로움, 붕괴하기 쉬움이 벌어지는 바로 그 지점을 생각하기란 좀처럼 쉽지 않다. 차크라바르티가 말한 것처럼 지구 과학에서 발견한 단일한 시스템으로서의 지구를 모턴이 제창하는 거대 사물로 생각할 수 있다. 혹은 차크라바르티가 소개하는 국제 관계론 연구자의 말처럼 '새로운 행성적 실재'로 생각할 수도 있다. 즉 "그것은 인간처럼 지구에 거주하는 생명체로부터 멀리 떨어져 접근할 수 없는 것"(ibid., 265)이다.

클라이브 해밀턴(Clive Hamilton, 1953~   )의 저서에서 논의된 것처럼 인류세를 지질학이나 층서학, 지구 과학 같은 자연 과학의 연구 주제로서 이를 인문 사회 과학의 문제로 삼기 위해서는 우선 과학 논문을 어느 정도 읽고 나서 인문 사회 과학의 문제로 재구성할 것이 요청된다(Hamilton, 2017). 그런 관점에서 보자면 인간이 지질학적 존재로서 지구의 존재 방식을 바꾼 시대를 무엇으로 부를 것인가를 둘러싼 논의(자본 인류든 크툴루 인류든)나, 이 상황을 초래한 요인을 깊이 탐구하여 규탄하는 논의(마르크스주의적 생태주의)는 표면적·언어적 유희에 불과할지도 모른다. 중요한 것은 인간적 척도를 넘어선 존재로서 지구 규모의 사물 세계에 인간 또한 개입할 뿐 아니라 그에 침식되고 압도된 상황을 초래한 일을 어떻게 생각할지, 그리고 이 상황을 사고하기 위한 이론적 틀을 어떻게 재구성할지를 묻는 일일 것이다.

장소와 지하 세계

우리 인간은 자신에게서 멀어져 접근할 수 없는 세계, 심층적 어둠을 내재한 세계에 살고 있다. 이 현실을 어떻게 생각할 것인가? 이를 위해서는 우선 인간 생활을 지탱하는 세계에 대한 변화를 현실에서 벌어지고 있는 것, 현실에서 경험되는 것으로 수용해야 한다. 예를 들면, 비현실적으로 느껴지더라도 이를 사실인 것처럼 자신의 생활 조건을 근본부터 흔드는 사태로 생각할 것이 요청된다.

세계를 경험하고 느끼는 것은 진공에서 벌어지는 일이 아니다. 어떤 지점, 어떤 장소에서 우리는 경험하고 느낀다. 그런 한에서 비정한 세계의 이물감을 수용하는 일 또한 어떤 지점,

어떤 장소와 관련되어 구체적으로 벌어진다. 경험 조건으로서의 장소에 관한 질문은 당연히 우리의 과제이다.

경험과 장소는 20세기 전반에 활약한 니시다 기타로(西田幾多郎, 1870~1945) 철학의 두 가지 주요 개념이기도 하다. 1911년 《선의 연구善の硏究》를 필두로 교토에 거점을 둔 그는 장소, 역사적 실재, 세계 같은 개념을 깊이 고찰했고, 죽기 직전 쓴 〈장소적 이론과 종교적 세계관〉(1945)에서 결실을 거둔다. 그 또한 역사적 실재로서의 세계가 주관적 자아를 벗어나 객관적으로 존재한다고 생각한 것이다.[7] 그 점에서 그는 이 책의 선구이기도 하다. 따라서 우선 니시다의 논의를 검토해 보자.

앤드루 핀버그(Andrew Feenberg, 1943~   )의 논문 〈경험과 문화 : 니시다의 물자체로의 길〉에 따르면 니시다가 말하는 경험이란 메이지 유신 이후 이입된 실증주의와는 매우 다르다. 경험과 장소는 정량적인 실증 데이터로 세계를 파악하는 것에 대항하여 현실에서 벌어지는 구체성의 근거를 자신의 심신이 실제로 느끼고 경험하는 지점에서 구하고자 하며, 이 개념들은 그 거점이 되는 장소로 창조되었다는 것이다. 니시다가 말하는 경험은 서양 근대가 낳은 자연 과학적 사고와 그에 수반된 과학 기술의 도입에 따른 높은 정신적 불안이나 진보에 대한 회의감, 근대 이전에 유지되던 세계에 대한 공허함 같은 사태에서 자기 삶의 현실성을 지탱하는 것을 발견하기 위한 거점이자 토대이다. 니시다가 보기에 경험은 추상적 공허에서 생겨나지 않는다. 경험은 어떤 장소에서 생겨나고 현실에서 취해진다. 더구나 그것은 단수가 아닌 복수이다. 핀버그는 다음과 같이 말한다.

니시다는 장소를 행위를 하는 여러 주체의 모순적 (그리고 사실상의 대립에 입각해) 자기 동일성으로 해석한다. 행위가 주체의 잠재성으로서 그저 추상적으로 생각되는 것이 아니라 역사적으로 주체성이 구축되는 장소로 생각된다면 (니시다의 철학에서) 이 변화는 당연한 것이다. 이 장소에서 벌어지는 작용과 반작용의 근본은 행위를 하는 여러 주체가 그 존재감을 획득하는 장소로서의 장소 자체에 있다(Feenberg, 1999 : 37).

니시다의 사고에서 장소는 인간의 행위가 벌어지는 곳일 뿐 아니라 인간이 경험을 자아내 스스로의 주체성을 확립하고 성장시키는 곳이기도 하다. 인간은 장소에 따라 현실 세계의 확실성을 느끼고 제대로 살아 있다는 실감을 얻을 수 있다. 나아가 장소에서 주체는 단수가 아니다. 여러 주체가 하나로 통합되지 않고, 이를 통해 대립을 포함한 모순적 상황 속에 들어가 무수한 행위 주체로서 열린 곳에 장소가 존재하고 행위를 확실시하는 의미, 삶이 가능하다.

그런데 니시다 철학의 배경에는 서양 제국이 발전한 원동력이 된 자연 과학과 압도적 과학 기술에 대한 위기감이 있었다. 따라서 근대에 대한 비판은 일본의 독자성에 관한 주장과 결부되지 않을 수 없었다.

그가 말하는 장소는 서양 근대에 대한 저항뿐 아니라 서양 근대를 넘어서기 위한 원리로 보아야 할 것이다. 그렇다면 장소는 주체의 존재를 지탱하는 확실성으로서 중요한 것이 된다. 그리고 이 장소에서는 주체 또한 확실성 및 확고한 자각과 더불어 살아갈 수 있다. 장소를 주체의 확실성을 지탱해주는 것으로 보는 동시에 확고하고 일정한 것으로 생각하는 것이다. 확실한 상태인 한에서 전혀 다른 것이 들어설 여지가 없어지고 동일성의 논리가 우세해진다.

그러나 다른 한편으로 니시다는 장소를 '무', 곧 아무것도 없는 곳으로 생각했다. 무로서의 장소는 그 자체로는 실질이 없는, 아무것도 없는 곳이다. 그런 한에서 장소는 실질로 가득 차지 않은, 즉 정해진 것이 없는 곳이다. 사실 니시다에게 장소는 일본의 독자성과 같은 실질로 채워지지 않는 것으로 생각된 듯싶다.

프레드 모튼(Fred Moten, 1962~   )은 장소를 논하는 니시다 사고의 불철저함을 '아프리칸-아메리칸'으로서의 생활 경험을 통해 생각하고 전개한다. 1962년에 태어나 라스베이거스의 흑인 공동체에서 살았던 모튼은 미국의 극작가인 아미리 바라카에 관한 저작(Moten, 2003)으로 데뷔하여 예술

비평가와 시인으로 알려졌다. 현재 뉴욕대 교수로 재직 중이며, 2017년과 2018년에 걸쳐 세 권의 단독 저작을 냈다. 그중 하나인 《보편적 기계The Universal Machine》(2018)는 에마뉘엘 레비나스(Emmanuel Levinas, 1906~1995)와 한나 아렌트(Hannah Arendt, 1906~1975), 그리고 프란츠 파농(Frantz Fanon, 1925~1961)을 탐구하는 철학적 고찰이며, 인간 세계와 사물 세계 간의 차이를 명확히 하는 것을 과제로 삼는다는 점에서 이 책의 관심사와 동일하다(Wallace, 2018).

모튼은 《보편적 기계》에서 니시다가 말하는 무로서의 장소를 '장소 없는 장소'로 재독해한다. 모튼에 따르면 니시다는 장소를 의식적으로 활동하는 자기와 세계의 모순적 자기 동일성의 형태로 생각한다. 특히 모순적이라는 표현에 착안하여 장소를 파탄의 가능성을 품은 전체로 파악한다. 즉 그것은 절대성 혹은 절대적 무가 그와 관계 맺는 다른 것과의 관련 속에서 구조화된 전체로서 타자와의 연관 속에서 일정하지 않고 파탄 난 전체이다(Moten, 2018 : 206-207).

니시다 철학을 전문적으로 연구하는 이들 중에는 모튼의 독해가 무리라고 보는 사람들도 있다. 그러나 중요한 것은 모튼이 자신의 철학을 시도하면서 니시다와 만나 모순적인 것으로서의 장소라는 개념에 매료되어 이로부터 자기 사고와의 대결을 꾀했다는 점이다.

모튼은 현대 철학의 난제 중 하나가 지구 규모의 사물에 대한 경시와 거부라고 생각한다. 즉 그가 보기에 사물의 (외부) 세계를 방랑하며 물러서 있는 것withdrawal에 대한 망설임이 철학적 사고의 자유를 막고 있다.

　모튼이 말하는 사물의 세계란 인간적 질서의 세계가 성립한 뒤 이로부터 내버려진 것들이 모인 세계로서, 그가 지구라고 말할 때는 순진무구한 자연의 세계가 아닌 인간적 질서의 구축 및 붕괴와 더불어 침입한 지구 규모의 현실을 의미한다고 보는 편이 좋다.

　모튼은 철학적 사고와 관련된 중요한 문제가 여기서 나타난다고 말한다. 그것은 "인간(의 세계)과 사물(의 세계)의 차이를 세우고, 명확히 갈라놓는 것"(ibid., 13)이다. 차이를 세운다는 것은 우선 인간적인 세계를 사물의 세계와 다른 것으로, 사물의 세계와 구별되는 것으로 세우는 것을 의미한다. 그러나 모튼이 말하는 인간적 세계와 사물 세계 간의 경계는 완전히 정해져 있지 않다. 그가 말하는 사물은 인간의 세계로부터 버려진 것이다. 그런 한에서 실제로는 인간적 세계에 속한다. 이것이 인간적 세계의 경계 바깥을 둘러싸고 있다. 곧 모튼이 말하는 사물의 세계란 이미 존재하는 인간적 질서, 즉 자연 세계를 벗어난 곳에서 안정적으로 세워진 인간적 질서에서 나와 이를 넘어선 곳에 형성된 비인간적 세계를 의미한다.

　모튼은 현상학 개념인 생활 세계를 "그곳은 직접적으로 주어진 곳으로서 바로 거기에서 사물이 의미를 띠고 현전한다.

모든 주체와 경험을 위한 공동의 토대common ground, 즉 경험의 지평이다"라고 정의한다. 생활 세계는 사물이 의미 있는 것으로서 현전하는 곳이자 이를 모든 주체가 의미 있는 것으로 경험하고, 그 경험을 나누는 것이 가능한 조건이다.

이 세계는 생활 세계로만 가능한 것이 아니다. 나타나는 공간으로서의 생활 세계에서 버려진, 거기에 나타날 수 없는 것이 복수로 존재한다. 모튼은 사물의 지하 세계underworld를 다음과 같이 언급한다.

지하 세계는 생활 세계의 안쪽과 그 외연에 은폐되어 있다. 버려진 지역으로서 지형적으로 불모의 지역이다. 정치적으로 밝은 곳으로 나오는 일은 영원히 없고, 철학적 사고도 미치지 못하는 비역사성의 지역이다. 발전으로의 인도는 철저하게 결여되어 있다. 사물은 지하계에 거주하지만 생활 세계에 돌연 노골적으로 드러나기도 한다. 그러나 생활 세계의 외연의 핵심에 있는 것으로서, 공간적이고 시간적인 정위력으로만 드러날 뿐이다(ibid., 12).

여기서 말하고자 하는 것은 우선 생활 세계와 지하 세계가 구별된다는 것이다. 그 사이에는 경계와 벽이 있다. 생활 세계에 나타난 사물이 있고 거기에서 사람이 생활하고 대화를 나누고 공동의 경험을 만들어 가지만, 그럼에도 생활 세계를 둘러싼 경계의 바깥인 어두운 곳에는 지하 세계가 존재하고, 거기에 사는 사물이 있으며 사람 또한 존재한다.

그리고 지하 세계는 버려진 사물과 사람이 모인 세계지만 그곳은 그저 생활 세계와 단절된 곳이 아니다. 지하 세계는 생활 세계에서 배제되어 아무것도 없는 곳이다. 정치적 쟁점이 되지도 않고, 철학적 사고가 향하는 곳도 아니며, 발전도 없고, 그저 버려진, 아무것도 일어나지 않는 곳으로 간주된다. 지하 세계에서는 생활 세계로서의 모습, 즉 인간의 생존을 가능하게 하는 조건으로서의 모습이 붕괴하고 재카오스화가 진행된다.

그런데 모튼이 말하는 것을 잘 살펴보면 지하 세계를 불모의 세계로 파악하는 것은 어디까지나 생활 세계의 안쪽에서 결정된 것이다. 즉 현실의 지하 세계는 생활 세계에서 은폐되었더라도 실제로 있는 곳, 그로부터 버려진 곳으로 생활 세계에 나타난다. 생활 세계의 내부에서 버려지고 그 경계의 저쪽에 막혀 있더라도 사물은 그 자체로 소멸하지 않고 인간 세계를 벗어난 곳에 거대 사물로서 흩어진 채로 존재한다.

사물은 생활 세계의 외연에서 벌거벗은 모습으로 드러나지만, 이 사물의 존재를 느낄 때 인간은 지하 세계 특유의 몰세계성과 비역사성을 경험하고 공동의 사회성이 결여된 상태를 경험한다.

이것은 실제로 일어난 일이다

철학자 데보라 다노프스키(Déborah Danowski, 1978~   )
와 인류학자 에두아르두 비베이루스 지 카스트루(Eduardo
Viveiros De Castro, 1951~   )의 공저《세계의 종말The Ends of
the World》은 2014년 포르투갈어로 간행되었고, 2017년 영
어로 간행되었다. 이는 현재의 지구 온난화, 해수면 상승, 가
뭄, 삼림 파탄, 산불 등 생태적인 위기에 관해 쓴 책이다. 철
학과 인류학의 식견을 기초로 한다. 메이야수가《유한성 이
후》에서 보여 준 인간 부재의 세계에 관한 고찰을 생태적 위
기 속에서 벌어지는 세계 붕괴의 근간으로 읽으면서 라스 폰
트리에(Lars von Trier, 1956~   )의 작품인 (지구와 인류의 소
멸을 주제로 삼은) 〈멜랑콜리아〉(2011)나 앨런 와이즈먼(Alan
Weisman, 1947~   )의 논픽션《인간 없는 세상》(2007)과 연관
지어, 우리가 경험할지도 모를 세계 붕괴라는 현실을 직접 이
해하고자 하는 시도라는 점에서 참신하다.

그들의 눈에 인류세는 세계의 종말이다. 인간 활동이 지구
의 존재 방식을 바꾸고 인간의 총체적 활동력이 지구의 모든
힘에 필적하게 된 시대로서의 인류세가 제창된 지도 이미 20
년이 넘었다. 이에 관해 다노프스키와 비베이루스 지 카스트
루는 "인류세는 우리와 더불어 시작되었지만 우리가 없는 곳
에서 끝날 것이다"(Danowski and Viveiros De Castro, 2017 : 5)

라고 말한다. 확실히 인류가 지구의 모든 힘에 필적할 힘을 가지고 지구에 영향을 끼쳐 흔적을 남기는 상황이 종료되면 인류도 없게 될 것이다.

나는 이 책에 매료되었다. 이는 어쩌면 그들의 저작에 감도는 분위기 때문이기도 할 것이다. 제2장인 〈드디어 그 시간이 왔다〉에서 영국의 록밴드인 라디오헤드Radio head의 곡 '이디오테크Ideoteque'(2000)에서 반복되는 "우리는 겁주는 게 아닙니다. 이것은 실제로 일어나고 있습니다"*라는 가사가 경구로 인용되고 있다.

블로그 기사인 〈심층 취재, 라디오헤드 통신〉에 따르면 이 곡은 "자신들을 결정적으로 소외시키는 무언가에 대한 공포"를 노래한다(https://inadeepsleep.com/entry/2018/11/20/002224). 가사를 읽어 보면 핵전쟁에 대한 공포나 온난화 등 인간 생활의 파탄에 대한 경고를 담은 것으로 해석할 수 있다. 또 다노프스키와 비베이루스 지 카스트루의 《세계의 종말》의 주제와 연관되면서 인간 세계의 종말, 파국의 진전 상황을 필사적으로 노래하는 것으로도 해석할 수 있다. 이 곡에서 공포를 느끼는 것도 가능하지만, 곡에 감도는 불온함에는 이미 종말을 받아들였기에 느껴지는 정적과 광기도 있다. 세상의 표면에는 모든 것이 허락되고 인간은 보통 적당하게, 때로는 거짓되게 살아갈 수 있다. 그러나 보컬인 톰 요크(Thom Yorke,

---

* 원문은 다음과 같다. "We're not scaremongering. This is really happening, happening."

1968~　)는 '빙하기가 왔다'는 말에 대한 연호가 표층에서 유지되는 평온한 이미지로서 이는 그저 허구이며, 사실 파국이 이미 진전 중이라는 인간 세계의 종말에 대한 징조가 있다고 주장한다.

"이것은 실제로 일어나고 있습니다."

산업 혁명 이후 인간의 생산 활동은 화석 연료의 활용을 기초로 전개된다. 하지만 배출된 이산화탄소는 지구 온난화를 견인하여 북극의 얼음을 녹이고, 해수면 상승을 초래했으며, 홍수를 일으키고, 나아가 가뭄과 산불을 발생시켰다. 온난화는 해수의 온도를 바꿔 태풍의 거대화를 낳았다. 이를 다노프스키와 비베이루스 지 카스트루는 생태적 위기로 파악한다. 이 위기는 단순한 자연의 위기를 의미하지 않는다. 자연의 위기로 보는 한 인간은 당연히 인간 중심주의적 입장에 서게 된다. 자연은 확실히 인간에 의해 바뀌었지만 과거와 달라진 자연은 인간 생활의 기본을 부술 정도의 거대한 맹위를 떨치고 있다. 따라서 생태적 위기는 인간 생활의 조건에 대한 실존적 위기이자 붕괴이다. 이것이 그들이 말하는 세계의 종말이다. 그런 한 세계의 종말은 이미 시작되었다고 할 수 있지만, 이 현실을 부정하지 않고 직시해야 한다는 것이 그들의 주장이다.

엄밀히 말해, 세계의 종말은 근대적 세계상의 종말을 의미한다. 인간이 세계의 중심에 있고 자신들의 생활 조건을 완전히 조종할 수 있다는 사고방식을 떠받치는 세계상의 종언인 것이다. 인간을 중심으로 하는 세계가 종료되었다는 것은 인간을 중심으로 하지 않는 세계, 인간적 척도를 벗어난 세계가 시작되었다는 말이다. 이는 인간 세계를 인간을 넘어선 광대한 지점에 있는 것, 적어도 그 일부로 생각해야 함을 의미한다.

세계의 타자성과 취약함

2019년 5월 인터뷰에서 엘리자베스 그로스(Elizabeth Grosz, 1952~)가 시사한 것처럼 세계를 외적인 것으로 생각할 수 있다(Grosz, 2019). 인간의 이해와 조종, 표상 능력의 한계를 넘어선 외부이다. 다만 그로스의 생각에 외부로서의 세계는 간단히 인간 사고의 한계를 뛰어넘어 벗어나는 것만이 아니다. 거기는 실제로 인간 또한 거주하는 곳이다. 따라서 "이 외부에는 삶이 직면한 포괄적 문제가 생겨난다. 즉 일정한 자원을 갖춘 특정한 환경에서 어떻게 생활하고 생존할 것인가라는 문제가 있다". 인간 중심의 세계상에서는 세계의 외부성이나 타자성이 무시되었지만 지질학적이고 기후적인 것의 영향으로 생활 조건이 불안정화된 현재, 세계에 대한 이미지의 설정, 다시 말해 현실 설정의 변경이 요청되고 있다는 것이다.

그로스는 《외부로부터의 건축Architecture from the Out side》
(2001)이나 《카오스, 영토, 예술Chaos, Territory, Art : Deleuze
and the Framing of the Earth》(2008)을 필두로 질 들뢰즈(Gilles
Deleuze, 1925~1995)를 중심으로 하는 철학 연구를 통해 건축
에 관한 책을 간행해 왔다. 그녀가 이해하기로 들뢰즈는 건축
을 인간이 거주하는 곳인 영토와 관련되는 중요한 예술로 생
각한다. 한편으로 그것은 지구 규모의 변경이다. 그러나 다른
한편으로 리듬이나 톤, 색조나 무게, 무늬 같은 질감을 발생
시키기도 한다. 이와 관련해 그녀는 "들뢰즈에 따르면 예술은
지구라는 공간을 조직화하고 건축적인 중요 과제의 연장선상
에 있다"(Grosz, 2008 : 10)라고 말한다.

세계의 구축에 대한 건축은 자연스러운 카오스 상태를 테두
리 짓고 조직화하여 일정한 형태로 정하는 것을 책무로 삼는
다. 그러나 색조나 촉감, 음향적 정적 같은 질감은 인간의 의
식이나 사고와 무관하고, 오히려 인간 세계를 넘어선 지구 규
모의 자연적인 것의 영역과 관련된다.

그로스는 인터뷰에서도 건축을 가능하게 하는 것으로서의
자연이나 동물, 물질에 있는 외부적인 것의 의의를 논한다.
그녀는 최초 저작부터 이것들이 건축을 가능하게 하는 것임
에도 불구하고 그 성립에서 배제되고 말았다고 꾸준히 생각
해 왔다. 즉 건축은 인간 생활의 조건을 일정한 형태로 정하
지만 다른 한편으로 인간 세계를 넘어선 외부적인 것에 대한

배제를 수반한다. 다시 말해 건축에서는 형태의 형성과 외적인 것의 배제라는 모순된 활동이 동시에 일어난다. 이것이 그로스 건축론의 요체라고 할 수 있다. 이 입장에서 그녀는 인간의 조건으로서의 지구 규모의 것까지 자기 사고와 감각을 향해 나간다.[8] 그녀가 보기에 지구 규모의 것은 인간을 포함한 삶의 출현에 앞서 존재한다. 그것은 사물적인 것뿐 아니라 비실체적이고 잠재적인 것을 포함하여 존재한다. 그리고 그녀는 인간이 지구 규모의 것에 관여하면서 자신의 존재 조건을 형성하고 생성하며 발전시켜 나간다고 생각한다. 즉 인간은 지구 규모의 것에서 어떤 지질학적인 힘과 관련하여 자신의 힘을 키우도록 진화해 왔다는 것이다.

그러나 지구 규모의 것과의 관련성에 있어서 그로스의 논의는 인간의 존재 조건이 취약해진다는 점을 생각하지 못한다. 그녀의 논의는 인간 존재의 외부, 즉 타자로서의 지질학적 힘을 생각하는 한에서 중요하다. 그리고 타자인 지질학적인 힘과의 상호 침투를 통해 인간 세계가 일정하지 않은 채로 존재함을 파악한 점에서도 중요하다.

지질학적인 힘에 열림으로써 인간은 비인간적인 것들과의 사이, 나아가 성별이나 인종 간에 설정된 구분을 넘어선 새로운 존재로 진화한다는 견해가 그녀의 논의를 지탱하고 있다 (Roffe and Stark, 2015). 그러나 그녀는 지구 규모의 것으로 지탱되는 인간 존재가 생태적 위기에서 취약함을 내포하며, 그것과 더불어 살지 않을 수 없게 되었다고는 생각하지 않는다. 그런 점에서 인간적 척도를 넘어선 세계 자체의 비인간성에 대한 통찰이 철저하다고는 할 수 없을 것이다.

정해진 것 없는 채로 살아간다

자연 과학 논문에서 논하는 현재의 생태적 위기(인류세, 온난화, 해수면 상승, 이상 기후, 팬데믹 등)는 우리의 생존 자체와 관련되는 사태라고 할 수 있다. 이는 자연환경의 위기만을 뜻하는 것이 아니라 인간 생활의 실존적 위기도 의미한다. 모턴은 이에 관해 철학적 고찰을 시도하면서 확실한 배경은 장소로서의 세계의 종말이라고 생각한다. 그 자신이 말하는 것처럼, 이는 세계 자체가 존재하기를 멈추고 소멸한다는 것을 뜻하지 않는다. 오히려 안정적인 것으로 유지되어 온 인간 세계의 확정 상태 자체가 흔들려 지구 규모의 사물 세계와의 경계가 애매해지고 불안정성과 취약성이 전면화된 것을 의미한다(Morton, 2013b : 100).

우리는 세계의 취약함을 의식하지 않을 수 없을 때 안락하던 세계로부터 내밀려 버리는 것이다. 그러나 사실 세계는 훨씬 더 불확정적이고 취약할지도 모른다. 이 현실을 우선 인정하고 받아들일 것이 요청된다.

이를 통해 무엇을 볼 수 있을까? 첫째, 세계는 감각적인 것의 영역이라는 점이다. 거기에는 인간이 개념적으로 파악하기에 앞서 날것 그대로의 감각적인 영역이 있고, 인간 주변의 존재인 사물이 실질은 없는, 모양이 없는 형태로 존재한다.

그리고 사람은 감각적인 영역의 세계에서 타자와 상호 연관된다. 상호 연관의 영역은 자기 완결적인 폐역이 아니다. 그것은 장소이다. 모턴이 시사한 것처럼 우리는 장소에서 살아간다. '여기'에 존재한다. '여기'로서의 장소는 국소적 장소 혹은 폐역으로 존재하지 않는다.

장소는 열린 것으로 존재한다. '여기' 자체가 완고하게 정해지지 않은 채로 열릴 수 있다. 열린 장소에서 인간은 자신이 아닌 존재와 만나고 상호 연관되지만 공존은 정확히 그 장소에서, 장소의 개방성 면에서 살아 있다(Morton, 2007 : 170, 174).

나아가 장소의 개방성은 인간의 개념적 파악을 넘어서 있다. 열린 장소는 인간으로서의 내가 직접 경험한 시공간을 넘어선 곳으로 확장된다. 열린 장소와 살았던 장소 사이에는 간극이 있다. 나는 열린 장소에서 내가 아닌 것, 나아가 비인간적인 것에 둘러싸여 그것들과의 상호 연관의 망 속에 호출되어 연결된다.

인간이 거주하는 감각적 영역으로서의 세계는 표상의 언어, 그리고 이미지의 표층적 세계와는 다르다. 내가 하는 것,

느끼는 것, 생각하는 것을 확실한 것으로, 현실에서 벌어지는 것으로 받아들이기 위해 나를 둘러싼 세계로 신체를 열어야만 한다. 그런데 나를 둘러싼 세계는 일상생활 영역에 몰입한 신체로 감각되거나 의식되지 않고 일상생활을 조금 벗어난 영역에서 미세하게 느껴질 뿐이다.

살고 경험하는 인간으로서의 나를 넘어선 곳에 있는 세계의 현실성을 어떻게 생각할 것인가? 그곳은 인간이 사는가 그러지 않는가와는 관계없이 존재한다. 인간의 삶에 앞서 있고, 인간의 소멸 후에도 존재할지 모른다. 그리고 지금 인간은 그곳의 현실에서 살아간다. 보통 의식되지 않지만, 현실에서 사람의 생활을 지탱해 주고 산다는 현실감을 확실한 것으로 만들어 준다.

그곳은 확정적인 곳도 조화로운 곳도 아니다. 생태적 위기의 시대에 우리는 삶의 영역으로서의 세계 자체가 불확정적이고 나약하다는 것에 관해 새삼 생각해 보게 된다. 어쩌면 세계는 이미 무너져 있는 것인지도 모른다.

물어야 할 것은 다음과 같다. 삶의 영역으로서의 세계란 어떤 곳인가, 생태적 위기의 상황에서 이곳이 불확정적이고 취약하다는 것의 의미는 무엇인가, 그리고 이곳에서 공존하며 함께 사는 것은 어떻게 가능한가?

미래의 폐허

모턴은 《자연 없는 생태주의》의 기본이 콜로라도의 거대한 쇼핑몰이 끼고 있는 거대한 주차장의 공터라고 블로그에서 말한 바 있다(Morton, 2011). 그는 이를 '비장소non-place'라고 부른다.

도시 교외의 쇼핑몰은 공터다. 나는 이 감각이 제2차 세계대전 후 부흥의 정점이자 미래 도시의 상징인 1970년 오사카 만국박람회장을 폐허 자체로 파악한 이소자키 아라타(磯崎新, 1931~)의 감각과 공명한다고 생각한다.

가상적 영상은 수사로 지탱된다. 한편, 잔해는 물질 그 자체, 건축물이나 도시의 구축물이자 그 표면상의 장식이라는 의미를 부여받은 존재의 양태로서 이는 일거에 파산한다. 거기에 드러난 것은 안쪽에 은폐된 물질 그 자체였다. 폐기되기 직전의 최종 형태 말이다(磯崎, 2003 : 104).

잔해에는 수사적 언어유희를 거부하는 트라우마적 정동의 물질성이 있다. 에릭 카즈딘(Eric Cazdyn, 1966~)은 〈계몽·혁명·치유〉에서 "이소자키에게는 붕괴와 폐허를 구분하는 감각이 있었다"(Cazdyn, 2015 : 167)라고 말한다. 붕괴는 1945년에 일어난 것뿐 아니라 미래에도 일어날 수 있는 것으로 잠재적으로 존재한다. 그리고 카즈딘이 말한 것처럼 이소자키에게 폐허로서의 미래는 "우리의 현재 모든 가능성을 넘어선 무언가로 표시된 것에 한정되지 않고, 오히려 늘 억압되지 않을 수 없던 무언가로, 늘 도래해 있었다"(ibid., 168). 실제로 이소자키는 다음과 같이 말한다.

그곳에 구축된 도시는 붕괴했다. 도시는 재건되고 미래의 이상향이 그려지지 않으면 안 되는 대의, 대동아 공영권 건설이라는 대의로 대체되는 사태를 그대로 수용한다. 따라서 도시의 붕괴라는 상흔은 너무나 강렬했다. 바로 이 상흔을 그려야 하지 않을까? 구축되어야 할 도시를 비구축의 측면으로 끌어당기는 일, 이는 생성과 소멸이라는 순환 과정에 초점을 맞춘 것이다. "도시는 과정으로서 그 이상 확실한 개념은 없다"(〈부화 과정〉). 과정, 즉 흐름에 초점을 맞추는 것은 고대 말 사회적 해체기에 특징적인 시점이 아니던가. 《헤이케모노가타리平家物語》의 흥망성쇠, 《호조키方丈記》에 흐르는 강물의 흐름 등 어느 쪽이든 서두에 나온 작품의 주요 동기이다. 《오쿠노 호소미치奥の細道》조차 유랑에 대한 소망을 계승한다. 말라붙은《소기宗祇》 '녹'은 얼어 버린 사멸의 풍경이다(磯崎, 2003 : 91-92).

이소자키가 말하는 과정은 진보와는 다르다. 경제 성장으로 촉발된 변화와 적응의 과정과는 다른 것이다. 반대로 이는 붕괴와 소멸의 과정이자 유동적이고 일정하지 않은 표류의 과정이지만, 정확히 여기서 인간 세계는 덧없이 일정한 것으로 구축되어 있다. 이소자키의 경험으로 볼 때 폐허는 부정적인 것의 근거로 고정화된 것이 아닌 도시 공간을 드러낸다. 괴멸과 폐허의 과정은 미래에 대한 진보적 테크노 유토피아의 표상 아래층에서 꿈틀거린다. 그것은 비가시적이고 불가지의 잠재적 상태이다.

이소자키의 생각에 폐허 안에는 미래적이고 비인간적인 것이 있다. 그것이 현재의 도시 공간에 달라붙어 있다. 그것은 '말라붙은 풍경', '얼어 버린 사멸의 풍경'이다. 만일 이소자키가 이 풍경을 현재의 현실에 구축된 도시 형식의 근본으로 파악했다면 그는 도시의 폐허화를 미래적 과정으로 생각한 셈이다. 미래 도시는 계획에 의해 정해진 목표를 향한 무언가로서 존재하지 않는다. 미래 도시는 현재의 도시 구조에 잠재해 있고, 미래에 일어날 폐허이다.[9]

그로스의 공간론에는 인간 세계의 공간적 형성이 어디까지나 인간 세계 외적인 폭의 카오스 한가운데에 있는 일시적 질서이며 우주라는 생각이 있다. 그곳에서 카오스적인 자연의 원초적 위력을 벗어난 일시적 안정의 영역이 인간의 주거로 형성된다. 그러나 인간 세계로 형성된 일시적인 안정의 공간은 자연으로부터 완전히 단절된 추상적 공간과 다르다. 공간 질서의 안정성은 일시적이기에 실제 그곳은 취약하고, 어떤 돌발적 사건이 일어날지 모를 상황에 처해 있다. 인간 세계의 공간 질서에는 자신의 파탄 가능성이 잠재하고 있다. 그로스의 생각에 이곳의 예민함에 반응하는 것은 예술가이며 예술 작품이다.

그 원초적 충동이 자연 및 인간 세계 양쪽에 실재의 창조를 낳는 한에서 예술은 실재의 파탄과 변형을 가능하게 한다. 예술은 오로지 일시적이며, 실재가 성립하는 원점에 있는 카오스와 실재가 복귀한다. 예술은 도식과 틀을 해체하며, 감각을 만드는 실재화와 탈실재화의 양식이기도 하다. 도식은 구성의 평면을 발생하도록 하는 방법이며, 틀의 해체는 변동과 변용의 양식이다(Grosz, 2008 : 12-13).

파탄과 해체는 인간의 의식적 행위로 이루어지지 않는다. 실재의 파탄은 인간적 척도를 벗어난 카오스적 힘의 분출로 일어나며 이 힘에 이끌려 인간 세계의 안정성이 붕괴된다. 그런 한에서, 안정적인 실재를 바깥의 카오스와 분리하는 틀은 카오스적인 힘의 분출에 대해 무력하다. 틀 지어진 인간의 거처는 항상 실재의 안정화에 앞선 원초적 위력의 돌발적 분출이라는 위협에 노출되어 있다. 그로스에 따르면 들뢰즈의 이론에는 "모든 생명을 관통하는 비인간적인 '삶을 넘어선 힘'이 있고 이것이 다양한 형태의 삶을 물질 자체에 있는 비유기적인 모든 힘과 질에 결부되도록 한다"(ibid., 19). 비인간적인, 삶을 넘어선 힘은 인간 세계에 앞선, 이를 넘어선 무언가이다. 그것은 감각 가능한, 현실적인 물질에 있는 비유기적인 힘이다.

그로스든 이소자키든 인간 세계에 포함되지 않는 비인간적인 것이 존재한다고 생각한다. 그러나 비인간적인 것에 대한 감각은 서로 다르다. 그로스는 인간 세계를 넘어선 것을, 인간적 삶을 벗어나면서 우리의 삶을 관통하는 활기찬 힘으로 생각한다. 이에 비해 이소자키는 우리의 인간적 척도로 수렴되지 않는 현존의 공간 구조를 '얼어 버린 사멸의 풍경'으로 경험한다. 인간 세계를 넘어선 무언가의 분출에서 현저한 것은 물질적인 것으로서의 잔해일 뿐이다.

이소자키의 미래에 대한 폐허의 감각을 지탱하는 것은 인간 세계 속에서 일시적으로 성립하는 장소로 확대된 세계가 물질의 비유기적 힘과 같은 실질적 실체로 충만하다는 것이 아니다. 그저 황폐하고 파편화된 사물의 '말라붙은' 구축물로만 존재한다는 직관이다.

제2장

세계 형성의 원리
: 가브리엘과 메이야수

2018년 12월 31일 밤, 나는 런던 남부의 한 거리를 걷고 있었다. 내 눈앞에 노년의 흑인 남성이 쓰러져 있었다. 주변 사람들은 웃으며 그를 스마트폰으로 촬영했다. SNS에 올리기 위해서일까?

맥도날드 앞 벤치에 앉아 있던 남성이 돌연 쓰러졌다. 움직이지 않는다. 죽었는지도 모르겠다. 나는 이를 정확히 보았다. 구급차가 오고 경찰차도 오고 주변이 소란스러워지기 시작했다. 그때의 감촉도 잘 떠오른다. 그럼에도 불구하고, 나에게 남자가 쓰러졌다는 사건이 현실로 정확히 벌어졌는가는 확실하지 않다. 자동차 굉음, 오가는 버스들, 헤드폰을 끼고 걷는 남녀, 텔레비전 모니터로 흘러나오는 광고 음악 등 여러 자극이 감각 기관을 마비시키는 환경에서 남자가 쓰러진 사건이 눈앞에서 벌어졌다는 충격이 잦아들자 보통의 상태로 되돌아온다. 자극으로 가득 찬 유사 공공 공간에서는 인간의 소외도 고독도 그로 인한 사건의 비참함도 사라져 버린다. 거기에 몸을 의탁한 나의 감각도 마비되어 버렸다. 현실과 비현실의 경계가 애매한 공간 속에 있는 셈이다.

나는 남자가 쓰러지고 주변에 사람들이 모여들고 소란스러웠다는 것에 확신을 가지지 못했다. 어쩌면 텔레비전 모니터나 아이폰상의 사건에 불과한 것일지도 모른다. 현실감의 근거는 신체의 표면, 즉 감각 기관에 있다고 수전 벅 모스(Susan Buck-Morss, 1942~   )는 말한 바 있다. 즉 "내적인 것과 외적인 것 사이의 매개적 표면"인 감각 기관이 세계와 "전(前)언어적인 방식으로 만난다"(Buck-Morss, 1992 : 6). 현대의 과잉 자극과 정보에 노출된 공공 공간은 정확히 이 감각 기관을 전언어적 수준에서 광기로 마비시키는 환경을 구축하고 있다. 따라서 이 공간에서 사건의 현실성을 확신하여 받아들이기 위해 외적 표면에서 발생한 마비 상태의 해소를 요청한다. 이에서 벗어나 느끼고 생각하기 위해서는 어떻게 해야 할까?

벅 모스에 따르면 발터 벤야민(Walter Benjamin, 1872~1940)은 그에 대해 기분 전환의 길을 택했다고 한다. 기분을 전환한다. 그것은 주의력을 산만하게 하지만 이를 통해 감각을 마비시키는 유사 공공 공간에 몰입하지 않을 수 있다. 자신을 둘러싼 감각 마비의 세계로 통합되는 일에서 벗어나기 위해서는 사태의 한복판에서 기분 전환을 일으켜 자신만의 몽상으로 들어가는 것이 좋다. 건축과의 관련성을 사례로 벤야민은 "기분을 전환한 대중은 예술 작품이 자신 속에 침잠하도록 한다"(Benjamin, 1995 : 624)라고 말한다. 예술 작품 속에 자신을 침잠하게 할 수는 없다. 반대로 주변에 만들어진 환상의 세계에 매몰되지 않고 그 환상 세계를 자신의 내면에 들어오도록 하여 마비되지 않은 환상 세계를 만드는 것이다. 이를 통해 감각 마비의 세계에서 달아나 바른 기분을 가질 수 있다.

모턴은 벤야민의 이런 생각에 대해 다음과 같이 말한다. 그것은 "정확히 여기에 있는 것으로 생각되는 환경에 대해 무감각하지 않은 몰입의 감각을 가리킨다"(Morton, 2007 : 164, 317). 기분 전환은 정보 기술로 매개된 세계가 내뿜는 출렁거리는 자극의 충격을 주고받으면서 주마등으로 가득 찬 세계의 배후가 바로 여기임을 알고, 이로부터 빠져나와 스스로 선다는 의미이다. 그것은 외적 자극을 받아들여 사고가 정지된 것을 뜻하지 않는다. 반대이다. 자극에 몰입하지 않고, 이를 자신의 내면으로 끌어들여 음악이나 예술 작품으로 승화하여 현실 감각의 해상도를 높이고, 실제로 일어난 것인지 아닌지를 똑바로 감지하고 생각하기 위한 조건이다.

기분 전환을 통해 몰입하는 환경이란 어떤 것일까? 나는 도시 공간의 사건을 환영과 현실의 경계와 같은 지점에서 일어나는 경험이라고 생각한다. 거기에서 감각 소외의 마비 공간과 그 바깥에 펼쳐진 현실의 경계가 외연과 어떤 관계를 맺을까? 이 외연에서 나는 어떤 것을 목격하는 걸까? 무엇을 만나는 걸까?

언어와 세계

우리가 살아가고 있는 세계는 보통 어떤 형태로 구조화된 질서, 즉 분절화된 질서로 존재한다. 이즈쓰 도시히코(井筒俊彦, 1914~1993)의 〈문화와 언어 아라야식〉(1948)에 따르면 세계를 의미 있는 현실, 분절된 현실로 질서 지우는 것은 언어이다.

언어는 의사소통의 중요한 수단이다. 그러나 그것은 의사소통의 수단 외에 혹은 그 이전에 의미론적으로는 하나의 현실 분절의 체계이다. 살아 있는 존재 카오스상에 내걸린 언어 기호 망상의 틀. 개별 언어(소쉬르의 이른바 랑그langue)를 구성하는 기호 단위로서의 말이 표시하는 의미를 지시하는 범례적인 선에 따라 살아 있는 존재 카오스가 다양하게 분할되고 분절되며 질서 지어진다. 거기에서 문화가 성립하고 세계가 출현한다. 세계는 언어 기호의 개입에 의해 의미론적으로 구조화된 자연의 변양이며, 유의미하게 분절된 사물과 사태 전체이다.

······ 언어를 가지고 문화를 일으키는 인간은 대개 운명적으로 살아 있는 자연에서 소외된다. 존재 세계를 하나의 상징의 숲으로 경험하는 인간에게 살아있는 자연은 상징의 의미 체계의 저편에 있는 것으로밖에는 경험되지 않는다(井筒, 2019 : 67-68).

이즈쓰 생각에 인간은 언어적으로 질서화된 세계를 벗어나는 지점의 살아 있는 자연에 직접 닿을 수 없다. 인간은 언어적으로 분절된 지점에서 성립하는 문화적이고 유의미한 세계에 들어가 산다. 자연이 부여한 그대로의 사물과 사태로 생각되는 객관적 대상조차 인간 의식의 의미 생산적 상상력이 형상화된 것에 불과하다. 그러나 언어적으로 질서화된 것으로서의 세계를 벗어난 지점에서 무언가가 일어난다면 어떤 것일까? 대체로 현실 세계는 언어적 질서와 상관없이 존재하며, 더구나 그 언어적 질서화에서 벗어나 변용된다는 점을 어떻게 생각할 것인가?
　이즈쓰는 "언어를 가지고 문화 위에서 살아가는 인간은 거의 운명적으로 삶의 자연에서 소외되어 있다"고 쓴다. 즉 그의 입장에 따르면 언어적으로 분절화된 세계가 인간에게 존재할 수밖에 없다는 것이다. 이즈쓰 입장은 우리에게 세계가 존재하는가를 말할 수 없다는 하나의 입장에 대한 표명이다. 즉 기존 실재론에서 비판해 온 상관주의의 하나이다. 상관주의에서 세계는 인간의 의식이나 언어 작용과 관련됨으로써만 존재한다고 생각한다.[10] 상관주의를 비판하는 레비 브라이언트(Levi Bryant, 1974~   )는 그것이 "인간에게서 벗어난 세계가 어떻게 존재하는가"라는 물음을 완전히 제거해 버렸다고 말한다(Bryant, 2011 : 39).

그런데 이즈쓰의 경우 언어 이전 날것의 자연이 완전히 존재하지 않는다고 말하지는 않는다. 그의 사유에서 자연은 인간만 닿을 수 있는 것이다. 실제로 그는 언어에 의해 유의미하게 분절되고 질서 지어진 현실인 세계가 있다고 하면서도 다른 한편으로 언어적으로 분절된 세계는 표층일 뿐이며 그 심층에 미분절된 것이 있다고 말한다. 다만 그는 이를 '볼 수 없는 것', '닿을 수 없는 것'처럼 부정적인 형태로 표현한다.

우리는 결국 존재의 본원적이고도 분절되지 않은 연속성, 무정형성 그 자체를 볼 수 없다. 세계는 애초부터 일정한 형태로 분절된 존재 질서로 우리 앞에 나타나기 때문이다(井筒, 2019 : 75).

언어적으로 분절된 세계에 익숙한 우리는 언어적 분절화에 앞선다든가 이를 벗어난 지점에 무언가가 있다고 생각하지 않는다. 이에 비해 이즈쓰는 언어적 분절화 이전의 것 혹은 그 바깥에 있는 무정형적인 유동체의 존재를 우리가 보이지 않는 것으로 꾸며 낸다는 것이다. 토지의 융기가 산으로 명명되고 물의 흐름이 강으로 명명되듯, 세계는 언어적으로 분절화된 다양한 사물의 상호 연관적 구조체로 조직화되어 있다. 그러나 이즈쓰는 그 심층에 명칭 부여에 앞선 사물의 존재를 감지하고 이로부터 무차별적으로 미분화되고 분절되지 않은 카오스의 세계를 사유해 나간다.[11]

공공권이라는 세계상

인간 세계를 일부로 포함시켜 확장된 세계는 언어적 분절화를 통해 출현하는 인간 세계를 형성해 나간다. 인위적 질서 구축에 앞서 카오스나 혼돈으로서의 세계인 것이다. 우리는 기후 위기와 더불어 인위적 질서를 벗어난 지점에서 너른 시공간의 존재를 감지한다. 이 시공간 속에서 살아간다는 자각으로부터 새로운 사유를 시도해야 할 상황 속에 살고 있는 것이다.

그러나 우리는 평소 이 세계의 존재를 느끼지 못한다. 우리는 사회나 문화 같은 영역에서 살고 생각하고 토론하는데, 이때 어떤 가치관, 이데올로기, 관점 등에 입각해 자신이 믿는 신념이나 절대적으로 올바른 것을 유지하고자 하기 때문이다. 이즈쓰의 논의를 따라가 보면 그 기본에는 언어적 분절이 있다. 사회나 문화 같은 영역에서 우리를 둘러싼 사물과 세계

에 대한 지각은 언어적 분절이 만들어 낸 세계상의 역할에 결정적인 영향을 받는다.[12]

세계상은 공공적인 논의, 즉 의사소통적 언어 작용을 만들어 우리가 이를 공유한다고 생각한다. 그것은 의사소통적 실천을 통해 복수의 상이한 세계관이 하나로 통합된 공적 세계상으로 수렴되는 과정을 거친다. 마르쿠스 가브리엘(Markus Gabriel, 1980~   )은 세계를 통제하는 이념을 뒷받침하는 것을 공공권과 동일시하는 철학자 중 한 사람이 위르겐 하버마스 (Jürgen Habermas, 1929~   )라고 말한다(Gabriel, 2015a : 46-48). 하버마스는 공공권을 다음과 같이 정의한다.

공공권은 우선 공공적 의견과 관련된 사항을 형성하게 만드는 사회생활 영역을 의미한다. 그곳으로의 접근은 모든 시민에게 보장되어 있다. 사적인 개인이 모여 공적 장소를 만들어내는 일체의 모임에서 공공권의 일부가 존재하게 되는 것이다 (Habermas, Lennox, and Lennox, 1974 : 49).

공공권의 교환에서 중요한 것은 사회적·문화적 맥락의 공유이다. 거기서 다양한 사람이 의논하고, 승인하고, 차이를 인정하고, 다문화성을 인정함으로써 젠더, 섹슈얼리티, 장애, 빈곤, 인종, 국적, 환경 정의, 세대를 둘러싼 벽을 뛰어넘는 수평적이고 포괄적인 공생이 모색된다. 하지만 거기서 암묵적으로 공유되는 맥락(옳음, 공평성을 둘러싼 기준 등)을 공유할 수 없는 사람은 배제되든가 무시되며 존재할 수 없게 된다.

샹탈 무페(Chantal Mouffe, 1943~　)처럼 하버마스가 생각한 공공권을 '적대성antagonism'의 관점에서 비판하고 확장하고자 시도한 이도 있다. 무페는 공공권을 이성적 토론을 통한 합의 형식의 장으로 보는 것에 반대하고 그곳은 상이한 기획이 경합하는 장소라는 점에서 반드시 최종적 화해에 이를 수 없다고 주장한다. 공공권은 단수가 아닌 복수이다. 그러나 거기에는 "적대적인 충동이 담론적 표층의 다수성으로 발생한다"는 견해에서 보듯 그 또한 공공권을 담론적 구성물로 생각한다(Mouffe, 2008 : 10). 따라서 그는 예술 작품 제작을 통한 공공권에의 개입을 논할 때도 그 역할이 '적대적인 공공 공간의 창출'이며 목적 또한 "지배적인 합의 체제에 입각해 억압된 모든 것을 자명하게 한다"는 데 있다고 말한다(ibid., 13). 결국 그 전복 작용은 담론적 구성물로서의 공공권에 대한 재편성을 시도하는 일에 다름 아니다.

무페의 입장을 좇는다면 현실 세계에서 일어나는 여러 예술 실험은 공공권 내부의 적대 관계 구도와의 관련 속에서 해석되어야 한다. 예술 실험은 현존 질서에 대한 전복 작용이 존재하는지 아닌지, 그 정도는 어떤지와 같은 관점에서 평가된다.[13] 나아가 문제는 무페가 말하는 정치적 예술이 '상징 질서의 구성과 유지'에 대한 개입으로서 그 바깥에서 확장되는 사물의 세계, 심층적이고 미분절적인 세계에 영향을 끼치지 못한다는 점이다. 즉 예술은 지배적인 합의 체제 하부에 억압된 현실의 사물성에 다가서지 못하는 것으로 여겨진다.

공공권의 외부로

생태주의적 위기로 재발견되어 확장된 세계는 하버마스나 무페가 중시하는 공공권과 관계없이 존재한다. 즉 세계는 공공권에서 논의하는 사람들은 접근할 수 없는 것으로 존재한다. 그럼에도 불구하고 공공권과의 관련에서 세계가 존재한다고 믿는 이들은 공공권의 외부에 세계가 존재할 수밖에 없다고 생각한다. 왜 그럴까?

메이야수의 철학에서는 인간의 의식이나 언어 및 사고와 상관적인 세계, 그리고 이를 벗어난 세계라는 두 가지가 구별된다. 이를 염두에 두면 하버마스의 철학은 후자의 세계를 전자로 환원시킨다고 할 수 있다.

나아가 하버마스의 철학에서는 메이야수가 말하는 공동체적 독재론이 성립한다. 그것은 '사고하는 존재자'의 공동체에 선행하거나 이후에 일어날지도 모르는 현실의 어떤 것도 사고 불가능함을 인정하는 입장이다. 즉 "이 공동체와 관련되는 것은 다만 자기이며 이와 동시적으로 존재하는 세계일

뿐”(Meillassoux, 2008 : 50)인 것이다.

공동체주의나 간주관성이라는 말과 더불어 이야기되는 공동체의 독재론. 메이야수는 이로부터 빠져나오는 것이야말로 세계로 접근하는 것이라고 말한다. 이것이 의미하는 바는 언어 그 자체, 언어 일반으로부터의 탈각이 아니다. 우리, 즉 한정적인 공동체 내부에서 통용되는 말(신체로 통용되는 말)과 관련하여 세계가 실재하며 그 외부에는 아무것도 없다고 보는 입장으로부터의 탈각인 것이다.

현재 우리가 경험하는 세계의 불안정화는 한정적인 공동체 내부의 논의를 벗어나는 지점에서 일어나는 현실적 사건이다. 온난화, 팬데믹, 집중 호우, 태풍, 해일, 수몰 같은 사건은 기존의 공동체적 독재론과의 관련 속에서 형성되어 온 세계상을 흔들고 있다. 인간 생활은 신체 주변에서 자기 완결이 이루어지는 것도, 이를 포괄하는 공공권만으로 되는 것도 아니다. 우리가 살아가는 곳은 인간의 생활 세계를 넘어서는 광대한 영역으로서의 세계의 일부에 불과하다.

그러나 이는 어디까지나 인간 세계 자체의 소멸과 절멸을 뜻하지 않는다. 오히려 인간 세계를 떠받쳐 온 사상적 설정이 붕괴된다고 보는 편이 적절하다. 이탈리아 출신이며 런던에 사는 철학자 페데리코 캄파냐(Federico Campagna, 1984~   )가 시사하는 바와 같이 현실의 체계, 현실에 대한 설정 자체의 불안정화이다. 즉 “우리가 살면서 만들어 낼 세계를 의미 있는 것으로 구축하기 위한 토대"(Campagna, 2018 : 4)의 불안 정화가 그것이다[캄파냐는 버소사의 편집자로서 모턴의 저작 《인류》(2017)*의 담당자이기도 하다].

캄파냐가 말하는 현실은 인간적 척도를 넘어선 광대한 영역을 의미한다. 이에 비해 그가 말하는 현실 설정은 일상적인 신체를 둘러싸고 이해되는 체계를 의미한다. 체계가 인간이 살면서 만드는 세계를 형성해 낸다는 것이다. 현실 자체는 나약하고 불안정하며 카오스 상태이지만, 여기서 일정하게 설정된 인간계가 형성되기 시작하여 안정적 생활을 영위하게 된다. 캄파냐의 생각에 현대는 인간 생활을 지탱해야 할 현실 설정이 불안정화되어 있다. 그는 다음과 같이 말한다.

현실이 변하듯 세계 역시 철저히 변한다. 문화적 가치가 세계에서 무언가를 독해하고 판단하는 방식을 규정하는 데 비해, 현실 그 자체는 세계를 만드는 실체가 무언가에 대한 우리의 일반적 이해에 대응한다. 현실의 상태 변화는 세계의 근본적 구성에 변용을 일으키지만, 이 변용은 세계 속의 존재나 행위, 상상의 가능성에까지 미친다(ibid., 15).

현실의 근본적 변화. 그것은 인간적 척도를 벗어나는 지점에서 생겨난다. 그리고 이 변화가 현실 설정에도 영향을 끼

---

* 국역본은 김용규 역, 《인류 : 비인간적 존재들과의 연대》(2021), 부산대학교출판문화원.

쳐 인간계를 흔든다. 그뿐 아니라 세계 속 존재의 존재 방식과 행위, 언어, 사고방식도 흔든다. 현실의 변화는 우리가 변화 이전에 지켜 오던 세계상으로 규정된 사고나 감각에 파국과 붕괴를 경험하게 한다. 이를 세계의 붕괴라고 생각할 수 있지만 다른 세계의 시작이라고도 할 수 있지 않을까? 차크라바르티가 말한 것처럼 여기서 문제가 되는 것은 세계 규모의 종의 생존, 즉 인간이 절멸할 상황에 맞춰 세계가 변용한다는 점이다(Chakrabarty, 2012 : 15). 이 변용이 어떻게 이루어지는가, 무엇이 변용되는가를 생각하는 가운데 인간의 삶의 가능성을 다시 세울 수 있는가를 묻는다. 이를 위해서라도 새로운 세계 설정이 요구된다.

캄파냐도 말한 것처럼 붕괴에서 시작한 이행은 잘 이루어지지 않는다. 현실의 변화 이전에 보증되던 세계상은 변화된 현실과의 관계를 결여하고 있지만 공허하게나마 존속할지도 모른다. 거기에는 세계상의 붕괴가 자각되지 않는다. 공허해진 세계상에 기반해 일상생활이 존속되는 것도 가능하다. 그렇다 해도 인간적 척도를 벗어난 지점에서 현실의 변화는 지속된다.

중요한 것은 기존 세계상의 붕괴를 확인하는 것이다. 그 위에서 변화하는 현실에 맞게 살아가는 일을 지탱해 줄 세계의 재구축에 걸맞은 토대 설정을 위한 원리를 묻고 이치를 따져 언어화하는 것이다. 이것이 현대 철학의 과제이다.

현실의 변화에서 붕괴한 세계상의 하나가 공공권이다. 이 책에서 나는 세계의 재구축을 위한 원리는 공공권에서 공유해 온 사물과 세계에 대한 너무나도 인간적인 지각 방식을 벗어나는 지점에서 발견될 것이라고 주장할 것이다.

우리가 선 지점을 묻는다

이 책은 세계의 형성 원리로서의 현실 설정을 우리가 선 지점으로서의 장소와 연관시켜 생각해 나간다. 니시다 기타로는 '……에 있는 곳'으로 장소를 개념화하고 이를 인간 존재의 실존적 조건으로 발전시켰다. 나는 그의 시도를 참고한다. 이는 초월적인 것으로 정해진 목적으로서의 형성 원리와 달리, 우리가 현실적으로 존재하는 지점에서 작동하는 무형의 형성 원리를 발견하려는 시도이다.

이러한 관심에서 가브리엘의 저작《왜 세계는 존재하지 않는가Why the World Does Not Exist》(2013)나《의미장Fields of Sense》(2015) 등을 독해할 수 있다. 가브리엘이 제창한 신실재론은 '우리가 있는 지점으로서의 장소와 같은 것'과 관련된 철학적 사고의 시도라고 생각된다. 실제로 그는 "애초 모든 것이 어디에서 일어나는가"(Gabriel, 2015a : 21)라고 묻는다. 여기에는 우리가 살아가는 지점에 관한 물음이 녹아 있다. 가브리엘의 철학은 인간 존재의 실존적 조건을 발견하고자 하는 것이다. 재해나 대량 살상과 더불어 불안이 고조되고 이를 불명확하게 표현한 대량의 정보가 텔레비전이나 인터넷상에서 유통되고 있다. 현실감을 어디서 어떻게 구할 것인가를 알지 못하는 상황 속에 철학이 놓여 있는 것이다.

신실재론이 묻는 것은 표층만이 아닌 심층, 즉 배경이 되는 세계이다. 신실재론을 지지하는 철학자 마우리치오 페라리스(Maurizio Ferraris, 1956~)는 다음과 같이 말한다.

이와 같은 세계에는 최대한의 존재론적 적극성이 존재한다. 이와 같은 세계의 불투명함과 저항, 즉 개념이나 사고를 따르는 것에 대한 거부야말로 우리와 관련된 어떤 대상인 세계가 꿈이 아님을 확증해 주기 때문이다(Ferraris, 2015 : 154).

페라리스가 보기에 신실재론은 인간의 의식이나 언어, 나아가 미디어가 현실을 구축한다고 생각하던 입장의 종언 이후 나타난 것이다. 미디어로 유통되는 정보를 기반으로 조직된 현실상이 실제 현실과 부합하지 않을 뿐 아니라 그 존재 방식을 왜곡하는 풍조를 가리키는 페이크뉴스와 같은 말이 일찍이 유통되기 시작했다. 이를 그는 다음과 같이 표현한다.

우리는 사실은 없고 해석만 존재한다는 니체의 원리가 실제 어떤 결과를 낳았는가를 몇 가지 정치적 강령을 담은 미디어를 통해 목격하고 있다. 몇 해 전까지만 해도 니체의 원리를 해방의 길로 제안하는 철학자도 있었지만, 사실 이 원리는 희망하는 어떤 바를 말하고 행하는 것을 정당화하기 위해 나타난 것이다(ibid., 144).

이미 말한 것처럼, 가브리엘도 훌륭한 의사소통을 담론적인 수준에서 상정한다는 하버마스의 사고에 비판적이다. 공공권과 같은 것을 하나의 전체로 상정하고 이것과의 연관에서 세계가 형성된다는 사고에 비판적인 것이다(Gabriel, 2015b : 6).
 가브리엘의 주장은 옳다. 나를 둘러싼 세계는 말로 표현되지 않는 경우가 다수 일어나기 때문이다. 바람, 눈과 모래의 소리, 하천의 졸졸거림 등 음향적이고 촉각적인 것이 무수히 발생한다. 우리를 둘러싼 세계는 언어화된 것에 앞서 질감, 분위기, 감촉 등으로 생겨나며 존재한다. 현실의 변화는 언어로 된 것보다 음향적이고 촉각적인 지점에서 감지된다. 여기에 예민하게 반응하는 예술가들은 인간 주관에서 이탈한 카메라로 풍경을 촬영하고 녹음 기구로 소리를 채집하며(현장 레코딩) 언어화된 것에 앞선 영역에 대한 작품을 제작한다. 이들 작품은 풍경에 내재된 흔적에 대한 기계적 지각을 바탕으로, 질감과 분위기를 인간 주관과 관련시키는 작품 이상의 리얼함을 뽐낸다.

그럼에도 불구하고 공공권 내부에는 언론으로 유통되는 것만 의미 있는 정보로 간주된다. 이외의 것은 의미가 없는 것으로 배제되어 없는 것이 되어 버린다. 가브리엘의 철학은 이 상황을 극복하기 위한 철학으로 독해될 수 있다.

중요한 것은 언론 영역의 형성에 앞선 지점에서 현실에서 일어나는 것에 관심을 두고 감도를 높여 가는 것이다. 거기에 세계를 순환하는 현실감의 지점을 찾고 세계의 형성 원리로서 현실 설정의 방법을 발견하는 것이다. 이 과제에 대해 가브리엘은 '의미=감각의 장'이 복수로 모이게 되는 지점을 세계로 생각한다. 거기에서는 존재하는 것이 의미 있는 것으로 나타나며 감각되는 것으로 나타나는 지점인 장이 있다. 즉 "존재한다는 것은 의미장에서 객관적으로 나타나는 것"(ibid., 166)이다. 가브리엘이 생각하기에 존재의 의미는 인간을 벗어나는 지점에 있는 배경이자 장에서 생겨난다. 바꿔 말해, "이를 파악하는 일은 국지적이며, 너무나도 인간적인 조건의 제약을 받지 않는다". 즉 의미장에서 나타나는 것은 인간의 관점에서 벗어나 일어난다. 그것은 인간이 생각하는 하나의 조화로운 세계상과는 관계없이 일어난다. 하지만 가브리엘은 반드시 세계가 부재한다고 생각하지 않는다. 어떤 것이 의미 있는 것으로 나타나는 장이 복수로 모일 때 세계가 있다고 생각한다.

장소에 관한 물음

  가브리엘은 존재감의 실재성을 의미나 감각이 탄생하는 장에서 확인해 나간다. 의미장은 인간의 내면과 독립된 지점에 있다. 존재감의 확인을 다루는 가브리엘의 사고 기점에는 자신이 살아가는 경험인 현실이 사실 거대한 환영이며 그저 꿈에 불과한 것이 아닐까라는 불안 가득한 의심이 존재한다 (Gabriel, 2015a : 20). 현실과 꿈, 현실과 허구의 이원적 구별을 확인하면서도 존재감의 확신은 꿈과는 다른 현실에서 구해야 할 것이다. 가브리엘이 독창적인 것은 이 이원론적 구별과는 별도의 장소에서 존재감에 대한 확신을 구하고 있다는 점이다. 실제 우리는 일상의 여러 활동을 벌이는 온라인 세계에서 자신이 확실히 존재하는 근거를 어디에서 구하는가? 가브리엘의 핵심은 허구와 현실의 구별이 무너지고 상호 침투하게 된 상황에서 이제 허구와 구별된 혼동 없는 현실을 요구하는 것이 잘못된 방식으로 존재감의 의미를 다루는 것이라는 점이다. 그러나 그가 말하는 의미장은 내가 말하고자 하는 장소적인 것과는 다소 차이가 난다. 그가 말하는 장과 우리를 가능하게 하고 이를 실존적 조건으로 삼는 장소는 다르다.
  나는 세계에 관한 물음을 장소에 관한 질문으로 제기한다. 가브리엘의 존재감보다는 존재하는 것을 지지하면서 그것이 확실한 현실임을 지지하는 장소를 묻고자 한다. 에드워드 케이시(Edward Casey, 1939~   )가 말했듯이 "애초 존재한다는 것, 즉 무언가가 어떤 방식으로 실존한다는 것은 어딘가에 존재하는 것이며, 어딘가에 존재한다는 것은 어떤 종류의 장소에 존재한다는 것을 말한다"(Casey, 1997 : ix). 이런 이유에서 장소는 우리가 몸을 두고 있는 곳을 뜻한다.

장소는 우리가 살고 거주하는 것을 지탱하는 토대로서 존재한다. 장소에는 자율성이 있고, 실감이 있다. 그곳은 목적지로서 출발에 앞서 향하는 곳이기도 하다. 케이시는 장소 자체를 말로 전부 표현할 수 없는 무언가라고 말한다.[14]

그러나 그것은 반드시 순수 무결한 자연에 근거하거나 통일적 전체로 존재하는 실체적 장소를 뜻하지 않는다. 건물을 세우고, 도로를 부설하고, 상업화된 광장이 세워진 현대적 도시 상황이 성립하게 된 토대로서의 장소를 묻는 것이 여기서의 목적이다.

기술적으로 변경된 도시 환경은 인공적 환경이기도 하다. 그리고 이는 실재하는 사물뿐 아니라 대량의 사람, 자동차, 정보의 왕래가 발생시키는 감각적 자극들, 나아가 환상적 사물로 가득 차 있다. 본물과 허상이 혼재되어 있는 것이다. 도시 안에는 실재하는 사물과 감각적·환상적 사물이 다양한 형태로 모여 응축되어 있지만, 그 속의 사람들은 자신이 어디에 있는가를 이해하지 못한다. 곧 세계 상실, 환경 상실의 기분을 느끼는 것이다. 그래도 우리는 실제로 거기에 살고 있다.

케이시가 말한 것처럼 이 현대적 도시 상황을 '장소 없는 장소'라고 표현할 수 있다. 전통적·역사적 의미 상실 이후의 장소인 것이다. 그러나 인공 환경 속에서 인간은 장소성의 결여라는 언어적 구성물과 상관없이 어떤 장소에 거주하고 있고, 거기에 존재한다. 해변에 펴진 매립지에 있으면서도 사람은 그곳을 자신이 거주하는 곳으로 받아들이고, 실제로 산다.

매립지도 교외의 주택지도 사물이 집적되어 있는 토대로서 지표의 조건이다. 우리는 그곳을 장소 없는 장소인 동시에 사물로 가득 차 그 흔적이 각인된 곳으로 경험한다.

사물의 증대는 그저 인간에게만 관련되는 것이 아니다. 그것은 인간 생활의 토대가 되며 지표로서의 조건에도 영향을 미친다. 도시 건설은 토지의 이용을 바꾸고, 플라스틱 제품의 증대는 해양 오염을 일으킨다. 지층에 인간의 흔적이 새겨지고 쌓여 간다. 《세계의 종말》에서 다노프스키와 비베이루스 지 카스트루는 행성 자체가 인간의 제조물과 폐기물의 축적으로 질식당하고 있다고 주장한다(Danowski and Viveiros De Castro, 2017 : 26).

그들이 보기에 지질 면의 변경은 단지 자연 과학과 관련된 문제가 아니다. 그것은 철학과 관련된다. 즉 세계의 존립과 관련된 형이상학적 논의가 대두되는 것은 인간의 조건 자체가 지구의 인위적 변경으로 인해 불안정하게 되어 버렸기 때문이다. 다노프스키와 비베이루스 지 카스트루는 다음과 같이 말한다.

예를 들면, 몇 년간 각자 비슷한 방식으로 '세계를 종언케 하는 것'을 제창하면서 새롭고 세련된 개념적 논의가 구상되었다. 그것은 인간을 위한 세계 이외에는 아무것도 없다고 생각하던 것을 끝내는 것이다. 이를 통해 인간의 이해가 개입하는 일에 절대적으로 앞서는 형태인 '우리가 없는 세계'에 대한 인식론적 접근이 정당화될 것이다(ibid., 3).

세계를 종언케 하는 것이란 세계 자체의 소멸을 뜻하지 않는다. 그것은 변화하는 현실에 대응할 수 없는 기존 세계상의 종언을 의미한다. 이는 세계가 인간의 상관물이며 안정적인 배경이라는 사고방식을 끝내는 것에 목적이 있다. 세계는 인간의 척도, 이해와 같은 것을 벗어난 지점에서 인간의 소원이나 희망과 관계없이 존재한다는 감각이 사람들 사이에서 잠재적으로 높아지고 있다. 인간은 광대한 비인간적 세계 속의 매우 작은 일부에 거주한다. 이 현실 감각에 어울리는 세계상의 형성이 현대에 요청된다. 인간적 척도를 벗어난 지점에서 인간 세계를 일부로 삼는 비인간적 세계라는 시야, 바로 이 시야에서 우리가 살아가는 지점에 관해 생각할 것이 요청된다. 세계상의 형성은 통상의 지각을 벗어난 지점에서 떠오르는 불확실하지만 실재적인 모습을 띠고 있다고 할 수 있다.

인류세는 인간 행위의 축적과 중첩 및 결과로 생겨난 현실적 사태이다. 그런 한 인간의 문제이다. 그러나 다른 한편으로 인류세는 지질학적 시공간이라는 인간의 역사와 상관없는 거대한 시공간 속에서 생겨난 것임을 자각할 수 있는가가 문제시된다. 차크라바르티가 말한 것처럼, 여기에는 "지질학적 시기 구분이 포함되는 수억 년의 시간과 자본주의의 역사를 구성하는 500년이라는 시간 사이의 상극"(Chakrabarty, 2018a : 6)이 있다고 말해야 할 것이다.

우리를 벗어난 세계

가브리엘은 통일되고 조화를 이룬 세계상은 현실 세계의 변용에 어울리지 않는다고 생각한다. 요청해야 할 것은 세계상의 변경이다. 가브리엘 자신은 명확히 말하고 있지 않지만, 그의 논의의 배후에는 어쩌면 근대의 세계상과 변화하는 현실 세계라는 실재 간에 생겨난 간극을 직시하고, 이로부터 세계에 관한 형이상학적 논의를 시작해야 한다는 절박감이 있을 것이다.

그런데 이 불안감 자체는 가브리엘 이외의 저자들도 공유하는 것이다. 다노프스키와 비베이루스 지 카스트루가 말한 것처럼 이로부터 나온 비전 중 하나인 '우리가 존재하지 않는 세계'가 그것이다. 이는 '우리를 위한 세계'로 세계를 바라보기를 그만둔다는 것을 뜻한다. 우리가 있는 지점을 벗어나 존재하는 것으로서, 우리가 살아 있는가 아닌가와는 무관하게 존재하는 것으로서 세계를 생각하는 것이다.

그러나 세계가 우리를 벗어난다는 것은 반드시 거기에 인간이 없다는 것을 의미하지 않는다. 물론 인간이 소멸한 세계를 미래에 벌어질 일로 생각하는 것은 가능하다. 하지만 이는 현대 철학에서 묘사하는 인간을 벗어난 세계와는 다르다. 인간을 벗어난 세계란 인간이 살아 있기에 앞서 존재하는 세계인 것이다. 바꿔 말해, 그것은 세계가 인간이 정한 척도를 따를 수 없는 측면이 있고, 인간적이지 않은 측면이 있음을 말한다. 다만 거기에 인간이 반드시 존재하지 않는다는 것은 아니다. 인간에 앞선 지점, 인간을 벗어난 지점에 있는 세계에 인간 또한 거주하고 있다.

여기서 가브리엘에게 중요한 것은 '세계가 어떠한가라는 문제'에서 이성적인 동물인 인간의 삶을 둘러싼 탐구의 관점을 떼어 놓고 생각하는 것이다.

서양 철학에서는 인간 중심적 사고가 우세했다. 다른 동물이나 사물과 다른 존재로 간주되는 인간의 존재를 사고하는 것이 주류였다. 가브리엘은 이에 반대하여 인간의 존재가 아닌 존재 그 자체를 중시해야 한다고 선언한다. 그럼에도 불구하고 가브리엘은 존재를 인간과의 연관에서 생각하고자 한다. 철학자로서의 가브리엘은 인간에 대한 관심을 잃지 않는다. 인간은 인간임을 그만둘 수 없다. 인간이면서도 동물적인 것이다. 이 모순 상태에 대해 그는 세계의 관점에서 사유해 나간다.

가브리엘이 보기에 인간은 다른 동물들과 더불어 세계와 관계 맺고 세계 속에 들어가 있다. 그런 점에서 인간은 다른 동물과 연속적이다. 가브리엘은 인간을 인간 이외 것과의 연관 속에서 사고해야만 우리 자신을 안다는 것에서 벗어날 수 있다고 본다. 그는 다음과 같이 말한다.

> 존재existence가 어떤가를 알고자 하는 욕망이 우리 자신을 알고자 하는 욕망에 의해 구동된다는 것은 개념적으로 불가능하다(Gabriel, 2015b : 37).

가브리엘은 우리 자신이 어떤가를 알고자 하는 욕망에 붙들리는 일에서 자유로워지라고 요청한다. 즉 그것은 우리 자신이 아닌 것, 인간이 아닌 것까지 고찰의 범위를 넓혀 그것과 다른 것이 분리되지 않는 존재로 인간을 사고한다는 것을 말한다.

인간에 앞선 세계 혹은 인간을 벗어난 지점에 있는 세계. 인간이 비인간적인 것과 만나고 공존하는 지점으로서의 세계. 그곳은 인간적 척도를 벗어나 있다. 언어로 공유된 인간적 공공 영역과는 관계없이 존재한다. 어쩌면 생태주의적인 위기, 지구 규모의 것과 마주치게 된 인간이 느끼는 불안은 여기서 유래하는지도 모른다. 인간의 언어, 이성적인 토론 속에 세계가 존재한다고 생각하는 것 자체가 무효가 될지도 모른다. 그럼에도 불구하고, 이와 같은 세계상을 대체하는 사고와 언어는 산발적이고 좀체 공유되지 않는다. 이로 인해 인간은 불안해한다. 여기서 중요한 것은 인간적인 것과는 관계없는 세계에서 살아가는 현실에 어울리는 세계상을 그려 내는 일이다. 단서는 통상의 상식으로 다루는 한 지각하기 어려움에도 확실히 생겨나는 어슴푸레한 징후로 나타날 것이다.

가브리엘은 자신의 철학적 입장을, 인간 존재가 어떤 인지적 관심을 갖는지 아닌지와는 관계없이 존재하는 것 자체를 사고하는 일에 있다고 말한다. 어쩌면 이는 인간의 지식 성립에 앞선 지점에 있는 존재 자체를 사고하는 것, 나아가 인간을 포함한 모든 존재를 느끼고 사고하는 것이 중요함을 시사할지도 모른다.

니시다 기타로는 1917년 〈다양한 세계〉에서 주관적 자아가 성립하기 이전의 선천적 형식과 관련되는 현실의 대상을 고찰하는 것이 이마누엘 칸트(Immanuel Kant, 1724~1804)의 입장이라고 보면서 인식 이전 물자체의 세계가 존재함을 부정하지 않았다. 이는 "개념적 지식 이전에 부여된 직접 경험"이자 "우리가 인식할 수 없는 지식 이전"의 것이다(西田,

1987a : 9). 니시다가 보기에 칸트가 그 존재를 시사한 인식 이전의 것은 주관적 자아를 벗어난 객관적 세계, 역사적 세계로서 현실에 존재하며 인간은 이 세계를 드나든다는 것이다.

더구나 니시다의 생각에 객관적인 세계로서의 역사적 세계란 자연 과학으로 해명된 자연계와는 다르다. 니시다는 자연계가 유일한 세계라고 생각하는 것에 반대한다. 그것이 "유일한 하나의 세계라고 해서 반드시 유일한 세계는 아니다"(ibid., 16). 물론 니시다는 자연계의 존재를 부정하지 않는다. 자연 과학의 대상인 자연계를 포함한 다양한 세계가 있다고 말하는 것이다. 자연계 이외에도 역사의 세계, 예술의 세계, 종교의 세계 등 다양한 세계가 있다고 하는데, 이 생각은 가브리엘이 말하는 복수의 의미장으로서 세계가 존재한다는 주장에 가깝다. 1917년에 제창한 니시다의 주장은 세계의 형성 원리를 둘러싼 고찰로 재독해할 수 있다. 니시다가 말하는 '다양한 세계'란 인간이 속한 지점에 있으면서도 주관적 자아를 벗어나 객관적 실재로 존재하는 자연 과학의 대상인 자연계로 일원화되고 통합되지 않는 세계이다.

세계의 흔적

세계의 다양성이라는 특질은 독일이나 일본, 서양과 동양처럼 이미 존재하는 문화적 배경의 차이에서 유래하지 않는다. 인간이 살아가는 곳을 드나들고 몰입하면서 독특한 개성을 그 장소에 새기면 장소는 독특함을 띠고 다양한 것을 남기게 된다.

니시다는 "어떤 사람이든 죽어서 재를 남기는 것에 불과하다면 물체로서의 사람은 아무것도 변하지 않을지도 모르지만 역사적 실재로서의 각 사람은 하나뿐인 개성을 가진 존재가 될 수 있다"(ibid.,17)라고 말한다. 삶의 개성, 즉 확실히 살아온 것의 흔적을 세계에 각인시키는 것이라면 이 한 문장은 다음과 같이 해석될 수 있다. 사체가 물체로 간주되면 전부 자연 과학의 대상이 되어 객관적으로 관찰 가능한 사물에 불과한 것이 된다. 그러나 살아 있는 사람이 남긴 흔적은 각기 다르다. 사체로 변하기 이전에 살던 그 사람의 개성은 흔적으로 세계에 각인된다. 물론 사체가 되기 이전에도 사람은 현실에서 살면서 매일 자신이 살아가는 장소에 흔적을 남긴다. 지금 살아가고 있는 사람도 매일 자신의 흔적을 살아가는 곳에 남기고, 개성 있는 실재로서 존재한다. 물체로서의 재와는 다른 다양한 흔적이 새겨짐으로써 세계 또한 실재한다. 그렇다면 우리의 다양한 흔적이 새겨진 곳으로서 세계도 실재한다. 우리가 다양한 세계에 속하여 출입한다는 것은 자신의 흔적을 거기에 새기는 것이라고 할 수 있다.

인간을 벗어난 세계는 인간의 절멸 이후의 세계와 같지 않다. 인간의 사고나 공통된 의견, 인간이 정한 옳음에서는 벗어나지만, 거기에 인간 또한 거주하면서 흔적을 새기고 존재하는 세계를 의미한다. 이는 메이야수의 아이디어지만, 다노프스키와 비베이루스 지 카스트루는 메이야수의 '사람들 없는 세계'라는 사상을 그저 추상적인 철학적 사변에 불과한 것으로 보지 않고 실제로 우리가 거주하는 세계와 관련지어 재독해한다. 특히 세계가 불안정화된 상황과 관련지어서 말이다.

그들이 생각하기에 메이야수는 인간 및 언어나 문화의 도래 이전에 발생한 사태에 대한 관심으로부터 자신의 철학을 전개해 간다. 구체적으로는 우주의 시원과 지구에서 생명의 탄생, 인류의 시원 등이지만 이런 것들은 인간의 언어가 미치지 못하는 지점에서 생겨난 사건, 즉 전언어적이고 탈언어적인 사건이다. 다노프스키와 비베이루스 지 카스트루는 이 사건이 일어나는 세계에서 벌어지는 어떤 것을 다음과 같이 표현한다. 그것은 "인간의 도래에 선행하지만 지식으로 접근할 수 있는 현실과 사건에 대한 물질적 흔적이다"(Danowski and Viveiros De Castro, 2017 : 33).

인간이 없는 지점에 세계는 실재한다. 인간은 인간적 척도를 벗어난 지점에 실재하는 세계에서 살아간다. 거기서 사건은 확실히 일어난다. 무언가로서 실재한다. 그러나 이는 명료하게 볼 수 있는 혹은 손에 잡히는 확실한 사물로 존재하지 않는다. 형태 없는 흔적으로만 존재한다. 형태 없는 흔적은 사

유와 단절되지만 세계의 현실에 붙박여 축적된다. 이 흔적의
사물성, 현실성을 어떻게 생각할 것인가?

사진가인 요네다 도모코(米田知子, 1965~　)는 역사란 '원풍
경의 층the strata of landscape'이라고 말한다.

역사는 눈에 보이는 기념품이나 건축물만으로 나타나는 것이
아니라, 그 흔적이 무형으로 태연하게 존재한다. 창공, 맑은 바
다, 나무들과 들판, 밭과 같은 모든 장소에서 숨 쉬고 있음에도
불구하고 사유로부터 단절되고 정지한 것처럼 말이다. 그러나
그 풍경은 경험으로 축적된 인식과 대화를 이어 가면서 시각
의 깊은 곳에 들어와 일상생활 속에 살아 있다(米田, 2013 : 11).

폭력이나 악, 비극적 사건이나 신중한 나날의 행위 또한 현
실의 장소에서 벌어진다. 그러나 그것은 유적처럼 정해져서
현전하는 사물로 남아 있을 뿐이다. 따라서 흔적은 눈에 보
이지 않는다. 정말 일어났던 것인가, 그저 환영에 불과한 것
인가처럼 뻔하지 않다. 그 확실성을 주장하기에는 실제로 일
어난 장소에 각인된 흔적, 더구나 느낌으로서의 흔적을 그저
믿을 수밖에 없다. 그러나 사건의 흔적은 인간의 사고, 나아
가 언어를 벗어난 장소에 무형의, 언어화되지 않은 형태로 각
인되어 있다.

흔적을 느끼는 것은 그것이 발하는 신호를 지적으로 받아

들이고 분석하는 게 아니라, 그것이 심층에 품고 있는 것으로 부터 허락을 받는 것이다.

내적 공간의 심층에 있는 흔적의 확실한 감촉을 실마리 삼아 인간은 진실한 언어를 이야기할 수 있게 된다. 흔적은 무언가가 확실히 살아 있는 지점 혹은 무언가에 의해 살아진 지점에 있고, 남겨진다. 지어진 주택이 파탄 나 다시 땅이 되고, 팔린 땅의 간판이 서 있던 공터에도 사람들의 생활 흔적이 남아 있다.

흔적에는 무엇이 실재한 걸까? 우선 그것은 무언가가 살았던 장소로 남겨진 표지이다. 즉 예전에 있던 것이 없어지고 부재가 된 지점에 살아 있다. 거기에는 인간 생활이 영위되고 지켜지던 삶의 장소가 없어졌다는 사실이 그 부재성으로 인해 실재했음을 볼 수 있다.

살아 있다는 것 자체가 소멸한다. 그래도 사람이 사라진 주택, 주택이 사라진 땅, 인간이 떠난 폐허의 도시는 사람이 살았다는 것 자체에 대한 부재 상황에 견주어 볼 때 사물로서 실재한다. 텅 빈 집과 폐허도 사람이 있었고, 사람이 살았던 장소로 실재한다. 인간이 생활한다는 것의 종말, 즉 삶의 극한적 사태가 텅 빈 집, 폐허, 재해 지역에서 흔적으로 멈추어 있다. 흔적이야말로 살았던 것의 확실성에 대한 표지이다.

잔해로서의 삶

 인간이 살았던 장소에 각인된 흔적의 장소. 프레드 모튼은
에릭 샌트너(Eric Santner, 1955~   )의 벤야민 독해(Santner,
2006)를 주석하면서, 그곳이 인간으로부터 해방된 사물이 방
치된 곳임에도 이를 '폐허화'로 사유한다.
 샌트너는 벤야민이 《독일 비애극의 원천》(1928)에서 논한
자연사를 폐허론으로 고찰한 바 있다. 이는 인간 생활을 문화
나 공공권 같은 정신적 실체와는 다른 사물성과 관련지어 파
악한 가운데, 벤야민을 살아 있는 상태의 붕괴와 종말이라는
관점에서 독해하면서 세계의 사물성을 고찰한 것이다,

 벤야민이 말하길 자연사Naturgeschichte는 인간 생활과 그 마
음이 가진 기본 구조의 붕괴, 나아가 그 물화reification와 관련
된다. 즉 자연사가 의미하는 것은 자연에도 역사가 있다는 사
실이 아니다. 오히려 그것이 의미하는 바는 인간 역사의 인위적
산물이 삶의 생기 넘치는 형태 속에 있던 장소성을 잃기 시작했
다는, 정확히 말해, 바로 그 순간 무언의 자연스러운 존재의 상
을 얻기 시작했다는 사실이다(건축의 폐허가 자연으로 되돌아
갈 때를 생각할 것). …… 인간 존재에게는 다만 자연뿐 아니라
제2의 자연에 기입됨으로써 인위적 산물이 삶의 역사적 형태
속에서 장소를 잃을 때(생활 형식이 쇠락하고 끝나거나 사멸할

때) 우리는 이를 탈자연화된 무언가로, 그저 역사적 존재의 잔해로 변용된 무언가로 체험한다(Moten, 2018 : 16).

모튼이 말하는 '지하 세계의 삶의 덧없음에 대한 인식'은 인간이 자신의 생존을 위해 건조한 인위적 산물의 붕괴 이후 떠오른다. 그러나 그 붕괴는 단순한 물리 현상이 아니다. 샌트너의 벤야민 독해에서 인위적 산물은 제2의 자연이다. 즉 인위적 질서 성립 이전에 존재하는 이른바 순수한 자연과는 다른, 상징적이고 문화적인 것으로서 인위적임에도 불구하고 마치 자연인 것처럼 존재하는 것을 의미한다. 이와 같은 '제2의 자연'이 본보기가 되어 인간의 생활 세계가 성립한다.

샌트너는 인위적 산물의 붕괴가 쇠락과 소진, 죽음의 흥기라고 말하지만 이 붕괴가 매일 벽에 금이 가고, 지붕이 날아가고, 침수하는 것이라면 주인이 떠난 후 잡초가 무성하고 조용히 썩은 것과 다르지 않을 것이다. 즉 그것은 우선 사물과 관련된 사태로 일어난다. 인간의 사고와는 상관없는 지점에서 사물의 세계로서 벌어지는 일이다.

그리고 이 붕괴는 장소와 관련된 사태이기도 하다. 샌트너는 인위적 산물의 죽음을 '생명의 역사적 형태에서 장소의 상실'로 표현한다. 이는 건축을 둘러싸고 지탱하는 근거로서의 장소 자체에 대한 변용이라고도 할 수 있다. 거기에서는 붕괴하고 사멸한 인위적 산물의 폐허화가 일어난다. 폐허화는 단순한 물리적 현상에 그치지 않고 공포 내지 불온함으로 벌어진다. 불안이나 허전함, 적막함 같은 기분의 발생을 초래하는 사태이다.

　이렇게 인위적 산물의 붕괴와 더불어 변용된 장소는 생활자의 영역인 안온한 도시로 수렴되지 않는 내버려진 장소로 존재하게 된다. 그러나 버려진 장소가 완전히 소멸된 것은 아니다. 그곳은 이미 살았던 누군가 내지 무언가의 흔적이 멈춘 폐허로 존재한다. 모튼은 샌트너의 논의에서 중요한 것이 "인위적 산물이 기댈 곳, 귀속할 장소를 잃은 채로 그것이 존속하게 된 것"(ibid., 47)이라고 말한다. 붕괴와 상실 후 남은 사물로서의 잔해는 한편으로 인위적 산물로 구성된 도시의 외연, 곧 지하 세계, 죽음과 이웃한 위험 지대의 존재를 알려 주지만, 다른 한편으로는 완전한 죽음에 이를 수 없는 집요한 삶의 강도를 느끼게 해 준다. 한번 죽었다고 생각된 곳 또한 새로운 생활의 거점이 된다. 그것은 결코 자연으로의 회귀를 의미하지 않는다. 붕괴된 채 존재하는 인위적 사물로서의 인간 세계를 벗어나 그 붕괴 후로 시선을 이동하여 새로운 삶의 방식을 시작하는 이들이 활발히 모여드는 곳으로서의 신세계를 의미한다.

세계의 감촉

메이야수도 감촉과 더불어 사고로부터 단절된 지점에 있는 세계를 말한다. 그가 생각하기에 사고의 외부로서의 세계는 "우리와 관계없는 것이자 우리에게 부여된 것과 무관한, 스스로 부여하여 그렇게 있을 뿐인, 우리가 사고한다고 해서 할 수 없는 그 자체로 존재하는 것이다. 이때 사고는 이 '외부'를 이국의 땅이라는 확실한 감촉feeling으로 횡단한다. 완전히 다른 지점에 있다는 확실한 감촉과 더불어서 말이다"(Meillassoux, 2008 : 7).

이로부터 곧바로 다음 사항을 읽을 수 있다.

첫째, 세계는 우리의 사고와는 무관한 지점에 존재한다. 여기서 말하는 사고란, 세계가 인간이 정한 척도를 따를 필연적인 이유가 있다고 생각할 때의 사고를 말한다. 메이야수는 이 통상적 사고를 벗어나 이와는 관계없는 지점에 존재하는 세계를 사고한다.

둘째, 메이야수의 사고는 사고의 외부로서의 세계를 이국의 땅으로 느끼고, 확실한 감촉으로 발휘한다. 그렇기에 매우 추상적인 사변과는 다르다. 언어와 의식 속에 갇힌 상태 밖으로 확장된 세계를 이국적으로 느끼는 것이다. 따라서 그가 말하는 세계는 현실에서 유리된 관념이나 몽상이 아니다. 현실에 실재하는 무언가로, 기존의 인간적 척도를 벗어나며 만질 수 있는 무언가로 존재한다.

셋째, 세계의 감촉은 그것을 느끼는 내가 있든 없든 현실에서 벌어지는 무형의 것이다. 듣고 만지는 것으로서 무형의 기색으로 표현된다. 따라서 무형이라 해도 거기에 감촉이 있을 때 사람은 무언가를 느낀다. 다만 느끼는 사람이 있는가, 없는가는 중요하지 않다.

사고하고 느끼는 사람이 있는가 없는가와 무관하게 세계에서 실제로 벌어지는 질감을 어떻게 생각할 것인가? 음향의 질, 후각적 질은 보통 듣고 냄새 맡을 때 존재하는 것으로 생각된다. 곧 감각적인 것과 관계되는 '내'가 존재하기에 음향적인 질이나 후각적인 질이 세계에 생겨난다고 생각한다. 그러나 메이야수는 내가 있다는 것과 무관하게 존재할 수 있는 성질(사물 자체의 특성properties of object in itself)이 세계에 있다고 생각한다. 그것은 "사물을 벗어났다고 볼 수 없는 성질, 내가 그것을 파악하기를 그만두더라도 거기에 속하는 것으로 상정된 성질"(ibid., 3)이다.

메이야수는 세계와 나 사이의 상관관계를 벗어난 지점에 어떤 질감이 존재한다고 생각한다. 그런데 그는 이 질감을 수학적인 용어로 정식화하고자 한다. 이에 비해 나는 세계의 질감은 모양이 없는 것으로서, 즉 그림자처럼 무형이지만 음향이나 기색처럼 떠오르는 공간적인 것으로 파악할 수 있다고 본다. 세계의 감촉, 그것은 내가 없었을 때 생겨나고 현재도 벌어지고 있다. 그리고 이 감촉은 내가 없어질 미래에도 흔적으로 남겨질 것이다. 그러나 언어의 감옥에 갇힌 채 텔레비전화되고 SNS화되어 평탄하고 공허한 공공권의 논의에 불과한 상태에 이르렀을 때 사람은 이를 느낄 수 없다.

나의 주된 관심은 다음과 같다. 변화하고, 붕괴하고, 종언을 맞게 될 세계에서 이를 느끼는 가운데 생활을 이어 갈 장소를 대체 어디서 구할 것인가? 나는 이 물음과 더불어 공공권에서 유지해 온 세계상을 대체할 새로운 세계 형성의 원리를 탐구하고자 한다. 사물의 흔적에 대한 감촉이 그 실마리가 될 것이다. 언어의 감옥 밖으로 나가 음향이나 냄새와 같은 질감을 느끼는 것이다.

요네다가 서술한 것처럼 이들 감촉은 '원풍경의 층'에 각인되고 축적되어 있다. 그러나 '원풍경의 층'에 각인된 흔적이 의미 있고 실재적인 것이 되기 위해서는 이를 의미 있는 것으로 삼는 장이나 영역 또한 형성될 필요가 있다. 대중 매체의 판에 박힌 논의, 텔레비전 영상, SNS로 확산된 정보 등을 아무 생각 없이 받아들여 만들어진 세계는 현실에서 벌어지고 층층이 각인된 음향이나 냄새 같은 질감의 정밀함을 절단하고 왜곡하여 마치 없는 것으로 만들어 버린다. 현실의 풍경(요네다가 고베 지진 10년 후 촬영한 사진에 나온 복원 후의 풍경)에서도 확실히 누군가 살고 있었을 파탄의 흔적이 상실감, 비애, 적막함과 더불어 사라진 것을 볼 수 있다(米田,

2012). 살았던 사람의 개성, 거주지, 삶에 관한 생각, 그 흔적이 소멸되어 버린 것이다. '원풍경의 층'에 가까워질수록 거기에 흔적을 남긴 사람이나 사물의 존재감을 자신의 내적 공간으로 초대하여 이와 대화를 펼치는 일은 각 층에 각인된 흔적이 의미 있는 장으로서 중요하기 때문이다.

가브리엘은 사람뿐 아니라 다양한 사물, 나아가 환상과 같은 다양한 것이 현실에 존재하며 그것이 장에서 나타난다고 생각한다. 무언가가 존재한다면 어떤 장에서 나타나지 않을 수 없다. 그는 다음과 같이 쓴다.

존재한다는 것은 의미장에서 객관적으로 나타난다는 것이다. 거기에 나타나는 것의 관계성은 이를 파악하는 지엽적이고도 인간적인 조건에 의해 제한되지 않는다. 분명히, 나타나는 것은 인간적인 것이 아니다(Gabriel, 2015b : 166).

의미의 장에서 나타나는 것, 그것은 의미 있는 것, 느낄 수 있는 것으로 발생하고 존재함을 뜻한다. 반대로, 존재하기 위해서는 의미 있는 것을 느낄 수 있는 장 또한 존재해야 함을 뜻한다.

가브리엘의 생각에 의미가 있고 느낄 수 있는 장은 객관적으로 존재한다. 니시다의 논의를 떠올려 보면 장의 객관성은 주관적 자아를 벗어난 객관성이 된다. 인간의 인식을 벗어난,

지식 이전의 것이지만 우리는 그래도 "개념적 지식 이전에 부여된 직접 경험"으로 이 장을 살아가고 느낀다.[15]

인간적 관심, 의미 부여, 공공권에 대한 논의를 벗어난 지점에 의미장이 있다. 의미장 특유의 현실성은 인간적인 관심이 미치지 않는 지점, 사고와 단절된 지점에서 생겨난다. 그것은 덧없고 섬세한 것으로 살아 있다. 그러나 인간적 관심, 의미 부여가 일어나는 공공권에 대한 논의(판에 박힌 것처럼 결정된 단순하고 단조로운 논의)는 의미장이 생겨나도록 하는 섬세함, 정밀함을 무시하는 곳에 새겨진다.

가브리엘은 의미장에 나타나는 것은 어떤 것이 배경적인 영역에 그치는 상태에서 벗어나 전경화되는 것이라고 주장한다. 그가 말하는 바를 좇아가 이를 고찰해 보자. 의미장에 나타나는 것만이 존재한다는 것은 거기에 나타나지 않는 것은 존재하지 않음을 뜻한다. 나타날 수 없는 것은 존재하지 않는 것, 곧 무이다.

그러나 요네다가 말하는 '원풍경의 층'처럼 일상생활에 존재하는 것으로 생각되지 않지만 사진이라는 매질이 만들어 낸 작품 세계로서의 질감을 띤 의미장에 은밀히 나타나 존재한다는 것이기도 하다. 즉 의미장에서는 일상생활만이 아닌 사진이나 회화처럼 무형이고 비가시적이며 들리는 것을 매개 삼아 거기서 느껴지는 실재가 나타나는 세계를 포함한다. 물론 일상생활에서 성립하는 의미장과 작품 세계로 성립하는 의미장 사이에는 간극과 골이 있다. 따라서 의미장은 복수적이다. 가브리엘은 다음과 같이 말한다.

> 무엇보다 무언가, 무가 아닌 무언가가 존재하고, 의미장이 복수로 존재한다. 확실히 하나의 유일한 것이 존재하고, 그것이 존재하기 위해서는 의미장에 나타나며 어떤 배경background으로부터 전경화되어야 한다. 그것은 배경, 즉 장이 있어야 함을 뜻한다. 그러나 장이 그 자체로 존재하기 위해서는 별도의 장에서 나타나지 않으면 안 된다(ibid., 167).

가브리엘은 존재하는 것을 무가 아닌 무언가로 파악한다. 무란 완전히 아무것도 없는 것을 의미한다. 그러나 그는 완전히 아무것도 없는 상태로서의 무와 다른 것으로서 존재하는 것을 파악한다. 여기서는 의미장 덕분에 무가 아닌 무언가가 나타난다고 말한다. 바꿔 말해, 그것은 사실 무언가가 있음에도 불구하고 의미장이 없어서 전경화되지 않았거나 없는 것처럼 된 것이 아닐까? 가브리엘이 말하는 것이 적절하다면 사실 있음에도 없는 것이 된 무언가의 경우 의미장을 적절히 설정하면 그것이 있게 될 것이다. 무가 된 것이 생겨나도록 하는 감각적인 것의 의미가 나타나도록 할 수 있다는 말이다.

가브리엘의 생각에 의미장은 복수적이다. 여러 가지 장으로 형성되어 있다. 그러나 여러 장을 포괄하는 거대한 전체로서의 장, 통반석과 같은 세계는 존재하지 않는다(ibid., 159). 통반석 같은 세계는 '원풍경의 층'으로서의 의미장이 복수로 존재하며 중첩된 장소로서의 세계와 다르다. 통반석과 같은 세계는 존재하지 않는다. 가브리엘은 그렇게 주장하지만, 의미장을 기반으로 현실에 각인되고 느껴지는 것으로 나타나기도 하는 여러 존재는 동시에 망각되기도 한다. 이때 사실은 존재하지 않는 통반석과 같은 세계가 존재하는 것으로 착각할 수 있다.

현실에서 일어나는 것, 실제로 벌어지는 것, 잊힐지도 모르는 사건, 소멸되고 잃어버린 무형의 흔적. 이런 것들이 존재하는 것의 현실성을 깊이 정확하게 느끼고 받아들이도록 하는 것은 통반석과 같은 세계를 벗어나 우리가 드나드는 여러 종류의 세계, 즉 의미장, 감각장이 성립하는 지점으로 나올 것을 요구하기 때문이다.

니시다 기타로는 주관적 자아를 벗어난 지점에 객관적이고 역사적인 세계가 실재한다고 생각한다. 그리고 그는 우리가 인식 이전의 지점에서 이 세계를 느끼고 경험한다고 말한다. 바꿔 말해, 그것은 사고하고 인식하는 우리가 없는 지점으로서의 세계를 만난다는 말이지만 여전히 이 세계는 인간도 살아가고 있는 곳, 인간도 존재하는 곳이라는 말이다. 지금 이 세계에 존재하는 인간은 죽으면 타서 사라지는 몰개성한 물체와는 다르다. 인간은 지금 여기에서 개성을 가진 실재로 세계에서 살아가고 있다. 인간의 삶을 몰개성한 물체와 다른 개성 있는 존재로 본다는 것은 도대체 어떤 의미인가? 니시다가 독특한 것은 주관적 자아를 벗어난 지점에 있는 세계에서 인간의 개성을 파악한다는 점이다. 그리고 이 입장은 현대 철학에서 세계에 대한 관심과 중첩된다. 주관적 자아가 부여하는 의미로서의 개성과는 다른 것이 세계에 발생하는 것이다.

바꿔 말해, 인간의 사고나 이해 혹은 인식틀이 관련되지 않은 지점의 세계에서 개성이 발생한다. 메이야수는 사물과 사건을 인간의 출현에 앞선 지점에서 형성된 석화와의 연관 속에서 사고한다(절멸된 공룡이 남긴 흔적으로서의 석화). 인간의 사고와 단절된 지점으로서의 세계를 말이다. 그 또한 인식하는 것처럼 이는 다분히 사고권에 속하지 않은 감촉과 더불어 존재하는 세계이다.

사고와는 상관없지만 그래도 감촉과 더불어 존재하는 세계에서 우리는 살고 존재한다. 그리고 감촉과 더불어 존재하는 세계는 인간의 사고가 미치지 못할 뿐 아니라 인간을 따르지 않는 세계이기도 하다. 세계에 있는 인식 이전의 측면에 대한 자각은 현대의 생태적 위기에서 촉발되어 높아지고 있다. 인간은 그가 만든 인위적 여러 조건뿐 아니라 지구 규모의 다양한 조건 속에서 살고 있다. 그리고 지구 규모의 여러 조건을 인간 이외의 생명체와 공유한다. 또 이 조건들과 더불어 인간 또한 뭇 생명체와 동일하게 살아간다.

그러나 산다는 것은 무엇인가? 니시다가 시사한 것처럼 그것은 죽음을 통해 명료해진다. 죽음에 있어서 인간은 한편으로는 몰개성의 물체로 땅에 묻혀 썩든가 불에 타 재가 되든가 바다에 수장된다. 다른 한편으로는 "역사적 실재로서 각각의 사람이 한두 가지 개성을 지닌 실재"이지만 이는 사후적으로 이해되는 사항이다. 몰개성의 물체로서 파악할 수 없는 개성. 이는 살아 있는가 아닌가를 결정하는 중대한 요소이다. 그러나 이 개성은 주관적 자아가 부여한 의미와 다르고, 복수의 주관적 자아의 교류로 형성된 공공권이 부여한 의미와도 다르다. 이들 개성은 주관적 자아로는 해석할 수 없는, 그저 감각될 수밖에 없는 것으로 존재한다. 개성은 주관적 자아와 상관없이 드넓은 세계에서 벌어진다.

가브리엘이 말하는 의미장은 그저 물체 이상의 개성이 중요한 것, 또 감각 가능한 것으로 생겨나는 조건을 둘러싼 것이다. 따라서 그의 생각에 의미장은 이 세상에 있는 것으로 생각된다. 즉 거기에서 의미 있는 것으로 나타나는 것은 재에 불과한 물체 이전의 단계에 있는 살아 있는 자이다. 죽은 자에 대해 성립하는 살아 있는 자, 죽음의 영역과 이웃한 지점에 있는 살아 있는 자는 나타날 수 없다.

개성 없는 몰개성의 물체, 그것은 살아 있는 자의 세계에서 볼 때 의미 없는 것에 불과할지도 모른다. 그래도 예를 들어 요네다가 말하는 '원풍경의 층'은 물체로서는 소멸하지만 소멸하지 않고 각인된 흔적의 층인 한에서 이 세계 어딘가에 남겨진 자들이 살아가도록 하는 의미장이다.

제3장

인간에게서 해방된 세계
: 티머시 모턴

차크라바르티는 〈인류세의 시간〉에서 인류세란 "인간이 그
곳의 작은 일부에 불과함에도 그곳에 대처하지 않을 수 없게
된 이야기"(Chakrabarty, 2018a : 29)라고 주장한다. 인간 활동
의 산물이 축적됨에 따라 인간적 척도를 넘어선 지구 규모의
조건이 동반되고 있다. 그곳에서 인간이 거주하고 살아간다.
물어야 할 것은 인간을 일부로 삼는 세계의 확대, 그 넓을 어
떻게 생각할 것인가, 그리고 인간이 이 세계를 확대시킨 조건
을 어떻게 생각할 것인가이다.

차크라바르티는 행성적인 것의 확대를 생각하는 일이 인문
과학 영역에서는 실제로 어렵고 금기시되는 일이라는 점을
라이스 대학에서 티머시 모턴과의 논의를 담은 글에서 밝히
고 있다. 확실히 모턴은 인간의 척도를 벗어난 시공간과 거기

에 흩뿌려진 사물(거대 사물)을 늘 생각해 왔다.

인간적 척도를 넘어선 시공간

  인간적 척도를 넘어선 시공간을 논하는 것, 이는 우주의 일
부로 지구를 파악하고, 거기 사는 인간을 파악하고자 하는 우
주 물리학자의 시점과 겹칠 것이다. 우주 물리학자인 이소베
히로아키(磯部洋明, 1977~)는 "이 우주의 탄생과 진화, 다양
한 천체와 그 활동을 연구하고 지금 다른 천체의 생명에 대한
조사 또한 진정한 과학적 탐구의 대상으로 삼는 천문학자의
시점은 우리에게 우주가 무엇을 의미하는가뿐 아니라, 우리
의 존재 의미가 무엇인가라는 시점과 만나도록 한다"고 말한
다. 그런 점에서 이렇게 확대된 시공간의 일부인 인간을 파악
하고자 하는 일의 고유한 위험을 한나 아렌트의《과거와 미래
사이Between Past and Future》(1961)에 수록된 〈우주 정복과
인간의 위업에 관한 철학적 성찰〉을 인용했다.
  이소베는 아렌트가 지구상의 인간 활동을 하나의 현상이
자 기계론적으로 서술하는 방향을 택했기에 인간 존재를 조
건 짓는 근본에 대한 감각과 사고를 조잡한 것으로 만들어 버
렸다고 말한다. 그리고 지구를 이탈하여 다른 행성에 거주하
고 그 행성의 환경 조건에 적응하기 쉬운 유전자 공학이나 AI

기술을 구사하여 인간 존재 자체를 만들어 내는 현실인 포스트휴먼 미래상에 대한 양가적 사고를 토로한다(磯部, 2017 : 223-224).

이소베는 이처럼 기계론적 사고를 비판하기 위해 인문학적 사고와의 대화를 요청하지만 나는 반대이다. 우주의 일부인 인간을 파악하는 것은 인간 중심주의적 사고의 상태(철학 및 인문학적 사상의 지적 폐색 상태)를 도출하는 힌트가 된다는 점에서 중요하다고 생각한다. 인간 중심주의적 사고를 벗어나더라도 그것이 반드시 인간을 부정하는 것은 아니다.

모턴 또한 인간적 척도를 넘어선 시공간을 현실적으로 지구를 이탈한 인공위성처럼 인간을 넘어선 관찰 장치로 파악 가능한 것으로 생각하지 않으며, 인간적 척도를 벗어난 시공간에 사고를 가져간다고 해서 즉각 인간을 경시하지 않는다. 모턴은 세계 속에서 확대하는 중인 비인간적 실재에 주목한다. 그리고 음악을 듣는 경험에서 이를 사고한다.

모턴의 책 《리얼리스트 매직》(2013)[16]은 P. M. 돈의 곡인 '행복한 기억에 표류하라Set Adrift on Memory Bliss'를 발견한 회상과 더불어 시작된다.

나는 1992년 여름, 형인 스티브의 방에서 반복적으로 흘러나오던 이 곡을 듣게 되었다. 그것과 더불어 그는 급속히 조현병에 빠져들었다(Morton, 2013a : 15).

1991년 발매된 이 곡은 슈판다우 발레의 곡인 '돌'뿐 아니라, 조니 미첼이나 어 트라이브 콜드 퀘스트, 그리고 P. M. 돈의 곡도 샘플링하여 이들 곡의 단편이 교차되는 일종의 몽환 세계를 드러낸다. 모턴은 이것들이 상실을 발견한 작품임을 인식한다.

그것은 정감적 상태로 기억의 지복에 반복적으로 육박한다. 그 모습은 누군가에게 작별을 고하는 것이기도 하고, 이를 지나치지 못하고 마음에 담아 두기 위한 것일 수도 있다. 우리에게는 정해진 것이 없다(ibid.).

모턴은 나와의 대화에서 이 곡의 상태는 "일본의 전통적인 미적 감각인 그윽함에 가까운 것일지도 모르겠다"고 말했다. 확실히 P. M. 돈에 대한 그의 해석은 현실에서 상실한 것이 기억으로 남게 되어 완전히 지나치지도 소멸되지도 않는 흔적과 같은 현전과 소멸의 '경계'에 있는 무언가를 발견한다.

잃어버린 것은 정확히 여기에 있다. 그것들은 정확히 여기에 있다. 색, 소리, 말 모든 것 속에서 그것들은 어떤 별도의 내부에 있다. 마치 러시아의 마트료시카처럼 말이다(ibid., 16).

잃어버린 것은 눈앞에 나타나지 않는 형태로 여기에 있다.

그것은 마음의 내부, 심층 아래로 내려가 지나간 것이 남긴 흔적이 실제로 소멸하지 않는, 애초부터 존재하지 않던 것이 일어나지도 않은 것으로 처리될 가능성이다. 상실과 소멸은 다르다. 모턴은 다음과 같이 말한다.

무언가 지나가고 이 무언가에 대한 나의 환상도 지나가 버린다. 환상을 상실한 것은 현실을 상실한 것보다 더 엄중하다. 그러나 여기 그것이 다시 찾아와 끝나지 않은 채로 샘플링된 코러스가 다가온다. 적어도 음악이 찾아낸 영원의 6분간이다. 당신은 현전과 현재, 그리고 결여와 주저함, 상실로 가득한 현재의 주기적 순환에서 그것이 표류함을 느낀다. …… 사물은 영원하지 않지만, 그래도 우리에게는 흔적과 샘플과 기억을 남긴다. 이것들은 감각적으로 형상화된 공간에서 상호 작용하며 우리에게 작용하고, 교차한다(ibid.).

무언가 지나간다. 그것은 지나가기 전에 속한 채 나타날 장소에서 이탈하여 밖으로 나온 것에 불과하다. 이탈에 앞서 다른 나라가, 지구의 바깥 혹은 삶의 바깥으로서의 죽음의 세계가 있다. 그런 것들은 다분히 지나간 무언가에 무관한 수수께끼로, 이로 인해 미래는 남겨진 자에게 이야기될 수 없을 뿐 아니라 이야기되지 않은 무언가로 남을 것이다.

그럼에도 불구하고 지나간 것들은 흔적을 남긴다. 그것은 남겨진 것들의 안쪽에 멈춘 기억에 불과할지도 모르고 혹은 폐허에 남겨진 사물로 늘 거기에 있던 생활의 흔적이 새겨진 것일지도 모른다.

　P. M. 돈의 음악 세계는 지나간 것이 남긴 흔적과 기억으로 형상화된 환상의 세계이다. 환상인 한에서 그것은 모든 자본주의적 생산 관계의 현실을 은폐하는 상부 구조의 생산에 불과하다고 생각하는 사람도 있다. 그러나 나는 그런 사람들, 그런 말 자체는 지나간 것이 남긴 흔적의 세밀함을 짓밟는 폭력적인 단순화에 불과하다고 생각한다. 중요한 것은 P. M. 돈의 작품 세계가 듣는 이로 하여금 자신의 심신을 몰입하여 상실의 경험 의미를 묻게 하는 매개라는 점이다. 지나간 것이 남긴 흔적이 우리가 사는 곳인 세계에서 '진짜$_{true}$'로 육박할 실마리가 된다.

형태 없는 형태

　요네다 도모코의 감각은 현재 살아가고 있는 인간 일상 세계의 외부로 향한다. 그곳에는 늘 누군가가 살았던 장소의 흔적이 떠다닌다. 그곳이 살았던 장소의 붕괴와 소멸의 철거지인 한 인간 세계와 완전히 관계없는 것은 아니다. 그러나 그곳은 역시 삶을 유지하던 곳이 아니라 붕괴된 곳이다. 따라서 인간 세계를 둘러싼 경계의 내부에는 속하지 못한다.

역사적 실재 흔적으로서의 풍경의 층은 '지금, 여기 있는 인간을 위해' 세계에 안주해 온 사람들로부터 단절되어 있다. 따라서 자의적인 해석이나 단순화를 허락하지 않는 결연하고 객관적인, 낯선, 이해할 수 없는 것으로 존재한다. 여기서의 촬영 행위는 살아 있는 것이자 사진 작품이라는 형태를 갖추고 있지 않다.

요네다의 감각과 실천은 니시다 기타로가 동양 문화의 근저에 있다고 생각한 '형태 없는 형태를 보고, 소리 없는 소리를 듣는 것과 같은 것'에 이끌린 것에 비견된다. 니시다는 이를 '형상 없이 선하게 형성된다'는 점에서 서양 문화와 대립시킨다(西田, 1987b, 36). 세계 전체가 서양화되고 생활 관습도 생활 공간도 서양적인 논리에 따라 구축된 현재, 그의 말은 명료한 형태로 구축된 상태에서 세계가 성립한다는 상정을 의문에 부친다. 형상을 가진다는 것은 현재의 안정을 주목적으로 하는 현실 설정에 어울리는 형태로, 생활을 위한 세계의 구역이 만들어진 것이다. 형태 없는 것은 없는 것이 되어 버린다. 과거에 살았던 것도 미래에 살게 될 것도 그것이 현재의 안정을 위협할 수 있는 한 없는 것이 되든가, 어쨌든 지나간 것으로 간주되고 만다.

그래도 형태 없는 것은 일상 세계의 외연에서 일상 세계로부터 물러난 곳에서 현실에 존재한다. 형태 없는 것의 존재는 형태 잡힌 곳에서 사는 작품을 통해 명료해진다. 즉 형태 없는 것은 현재 일상 세계의 기본 설정을 기반으로 나타나거나 느낄 수 없는 것으로서, 사실 형태 없는 존재 방식을 통해 일상 세계의 외연에 실재한다.

문제는 형태 없는 것의 존재를 무화하는 지점에서 성립하는 일상 세계의 사상적 기본 설정이 생태적 위기를 필두로 현실 세계를 바꾸고, 이후 유지하기 어려워짐에 따라 거기에 사는 이들 중 불안을 느끼는 사람이 존재하기 시작했다는 점이다. 우리의 존재를 지탱하는 세계가 혹시 붕괴하는 것은 아닐까? 이 불안이 어떤 것들을 쉽게 납득시켜 온 기존의 언어나 이데올로기에 저항하기 위해서라도 새로운 현실 설정을 위한 사고와 언어가 요청된다. 이를 위해서는 좌우간 그곳을 느끼고, 거기에서 벌어지는 것을 조용히 받아들여 천천히 생각할 필요가 있다. 나는 요네다의 풍경 사진이 전쟁이나 지진 등 과거에 일어난 붕괴 이후를 찍은 것임에도 거기에 미래의 붕괴에 대한 징조가 떠다니고 있다고 생각한다.

존재의 불안

2017년에 간행된 책《파괴한다, 그녀들은 말한다》에서 하세가와 유코(長谷川祐子, 1957~)는 "사람들은 분단과 불확실성 시대에 존재의 불안 속에 있다"라고 말한다.

존재의 불안은 근대 개인주의 속의 불안, 즉 늘 유지되던 전근대적 공동체를 벗어나 생긴 소외감으로서의 불안과는 다르다. 하세가와는 "동굴 속에서 짐승에게 겁을 먹은 채 어찌할 바를 모르고, 물이 없어 며칠 동안 오아시스를 찾아 방황하는 삶에 대한 불안 수준에 가깝다"(長谷川, 2017 : 242)라고 말한다.

존재의 불안, 그것은 동굴이라는 어둠의 세계에 몸을 두었기에 발생한다. 내가 어떤 사람인지를 알지 못하기에 불안할 것도 없다. 내가 어디에 있는가를 알지 못하고, 내가 있는 곳이 어디인지를 모른다. 내가 알고 있던 세계가 갑자기 낯설고 불쾌한 곳으로 느껴진다. 이로 인해 불안이 발생한다. 동굴 속에서는 무엇과 만나는지 알 수 없다. 나를 둘러싼 곳에 존재하는 것이 무엇인지 알지 못하는 것이다. 내가 존재하는 곳에 무엇이 있는가, 어떤 일이 벌어지는가를 모른다. 믿을 수 있을까? 돌연 이빨을 드러내고 습격하지 않을까? 내가 있는 곳이 나의 삶을 지탱해 줄 수 있을지 알 수 없다. 물도 식료품도 있는지 모른다. 바이러스가 닥칠 수도 있다. 혹은 갑자기 붕괴될 수도 있다.

존재의 불안은 내가 존재하는 세계에 대한 불확실성, 위험, 무상함, 또는 취약함에 대한 감각이라고 생각한다. 그런 한 가질 수 있는 감각이다. 그런데 하세가와는 존재의 불안 요인으로 클라우드 공간, 인터넷 형성이 초래한 클라우드 생태 시스템을 언급한다.

여기에 출현한 클라우드 생태 시스템이 초래한 차이는 기존과 너무 다르다. 단절 혹은 문자 그대로 (불투명한) 구름 같은 불확실성, 애매함 가운데 사람들은 이 새로운 생태 시스템과 자신의 신체가 연결된 기존의 지면에 붙은 세계, 기억과 역사로 찬 (더불어 오염된) 세계와 어떻게 타협할 것인가에 대한 시행착오를 겪고 있다(ibid.).

우리는 자신이 사는 곳을 기존의 세계에 대한 감각에 어울리지 않을 뿐 아니라 사고를 벗어난 것으로 느끼게 된다. 확실히 인터넷의 형성 발전이 그곳과 깊은 관계를 맺고 있다. 즉 온라인 세계의 형성에 몰입한다.

이에 비해 나는 존재의 불안이 현실의 환경 변화로 파악된다고 주장하고자 한다. 온라인 세계 바깥의 넓은 지면에 붙은 세계도 늘 변화하는 중이며, 그 변화로 인해 존재의 불안이 고조되는 것이 아닐까? 이산화탄소 배출, 택지 조성, 해안매립, 댐 건설, 도시 개발은 지구에 대해 인간이 새긴 흔적의 축적이라고 할 수 있다. 그 과정에서 온난화, 해양 오염, 토사붕괴, 호우 뒤의 가옥 침수 같은 사태가 발생한다. 인간 생활의 조건에 근본적인 변화가 일어난다.

다노프스키와 비베이루스 지 카스트루는 《세계의 종말》에서 이 현실의 변화는 근대 사회를 지탱하는 사상적 설정의 변경을 강제한다고 주장한다.

근대의 사회적·우주론적 지층의 아름다움이 정확히 우리 눈앞에서 파탄되기 시작한다. 대규모의 건조물이 그저 한 부문(경제)을 지탱하여 지어질 수 있는가는 예전부터 논의되어 왔다. 그러나 우리가 (일부분의 아래에 깔린) 건조물 자체의 토대를 망각하고 있음이 명백해지고 있다. 최종심급의 결정이 사실상 최종적인 것이 아닐지도 모름을 알게 될 때 패닉이 발생한다 (Danowski and Viveiros De Castro, 2017 : 15).

여기서 근대적 사상의 도달점 가운데 하나인 마르크스주의적 도그마가 무효화된다. 일찍이 카를 마르크스(Karl Marx, 1818~1883)는 《정치 경제학 비판》(1859)에서 정치나 문화, 종교 같은 영역을 이데올로기적 상부 구조로 파악한 반면, 경제적 생활 양식에 입각한 최종심급으로서의 하부 구조가 존재한다고 주장했다. 그리고 생산 양식이 자본주의적인 것으로 성립한다는 점을 문제화한다. 이를 붕괴시켜 공산주의적 생산 양식을 현실화함으로써 인간 생활의 비참함이 소멸하고 모두가 존중받는 삶을 살 수 있다는 견해를 제시했다.

그러나 온난화나 해양 오염과 같이 경제적 하부 구조의 기

저에 있는 것으로 인간 생활이 지탱된다는 사실이 명확해질
것이다. 이에 대한 반동으로 마르크스주의적인 사고와 언어
자체가 현실 세계에서 유리된 신형 이데올로기가 될 수 있다.
세계의 성립에 대한 불안이 무엇인가는 경제적 하부 구조를
생각하는 것만으로 알 수 없다. 물어야 할 것은 경제적 하부
구조를 규정하는 근저이다. 이 근저를 인간이 존재하는, 정확
히 그곳으로 생각할 필요가 있다.

존재의 취약함, 장소에 관한 물음으로

   사실 나는 장소, 곧 어디에 있는가와 더불어 현실을 살아간
다. 그러나 내가 있는 곳은 불안정하고 취약한 곳이다. 중요
한 것은 이 취약함을 내가 사는 곳에서 느낄 뿐 아니라 취약함
이 어떻게 발생하는가를 묻는 것이다. 그렇게 하여 취약하지
않은 토대 위에서 인간이 살 수 있는 장소로 구축하는 원리를
물어야 한다. 이것이 현대 사상의 주요 과제이다.
   그것은 인간을 벗어난 지점에 인간이 있는 곳, 세계 혹은
장소를 생각하는 것이다. 세계는 인간을 벗어난 곳에 있지만,
그저 공백이 아니라 삶을 지탱하는 현실의 장소에 둘러싸인
환경으로 존재한다. 인간의 상념을 벗어나지만 인간이 없지
는 않은 곳에서 인간 존재의 조건을 어떻게 물을 것인가? 인

간적 척도를 벗어난 곳에 있는 인간이 사는 곳을 어떻게 묘사할 것인가? 이러한 과제를 선취한 것이 모턴의《자연 없는 생태주의》(2007)이다. 모턴이 독창적인 것은 생태적 변화의 시대에 새삼 장소를 물었기 때문이다. 그는 "새로운 세계관의 제안은 인간이 어떻게 자신의 장소를 경험하는가라는 문제와 관련된다"(Morton, 2007 : 2)라고 말한다.

그러나 모턴이 말하는 장소는 자본주의적 개발에 토대를 둔 도시 경관이 균질화된 속에서 잃어버린 장소를 의미하지 않는다. 상실한 고향과 같은 것을 의미하지 않는다. 모턴의 블로그에서《자연 없는 생태주의》에는 '비장소non-place'를 탐구한다고 쓰여 있다. '비장소'란 무엇인가? 그 사례로 그는 콜로라도주에서 만난 "필요 이상으로 거대한 쇼핑몰 주차장의 무시무시한 규모"를 언급한다. 이를 그는 "공허한 공간"이라고 표현한다(Morton, 2011). 즉 모턴의 장소에 관한 물음의 기점은 거대하지만 공허한 공간에 대한 경험이다.

이를 독해할 때 나는 오사카 호쿠세쓰 지방의 넓은 풍경을 떠올린다. 센리추오역에서 만국박람회 기념 공원을 잇는 모노레일의 차창에 비치는 것은 거대한 단지로 모노레일 아래쪽에는 대규모의 자동차 도로가 입체적으로 건조되어 있다. 지상의 자동차 도로와 그 아래를 달리는 자동차 도로가 있다. 여기는 대지가 도려내진 느낌을 자아내며, 도려내진 표층이 도로를 뒤덮는다는 느낌이 든다. 즉 산이 조성되어 있지만 그 흔적이 도로와 잔디밭에 숨겨져 있다. 거기에 감도는 것은 자동차 통행 이외의 행위는 허락하지 않을 뿐 아니라 자동차 통행 외에는 아무것도 일어나지 않는다는, 따라서 어떤 흔적도 새겨져 있지 않다는 의미의 공허이다. 그곳은 자동차가 달리는 소리 외의 모든 것이 침묵 속에 있다.

이 상황은 마치 자동차 통행 이외의 것에 대한 절멸 후의 세계와 같다. 그 시점에서 말하자면 1970년 오사카 만국박람회 부지이던 만국박람회 기념 공원에 남겨진 태양의 탑은 절멸의 공간에서 이제는 살고자 하는 의지의 발로처럼 생각되지만, 주변의 공허한 공간으로 인해 그 의지는 울리지 않고 공회전하면서 쓸모없이 포효하는 것처럼 생각된다.

모턴이 말하는 장소에 관한 물음은 잃어버린 것을 회고하고 그 탈환을 시도하기 위한 것이 아니라, 정확히 울려 퍼지는 분위기, 밀도, 질감, 리듬, 장단 같은 음악적인 것에 대한 탐구이다. "그곳은 사건이 벌어질 분위기 있는 영역이며 밀도 있고 구체화되어 긴장의 정도가 고조되는 분위기를 띤 곳"(Morton, 2007 : 93)이다. 즉 장소는 무언가가 벌어질 곳으로 생각되는 동시에 인간의 행위, 사고, 기억 같은 것도 벌어질 무언가로서 잠재적으로 존재한다.

그렇다면 장소를 묻는다는 것은 실제로 내가 몸을 정하고, 걷고, 제대로 생각하는, 정확히 그곳에 있는 잠재성의 질감이 가진 존재 방식을 묻는 것이다. 그것은 우리가 몰입하는 곳에 관한 물음, '여기'에 관한 물음이 아닐 수 없다. 이 물음은 장소의 근거와 관련된다. 그러나 모턴의 물음은 인간이 실제로 생활하는 것에 앞선 장소, 인간이 부재하더라도 살아 있는 곳으로서의 장소에 대한 질감으로 향하고 있다. 인간이 자신을 위한 점유물로서 주변의 정해진 장소를 생각하는 것이 아니다. 이런 생각은 오독이라고 그는 말한다.

> 명확한 경계를 갖춘 실체적인 사물로서의 장소라는 생각이 그 자체로 오독이라면 어떻게 할 것인가. 즉 본래 장소와 같은 것이 없다는 게 아니라 잘못된 장소를 탐구한다면 어떻게 할 것인가(ibid., 170).

모턴의 생각에 글로벌화에 대항하는 지역적 장소라는 개념도 기본적인 장소로는 틀렸다. 지역적 거점을 형성하고 거기에 선다는 것은 장소의 고정화에 귀착되는 것이다. '우리'를 위한 것으로 점유된 지역적 장소는 자폐적이며 거기에 '우리' 아닌 게 들어설 여지는 없다는 것이다.

장소란 어떤 것인가? 장소는 우선 '여기'이다. 정확히 자신이 있는 곳, 자신을 둘러싼 '여기'이다. '여기'는 반드시 대자연의 초원이나 오래된 민가가 아니어도 좋다. 대도시의 복잡한 빌딩 속 한 공간도 좋고, 교외 주택의 원룸 맨션의 방 하나도 좋다. 모턴의 말에서 중요한 것은 심신의 감각을 '여기'

로 향하여 몰두하는 것이다. 자신을 둘러싼 주변의 장소를 심신으로 제대로 느끼는 것이다. 그는 "우리가 여기에 지나치게 몰두한 나머지 그것은 늘 붕괴하고 소멸해 버린다. 그것은 우리가 탐구하는 곳이 아니다. 여기란 물음이다"(ibid., 175)라고 말한다.

모턴은 '여기', 즉 자신이 존재하는 곳인 '여기'에 몰두하고 침잠한다고 말한다. '여기'는 집이나 방, 가구 등에 하중과 장벽, 경계와 주변을 나눠 만들어진다고 생각된다. 그러나 '여기'에 몰두하고, 침잠함으로써 정해지고, 틀 지어진 방식으로 유지되는 장소의 경계가 붕괴하고 소멸하며, 거기에 기대던 심신이 해방되어 광대한 세계의 일부를 느낀다.

모턴은 "환경은 직접 시사할 수 있는 것이 없다"고 말한다. 전경에 있는 것으로는 이야기할 수 없고, 배경, 심층에 있는 장소가 있다. 혹은 '여기'에의 침잠에서 나를 둘러싼 것, 무언가 지금 벌어질 잠재성의 감각을 돋우는 장소가 발견될 수 있다. 그리고 '여기'는 그저 구획된 복수의 부분 공간이 아니라 벽을 세워 이웃한 '저쪽'과 더불어 구획된 공간을 넘어 확장된 곳이다. '여기'를 포함한 확장은 '여기'로부터 달아나는 곳, 즉 '여기'의 외부가 아닌 내가 존재하는 '여기'의 하층, 깊은 곳에서 발견된다. 모턴은 자크 데리다(Jacques Derrida, 1930~2004)의 논의에 자극받아 다음과 같이 말한다.

(데리다의 말을 빌리자면) 사실상 나르시시즘으로부터의 도주는 가능한 한 많은 다른 존재자를 포함하는 보다 깊은 잠재적인 것으로 확장하는 일이다. 신체와 (복수의) 마음에 홀린 물질적 세계의 딜레마를 강조함으로써, 우리는 생태 시스템, 요컨대 상호 연관적인 생태 시스템을 고려하게 된다(ibid., 184).

장소는 정해지지 않은 곳으로 존재한다. 그 일정치 않음은 무언가 일어나기 위한 여지를 의미한다. 그것은 미래로 열려 있음을 의미하기도 한다. 그러나 그 무언가가 '여기'에서 일어나더라도 그저 '여기'에서만 일어나는 것은 아니다. '여기'를 어그러뜨려 확장된 영역인 세계에서 그것이 일어난다. 확장된 영역인 세계는 나에게 이해되지 않는 복수의 마음이 거주하는 곳이지만, 모턴은 이들과의 상호 연관이 벌어지는 영역이 '여기'의 심부에서 출현한다고 주장한다. 상호 연관의 영역으로의 침잠은 일정한 일상생활 영역의 상태를 벗어나 외연이 확대된 미지의 공간에 들어섬을 의미한다.

그곳은 현재 우세한 세계상을 취해서는 발견되지 않는 곳, 현재 세계상의 바깥에서 정해질 수밖에 없는 영역, 곧 미래의 감각에 닿은 가능태로서의 신비스러운 영역이다. 예견 불가능할 뿐 아니라 불확정적이라는 의미에서 '잘 이해되지 않는 것', '감각될 수 없는 것'에 닿은 가능 장소이다. '여기'의 심부로의 침잠이란 '여기'의 일정치 않음, 알 수 없음을 받아들이는 것이다. 그것은 한편으로 우리가 사는 세계가 언제나 붕괴할지도 모르는 상황에 있음을 받아들이는 것이자 불안을 수반하는 것이다. 그러나 다른 한편으로 장소의 불확정적 취약함으로 몸을 연다는 것은 현재의 일정한 현실에서 나와 이를 넘어선 지점으로 향한다는 것이기도 하다.

인간적 척도를 벗어난다
: 첼피시의 <고무지우개 산>을 둘러싸고

하세가와 유코의 지적처럼 내가 있는 곳은 클라우드 생태 시스템의 (불투명한) 구름 같은 불확실성과 애매함을 동반한 채 침투당하고 있다. 그러나 다른 한편으로 내가 몸을 둔 지면에 붙은 세계도 그 지구 규모 조건의 수준에서 불확정적이고 이해할 수 없는 것으로 바뀌는 중이다. 내가 있는 곳인 현실 세계는 온난화나 해수면 상승, 식량 위기 같은 상황과 더불어 그곳에 사는 이들에게 안전하지 않고 불안정한 곳으로 변하고 있다.

차크라바르티는 존재의 불안이 벌어지는 이유에 관해 다음과 같이 말한다. 지질학자인 나이절 클라크(Nigel Clark)가 말한 것처럼 우리는 "상상 가능한 인간의 현실을 철저하게 넘어선 시간 및 공간과 늘 접촉하고" 있다. 그러나 이는 "인간이 그저 부분, 작은 부분에 불과하다는 이야기"(Chakrabarty, 2018a : 29) 속에 살아감을 의미한다. 반복하자면, 인간을 넘어선 폭은 일정하게 오랜 시간 받아들여져 온 지면에 붙은 세계에 대한 상황 속에서 벌어진다.

모턴은 인간을 넘어선 세계에 대한 고찰을 거대 사물이라는 사고와 더불어 전개한다. '거대 사물'은 모턴의 조어로 "인간과의 관련 속에서 시간과 공간에 대규모로 산적된 사물"을 의미한다. 구체적으로는 스티로폼이나 플루토늄 등 인간의 시간 감각과 상관없이 존재하고 계속 머무르는 사물이다.

어디에나 있는 스티로폼부터 무서운 플루토늄에 이르는 물질은 현재의 사회적·생물학적 형태보다 훨씬 길게 지속될 것이다. 우리는 몇백 년, 몇천 년을 이야기한다. 지금부터 500년 뒤에도 컵이나 테이크아웃용 상자 같은 스티로폼 물건은 남아 있을 것이다. 1000년 전에는 스톤헨지*가 존재하지 않았다 (Morton, 2010 : 130).

중요한 것은 이들 물체가 대규모로 세계에 존재한다는 것이다. 인간이 모두 소멸해도 플루토늄은 지구에 남아 있을 것이다. 인간이 없어도 플루토늄은 존재한다. 이 같은 거대 사물

* 영국 남부의 솔즈베리 평원에 있는 거석 기념물. 직경이 약 100미터인 우묵한 땅에 크고 작은 입석이 4중의 원을 이루고 있는 가장 대표적인 스톤 서클. 청동기 시대(B.C. 1850년경)의 유적으로 태양 숭배와 관계있다고 알려져 있다.

이 인간 주변을 떠다니면서 우리와 접촉하고 들러붙어 있다.

존재의 불안 근저에는 지면에 붙은 세계가 늘 인간 세계로 완결되지 않고 인간의 척도를 넘어서 침투하고 있다는 느낌이 있다. 세계의 변용은 인간의 존재 방식을 위협하고 있다. 그럼에도 불구하고 세계의 변용은 간과되고 있다. 세계의 위기가 지속된다면 그곳은 사실상 인간 부재의 세계일지도 모른다. 2010년대 후반 이후 여름 기온이 상승하고 있고 호우 피해도 세계화되고 있다. 2018년 호우 때 서일본에서도 마을이 붕괴되었다. 2019년에도 태풍과 호우가 발생했다. 2011년의 대지진과 해일도 지면에 붙은 세계가 인간적 척도를 넘어선 폭으로 존재함을 느끼게 하여 인간의 취약함을 자각하게 했다.

오카다 도시키(岡田利規, 1973~   )가 이끄는 극단 첼피시의 작품 〈고무지우개 산〉이 2019년 10월 5일과 6일, 교토시 롬 시어터*에서 상연되었다. 상연에 앞서 공개된 정보에 따르면 이 작품의 주제는 인간 규모를 넘어선 연극이다. 연극은 통상 대본에 따라 대사를 하고, 공연하는 배우와 이를 보는 관객이 연결되어 전개된다. 이런 점에서 연극은 배우와 관객의 상호 작용 속에 상연되는 허구 세계를 공유한다. 인간 규모를 넘어선 연극에서 의도한 것 중 하나는 배우와 관객의 상호 작용

---

* '롬 시어터(Loam Theater)'의 '롬(loam)'은 모래와 찰흙이 거의 비슷하게 섞여 있는 풍화된 퇴적물을 뜻한다. 극장이 지향하는 바를 알려 주는 명칭이다.

자체를 빠져나가는 일이다. 실제로 오카다는 〈고무지우개 산〉 대본 서두에서 이것이 관객을 향해 이야기하지 않는 연극이 라고 말한다. 철학에서 간주관성에 해당하는 사상의 유행, 건축에서 지역주의, 예술에서 관계성 미학의 유행을 떠올려 보면, 그는 간주관성과 관계성 내부에서 작품이 닫히는 경향을 벗어나야 한다고 생각한 것이다.

그러나 인간 규모를 넘어선다는 것은 그저 관객에 대한 무관심을 의미하지 않는다. 이 시도가 첼피시를 필두로 20년 넘는 원숙기를 맞이한 오카다 자신의 연극 실험과 사고를 심화한 것에서 나올 수 있던 것은 어찌 보면 당연하다. 인간 규모를 넘는 연극은 2011년 대지진 후(건축이나 예술, 연극 등)에 영향력을 갖기 시작한 사상 조류(브뤼노 라투르, 그레이엄 하먼, 티머시 모턴 등)에 대한 오카다 자신의 응답으로 볼 수 있다. 〈고무지우개 산〉은 연극의 세계에 멈추지 않고, 넓은 의미에서 사상의 세계에 대한 중대한 도전이다.

모턴은 생태적 자각의 시대에 예술은 인간을 넘어서는 지점(글로벌화된 온난화, 바람, 물, 태양광, 방사능 같은 인간 이외의 실체)에서 정보를 얻는 악마적인 힘을 가지고 있다고 말한다. 만일 그것이 옳다면 오카다가 말하는 인간 규모를 넘어선 연극은 배우와 관객의 상호 작용뿐 아니라, 연극 작품 자체의 전제가 되는 인간적 세계를 벗어날 것을 요청하고 있다.

오카다가 〈고무지우개 산〉에서 묻는 것은 인간적인 세계이다. 혹은 세계가 인간적 척도를 따름으로써 상상할 수 있는 사상적 설정에 관한 물음이다. 작품 상연에 앞서 공표된 작품 개요에는 다음과 같이 쓰여 있다.

동일본 대지진에서 큰 피해를 본 이와테현 리쿠젠타카타시에는 잃어버린 주민의 살림을 되찾고 해일 피해를 막을 방파제 조성 공사가 진행되고 있다. 지면으로부터의 높이는 10미터 이상. 이를 위한 토사는 주변 산의 원형을 유지할 수 없을 만큼 크게 무너져 버렸다. 오카다 도시키는 2017년에 같은 지역을 방문하여 경이로운 속도로 변하는 인공적 풍경을 마주하고서는 인간적 척도를 의심하는 신작에 대한 구상을 시작했다(岡田, 2019).

인간적 척도를 의심하는 신작이란 무엇인가? 오카다 자신은 "사람과 사물이 주종 관계가 아니라 평평한 관계성으로 존재하는 세계를 연극으로 만들고자 했다"고 말한다. 그것은 인간적 척도를 넘어선 세계를 향해 연극을 확산시킨다고 할 수 있다. 혹은 인간적 척도와 달리 인간적이지 않은 척도를 연극에서 보여 주고자 한 것으로도 볼 수 있다. 작품의 착상을 리쿠젠타카타시의 인공적 부흥 상황에서 얻었다는 점에서 그는 독창적이다. 작품 개요를 보고 나는 다음과 같이 해석해 보았다.

첫째, 오카다는 지진이 초래한 피해 자체가 아니라 지진 후의 부흥에 충격을 받았다. 바꿔 말해, 지진과 해일이라는 자연재해로 인한 파탄이 아니라 파탄 후에 부흥으로 귀결된 상황에 충격을 받은 것이다. 즉 방파제 조성 공사와 그 파탄의 규모에 충격을 받은 것이다.

둘째, 따라서 오카다가 말하는 인간적 척도에 대한 의문은 인간 생활의 세계와 방파제 조성 공사의 연관성에 있다. 방파제는 지면에서 10미터 이상 이탈한 지점에 건조되고 있다. 이는 미래에 일어날 해일에 대한 대책이다. 즉 10미터의 이탈은 지면에 붙은 인간 세계를 위협하지 못하게끔 하는 해일 대책이다. 물론 이 대책은 인간의 생활 세계를 유지하고 존속하는 것을 목적으로 도입된 것이다. 오카다는 이 결정을 도입한 척도 자체에 의문을 품는다.

셋째, 결과적으로 인간 이외의 것은 인간적 척도에 따를 수밖에 없다. 인간 생활을 위한 세계의 안전성과 안정성이 우선시된다. 그곳은 2011년 지진으로 명료해진 인간을 벗어난 세계의 위력을 멀리 떼어 놓고자 한다. 인간 생활을 위한 세계가 이를 둘러싼 광대한 세계의 일부에 지나지 않는다는 것을 망각하고, 자신들의 취약한 현실도 망각하고 있다.

〈고무지우개 산〉은 지진 이후의 부흥을 직접 묘사하지 않는다. 그 주제는 인간적 척도를 넘어선 세계이다. 중요한 것은 오히려 리쿠젠타카타시에서 현실화되고 있는 인간적 척도를 빠져나와 다른 척도를 제시하는 것이다. 이는 인간적 척도로부터 모든 사물이 해방되어 세계를 세우는 척도, 즉 비인간적인 척도이다.

인간적 척도로부터 해방된
사물의 세계

2019년 8월 19일 오후 나는 첼피시의 연습장에 갔다. 연습장은 지하철 유라쿠초선인 에도가와역 근처에 있는 야마부키 팩토리였다. A4 용지로 인쇄된 〈고무지우개 산〉의 미완성 대본을 건네받은 나는 오카다와 배우들이 대본 읽는 소리를 듣고 연기하는 것을 보면서 인간적 척도를 벗어난 연극이 나타날 것이라고 확신하며 그 장소에 있었다.

〈고무지우개 산〉은 사물에 달라붙은 에피소드를 이야기한다. 세탁기나 소파, 코인 세탁소 등 흔한 일상용품으로서의 사물이다. 인간적 척도로부터 사물의 이탈은 일상적이고, 우리 주변의 것에서 시작된다고 할 수 있다. 서두는 사전에 전조도 없이 세탁기가 돌연 고장 나는 이야기로 시작된다.

"그게 고장 난 아침이었지만 그때 나는 편안히 쉬고 있었습니다. 무인양품 소파에서. 알고 계십니까? 무인양품 소파. 소파라고 하기에는 모양이 고정되지 않은 거대한 쿠션으로 보이고, 속은 볼트로 고정되어 누우면 누울수록 푹 안기게 되는 소파입니다."

이 소파에 앉아 건강 잡지를 읽는데 세탁기가 망가진다.

"돌연, 팡 하고 풍선 터지듯 위험한 폭발음이 집 어딘가에서 들렸습니다. 계속해서 같은 곳에서 '바삭바삭' 하는 소리가 들려왔죠. 그리고 그 소리는 쭉 계속됐습니다."

세탁기가 망가졌다. 이는 일상적인 도구 일부가 파탄 남을 의미한다. 일상생활의 부분적 파탄을 경험하고, 수리 중에는 코인 세탁소로 갈 수밖에 없다. 이 파탄은 신체를 감싼 소파에서 생활하는 일상생활의 안녕과 대조를 이룬다. 오카다는 이 소파를 브라이언 이노(Brian Eno, 1948~)가 말하는 앰비언트 뮤직ambient music 같은 것으로 생각한다. 듣는 이의 마음보다는 자신을 둘러싼 세계를 채운 잡음과 같이 타자성을 망각하게 하는 음악으로서의 소파 말이다. 거기에 있는 인간에게 세탁기의 파탄은 이 안녕을 부수고 이물적인 것의 침투를 경험하게 한다.

그러나 그 파탄은 '바삭바삭' 하는 소리와 더불어 한순간 작동이 멈추면서 뿔뿔이 흩어지는 서곡에 불과함을 시사한다. 즉 세탁기의 파탄은 세탁기에는 별다른 상황이 아니다. 세탁기로 원활하게 작동하는 전체 구축물에서 우선 일부 부품(예를 들면, 백필터)이 빠져도 계속해서 남아 있는 여러 부품 또한 부분으로 해체되는 것에 지나지 않는다.

세탁기의 고장. 이것은 세탁기의 비활성화를 의미한다. 이때 모든 부분은 세탁기라는 전체에서 해방된다. 주요 부품인 백필터는 '바삭바삭' 하는 소리를 낸다. 이 소리는 세탁기 부품이 돌아갈 때 나는 소리지만 이것이야말로 모턴이 말하는 사물의 현실성을 느낄 수 있게 해 준다. 모턴은 다음과 같이 말한다.

모든 사물의 흔적이 남긴 일체의 미적 흔적은 결여와 더불어 빛나고 있다. 감각적인 것으로서의 사물은 사물이 소멸하는 것에 대한 비가이다(Morton, 2013a : 18).

세탁기에서 벗어난 부품의 소리. 이를 세탁기 자체에 존재하는 옷을 빨고 탈수하는(드럼식은 건조까지) 역할을 상실한 후 남은 부품이 내는 소리로 해석할 수 있다. '바삭바삭' 하는 소리는 눈으로 볼 수 없고 청각을 통해 감각될 따름이지만, 이는 늘 존재하던 세탁기의 소멸을 향한 비가로 실재한다. 실제로 폭발음 뒤의 '바삭바삭'에는 말로 표현하기 어려운 슬픈 느낌이 있다.

그러나 모턴의 생각에 비애와 더불어 어떤 사물의 현실감은 "이야기되는 것이 아니라 닫혀 있거나 멀고, 비밀에 부쳐져 있다"(ibid., 17). 따라서 사물의 현실을 느끼기에는 사물에 대한 능동적 작용뿐 아니라 사물이 생겨나도록 하는 힘에 심신을 위임할 필요가 있다. 모턴은 이를 튜닝이라고 부르면서 "예술은 튜닝이다"라고 말한다.

오카다는 연습 도중 몇 가지 인상적인 말을 남겼다. 특히 기억에 남는 것은 배우를 향해 "사물로서의 소파가 말을 하게 하라"는 주문이었다. 소파는 무대 장치가 아니며 배우의 상상으로만 존재한다. 그저 상상일 뿐 배우가 말하는 소파의 현실성은 연극이라는 허구적인 공간 세계에 출현한다. 그러나 오카다는 소파를 출현하게 하는 배우의 말에 관심을 가진다. 배우라는 주체가 말하는 게 아니라 오히려 소파라는 사물이 말을 끌어낸다고 보는 것이다. 소파와 배우 사이에는 간주관적 상호 행위 공간도 없고, 능동과 수동 같은 상호 관계도 없다.

오카다의 생각을 해석하자면 다음과 같다. 소파의 감싸는 성질은 배우의 말로 직접 구축된 것이 아니다. 소파가 배우에게서 끌어낸 것이다. 그런 한 소파는 배우에게 종속되지 않으며, 그렇다고 해서 배우와 상호 관계를 맺는 것도 아니다. 소파는 배우에게서 끌어낸 무언가를 그 속에 숨기고 있다. 이 무언가는 배우가 소파를 적절히 튜닝함으로써 끌어내지기 시작한다.

인간적 척도가 우세한 세계에서는 사물에 있는 은폐된 성질은 압살되어 버린다. 더구나 이 압살은 사물에 미치지 못한다. 사물이 숨긴 무언가에 대한 인간의 튜닝 또한 압살되고 만다. 즉 인간적 척도를 겸해 구축된 세계에서는 사물뿐 아니라 인간도 그 안에 있는 능력을 발휘할 수 없는 상태가 된다. 따라서 사물이 인간적 척도로부터 해방되는 것은 인간 자신의 해방과 연동되어 있다.

〈지금 여기에 있는 사람〉의 세계로부터 인간의 해방은 어떻게 가능한가?

우리는 〈고무지우개 산〉을 세계의 현실을 발견하는 작품으로 생각할 수 있다. 사물이 인간적 척도를 벗어나 흘러넘침으로써 활기를 띠는 세계 말이다. 그것은 첫째, 무대에서 행하는 연극이다. 배우가 무대에서 몸을 움직이면서 대사를 하고 행위를 한다. 거기에 행위 예술로서의 연극 작품이 존재한다. 〈고무지우개 산〉은 가네우지 테페이(Kaneuji Teppei, 1978~　)의 콜라주 작품이기도 하다. 배구공, 테니스공, 고양이 사진, 쇠망치 등 일상 세계에서 수집한 사물과 배우들이 벌이는 행위의 단편을 모아 연결한 것이기 때문이다. 배우의 신체와 음성은 그의 캐릭터나 대본과의 관련을 벗어나 사물과의 관련 속에서 발휘되고 정해진다. 어찌 됐든 텍스트라는 한정적인 형식은 사물 속에서 정해진 행위와 말의 극적 세계로부터 배제된 것이다.

배우들은 제1부에서 세탁기가 망가진 것에 관해 이야기를 나눈다. 세탁기의 고장. 그것은 세탁기의 비활성화를 의미한다. 이때 각 부분은 세탁기라는 전체로부터 해방된다. 주요 부품인 백필터는 '바삭바삭' 하는 소리를 낸다. 세탁기는 망가졌다. 그러나 작중 인물은 망가진 세탁기와 더불어 살기를 택한다. 망가진 세탁기를 향해 자신을 말한다. 어딘가 광기 어린 말과 몸짓으로 자신을 표현한다. 말한다고 해서 의사소통이 발생한다고 생각할 수는 없다. 망가진 세탁기의 어떤 점을 말한다고 해서 의미 있는 응답이 돌아오리라고는 생각할 수 없다는 것이다. 그래도 배우는 세탁기를 향해 말한다. 망가지지 않았을 때는 관심을 갖지 않던 세탁기. 그것이 망가졌기에 세탁기의 존재, 즉 비인간적인 것으로서의 존재를 느끼고 애정이 생겨난다.

제2부에서는 "타임머신이 있다"는 대사와 더불어 미래로부터 온 이민자에게 선거권을 부여해야 하는가라는 논쟁으로 확대된다. 이를 확인하는 것은 '지금 여기에 있는 사람만' 있는 현세를 무너뜨릴 수도 있는 매우 급진적인 결정에 이르러서이다. 이에 대한 공포가 배우들의 대화를 공허하고 평탄하게 만든다.

제3부에서는 관객이 없어도 세계가 있음을 발견하는 몇몇 대사("지구의 변화에는 관객이 없었다")가 녹음된 음성으로 흘러나온다. 그러자 무대 위의 배우들은 뿔뿔이 흩어진 사물을 움직여 재조립한다. 무대 위에 아무도 없는 가운데 소리

만 흘러나와 사물만 볼 것을 강요당하는 관객은 서서히 가네우지의 작품이 완성되어 감을 느낀다. 거기에는 그저 적막함만이 남아 있다. 인간 세계 종말 뒤의 상황이다. '지금 여기에 있는 사람만을 위하지 않는 연극'이라는 오카다의 목적이 이렇게 현실화된다.

〈고무지우개 산〉은 (지금 여기에 있는 사람만) 있던 세계로부터 사물이 해방된다는 것이 무엇인가를 느끼게 해 준다. 인간이 있든 없든 존재하는 세계에서 인간이 비인간적인 것과 나란히 자신의 삶을 만들어 간다는 것은 무엇인가를 엿보게 해 준다. 그러나 그것은 어쩌면 사물뿐 아니라 인간도 해방되는 것이 아닐까? 여기서 성립하는 집단성, 즉 공존을 위한 장이 존재할 수 있게 해 주는 것은 무엇일까? 인간적 척도를 벗어난 세계로 침투하는 과정 속에 살아가는 인간은 어떻게 될 것인가라는 질문도 해야 하지 않을까?

세계 붕괴와 내적 공간의 왜곡

지진, 호우, 폭탄의 파열 같은 공포의 순간 일정한 세계는 붕괴한다. 다리, 도로, 선로, 공항, 미술관, 가로수, 벤치, 서점에 나란히 꽂힌 책, 카페에서 책을 읽는 이들, 공원의 놀이기구처럼 일정한 존재 방식으로 구축되고 형성된 세계의 상태 자체가 붕괴한다. 책꽂이가 넘어져 책이 떨어지고 흩어진다. 붕괴는 상실이지만 무수한 흔적이 흩어지고 나면 사람은 방심할 것이다. 그러나 붕괴 과정에 있던 사람은 그렇게 경험하지 않는다. 목숨을 잃고 붕괴를 경험하면서 말하지 못한 채 사라진 이들이 있다. 그리고 남겨진 이들이 있다. 그러나 남겨진 이들 사이에서도 장벽이 생겨 나뉜다. 한편으로는 붕괴를 적극적으로 잊고 없던 것으로, 그리고 붕괴당한 그 사람도 없던 상황으로 두는 이들이 있다. 다른 한편으로는 붕괴와 더불어 지나간 흔적의 한가운데에 멈춰 책망하며 서지 못한 채, 아니 어쩌면 선다는 게 어떤 것인가를 모르는 채 사는 이들이 있다.

세계의 붕괴, 그것은 사물의 산란이자 그 산란 속에서 인간도 산란되는 것이다. 산란 상황에서는 교량 판의 붕괴나 빌딩의 무너짐처럼 인간의 몸 또한 사물로서 무너진다. 예를 들면, 신체적 훼손을 피해도 거기 있음으로 인해 마음은 은밀히 무너진다. 마음이 무너진 인간은 평상시처럼 원활하게 작동하는 일상 세계를 텅 빈 것처럼 느낀다. 사실 이미 무너진 것이다.

무너진 과정에 있는 사람은 이를 어떻게 경험할까? 모턴은 다음과 같이 말한다.

무너졌다. 돌연 공기가 깨진 유리처럼 다가온다. 유리 파편은 완전히 새로운 사물로서 산산조각 난 와인 잔에서 생겨났다. 이 사물은 나의 오관을 습격하여 주의를 기울이지 않으면 눈을 찌를지도 모른다. 잔의 파편이 흩어진다면 말이다. 무슨 일이 벌어지는 걸까? 얼마나 많은 잔이 박살 날까? 어떻게 그런 일이 벌어지는가? 나는 애초 심층을 왜곡하여 경험한다. 그것은 나의 인지적·심리적·철학적 공간을 왜곡한다. 사물의 탄생은 그 주변에 있는 여러 사물의 변형이다. 사물은 현실에서 분열되어 나타난다. 이 왜곡은 감각적인 영역에서 일어나지만, 반드시 새로움과 경이로움을 낳아 현실을 완만하게 왜곡시킨다. 애초에 열려 있으면서, 불온하고, 지복에 이를 지경으로 공포스럽다(ibid., 124).

애초에 모턴은 붕괴를 인식한다. 애초란 무언가 새롭게 일어나고 출현하는 것을 뜻하기에 그것은 무엇보다 '불확실함'이자 '불쾌함'이며, 무언가 일어날지도 모른다는 불안이다. 그러나 애초란 시작되기 전에 성립한 상황 자체의 붕괴를 가리킨다. 따라서 그 안에 있는 이는 애초 무엇이 일어났는가를 알지 못한다기보다는 거기 있는 것이 과연 불안한가 아닌가를 모른다. 그대로 죽음에 이르는 위험한 상황일지 모름을 뜻한다. 또 붕괴된 상황은 거기 있던 이들의 인지를 왜곡하고 내부 공간 또한 왜곡한다.

모턴은 에마뉘엘 레비나스의 철학을 언급하면서 이 왜곡과 관련하여 그의 철학에서 "타자에 의해 촉발된 무질서한 트라우마"(ibid., 127)라며 트라우마 문제를 언급한다. 그저 있다는 것, 어수선함, "당신을 감싸 안은 너저분한 환경성". 붕괴된다. 와인 잔이 박살 나고 식탁에 흩뿌려진다. 책도 너덜너덜해진다. 책상이 뒤집힌다. 붕괴된 상황의 과정에 관해 생각해 본다 해도, 확실히 무슨 일이 일어난다 해도, 어떻게 일어난다 해도 잘 이해되지 않는다. 예를 들면, 와인 잔이 박살 나고 식탁에 흩뿌려진다. 그것을 보면서 깨진 잔의 파편에 상처가 나지 않을지 차분히 바라보면서 마음을 놓는 자신을 떠올릴 수도 있다. 그러나 현실에서 몸이 느끼는 것은 진짜 장소에서 "무언가 강렬하게 일어난다"는 것이다. 모턴은 이 강렬함을 레비나스를 읽으면서 "그저 하나의 실체, 현실의 타자, 기묘함이 나의 세계의 일관성을 무너뜨린다"고 표현한다.[17] 그러나 방심 상태인 내가 그 강렬함을 제대로 느낄 수 없기에 실제로는 무언가 있었다는 것을 생각하지 못한다.

그렇다면 나의 마음, 내적 공간, 인지는 붕괴가 벌어지는 상황의 장소인 일관된 세계의 붕괴와 더불어 왜곡되고 마는 걸까? 모턴은 붕괴 시 벌어지는 어떤 것이 '인지적·심리적·철학적 공간'의 왜곡으로 인해 왜곡된 상으로 나타나지만, 그 왜곡된 상은 꼭 거짓을 의미하지 않으며 현실을 왜곡시킨 것에 불과하다고 말한다. 확실히 내적 공간의 왜곡은 현실에서 벌어진 붕괴 상황을 정면에서 받아들여 생기며, 그런 한에서 왜곡된 내적 공간으로 인해 생겨난 상은 일관된 세계의 붕괴를 정면에서 받아들인 것이다. 그렇다면 붕괴를 없던 일로 보지 않고, 애초에 벌어진 왜곡된 현실을 소멸시키지 않으며 이를 초래한 트라우마적 경험에서 손을 떼지 않은 채로, 트라우마와 더불어 머물지 않을 수 없다. 나로서는 이것이 확실히 공포는 아니지만, 과연 지복에 이르는 것인지 아닌지는 알수 없다.

제4장

인간 이후의 철학
: 그레이엄 하먼

2019년 5월 교토 시시가타니에 있는 집을 방문했을 때다. 시라카와로에서 시시가타니로로 이어진 비탈길을 한참 올라가면 그 집이 있었다. 1층은 차고와 창고로 쓰고, 2층에는 넓은 공간이 하나 있다. 실내에는 테이블과 소파, 책상과 나란히 화장실이 있는데, 내가 가장 편하게 느낀 곳은 실외의 넓은 공간을 가로지르는 발코니였다. 발코니 바깥은 2층이라 지상에서 떨어져 있고, 울타리가 없어 떨어질 것 같아서 주의를 기울이지 않으면 안 된다. 무섭다면 무섭다. 하지만 이 공간은 실내의 넓은 공간과 집 동쪽 산속에 있는 커다란 암자의 깊숙이 들어간 곳 사이의 접점으로 밤중에는 실내의 빛과 바깥의 어둠이 섞인다. 그날 이 집에 몇몇 사람이 찾아왔는데 확실히 많은 사람과 대화를 나누는 것이 즐겁기도 했지만, 미적으로 세련된 실내 공간이 밖으로 뻗은 세계의 심층에 침투하고 있다는 느낌을 받기도 했다. 어떤 커다란 세계의 일부로 살아간다는 것을 확실히 느낄 수 있었다.

나는 그때 모턴이 《거대 사물》에서 제시한 "만물의 미적 특성 사이의 상호 관계에서 성립하는 공간"(Morton, 2013b : 1)의 존재를 느꼈다고 생각한다. 모턴의 논의는 내가 느낀 것을 언어화하기에 적절한 것이었고 내 언어 체계로 편입되었다. 그렇다면 그의 논의는 어떻게 세상에 존재하게 된 것일까? 이는 하면 철학, 즉 객체지향 존재론과의 만남 덕분이었다.

모턴은 "비가 머리 위로 떨어지는 것을 느낄 때 어떤 의미에서 당신은 기후를 경험하는 것이다. 특히 글로벌한 온난화로 알려진 기후 변동을 경험하는 것이다. 그러나 당신이 글로벌한 온난화 자체를 경험하는 것은 아니다"라고 말한다. 이 견해를 레비 브라이언트는 다음과 같이 해석한다.

모턴의 객체지향 존재론과의 만남은 기후와 같은 기묘한 것에서 생겨났다. 그것은 시간과 공간적으로 대규모로 퍼진 것이지만 당신 역시 어딘가에 있으면서도 어딘가에는 없다는 말이다(Bryant, 2010).

객체지향 존재론의 기본은 하먼의 《도구 존재》(2002)와 《게릴라 형이상학》(2005)에 나타나지만 내가 생각하고자 하는 것은 하먼이 모턴에게 끼친 영향이다. 이는 모턴이 《자연 없는 생태주의》(2007)에서 제시한 '앰비언트'라는 개념을 한층 정밀하게 다듬을 수 있게 된 중요한 이유로 볼 수 있다. 즉 브라이언트는 우리를 '둘러싼 것'이란 무엇인가를 묻는 방식으로 하먼을 독해한 것이다.

공공권을 멀리 벗어나

하먼이 객체지향 존재론에서 묻는 것은 세계 자체이다. 그것은 인간의 의식에서 멀찍이 떨어진 어둠, 불명료함, 불확실성이지만 그렇다고 세계가 존재하지 않는다는 것은 아니다. 세계는 인간이 거주하는 곳이면서도 어둡고 먼 곳에 감춰진 영역으로서 현실에 존재한다.

하먼은 세계의 사물이 인간의 의식에서 어떻게 벗어나는가라는 물음을 중시한다. 사물이 인간에게서 벗어나 어둡고 은폐된 영역으로 물러나는 것이 문제시된다면 이를 어떻게 볼 것인가? 이 문제를 생각한다는 것은 도대체 무엇을 의미하는가?

나는 '어둡고 은폐된 영역'이라는 말에 주목하고자 한다. 그렇다. 이 말은 사람의 일상적 의식으로는 접근할 수 없는 세계의 은폐된 측면을 가리킨다. 내 생각에 현실 세계가 일상적

인간의 의식에서 벗어나 있더라도 그것이 반드시 인간이 부재한 세계를 주장하는 것은 아니라는 점이다.

하먼의 철학은 우리가 존재하는 곳으로서의 세계가 우리로부터 멀리 벗어난 것이라는 설명의 단순함을 알게 해 준다. 즉 우리가 일상적 의식을 통해 품는 세계상(표상된 것으로서의 세계)으로는 대처할 수 없는 광대함, 비인간적 심층과 어둠으로 가득 채워진 타자로서의 세계를 생각하게 해 준다는 것이다. 그러나 세계가 우리의 일상 의식에서 멀어진 곳에 있더라도 우리는 당연히 세계를 파악하고 거기에 살고 있다. 우리 인간이 사는 곳인 세계를 의식에서 먼 어두운 곳으로 그려 볼 필요가 있다.

브라이언트가 말한 것처럼 객체지향 존재론의 핵심은 개별 인간의 마음과 관련된 세계를 생각하는 입장으로부터의 전환이다. 그것은 세계 자체와 같은 것은 존재하지 않으며, 다만 우리 인간에 대해 나타난 것일 뿐이라고 보는 상관주의적 입장으로부터의 전환이다. 기존에는 인간의 마음에 담긴 상념과 관련된 세계가 존재한다고 생각했지만, 객체지향 존재론이 탐구하는 것은 "인간을 벗어난 세계란 무엇인가라는 물음"(Bryant, 2011 : 39)이다. 이는 세계를 사회 구조나 권력관계와 같은 인간 중심주의적 구축물과 독립적인 존재로 본다는 것을 뜻한다.

세계를 인간의 마음이나 사회 구조와 독립해 있고, 그것을 넘어선 폭을 가진, 인간을 포함한 다양한 것이 존재하고 살아가는 곳으로 생각할 수 있다는 것. 이는 인간을 벗어나는 것으로는 충분하지 않다. 중요한 것은 인간이 알고 있는가 아닌가와 관계없이 존재하는 세계란 어떤 것인가, 거기서 인간이 어떻게 살아가는가를 묻는 것이다.

반복하자면 내가 하먼을 중시하는 것은 그가 의식을 벗어난 곳의 어둠과 심층 속에서 살아가는 일의 실재에 관한 근거를 탐구하기 때문이다. 정보 과잉 상태에 있는 공공권은 현실에 무감각하고 이를 깊이 통찰하는 일을 방해하고 있다. 과잉의 정보, 과잉의 말, 과잉의 의견과 해석으로 뒤덮인 대중 매체와 서적, 잡지, SNS는 인간의 사고를 단순화하고 천박하게 만들며 현실 세계에 대한 감각을 둔화시킨다.

물론 정보 과잉 상태로 인해 사고와 감각이 무용해지는 문제는 예전부터 있었다. 그런데 과다 정보의 상태를 표층적인 공공권으로 파악하고 깊이와 어둠으로 달아나려는 시도는 지금까지 없었다. 하먼을 가르친 알폰소 링기스(Alphonso Lingis, 1933~   )에 따르면 우리가 살아가는 곳의 매질성(媒質性)을 심층적으로 파악해야 한다고 생각하는 이들도 있다. 링기스가 보기에 우리는 감각적인 요소에 둘러싸여 침투당하고 있다. 감각적인 요소는 객관적 수치 데이터와 달리 "표층도 경계도 아닌 심층으로"(Lingis, 1998 : 13) 존재한다.

하먼은 링기스의 영향 아래에 있다. 공공권의 소란을 벗어난 곳에서 이와는 다른 만남과 상호 촉발의 영역을 발견하는 언어로 추구하는 것은 분명히 링기스가 시도한 심층에 대한 탐구와 궤적을 같이한다. 그것은 공공권이 현실의 모든 문제를 적확하게 파악하지 못하고 왜곡하는 점을 문제 삼지만, 투명성과 가시성을 한층 더 높일 것을 요구하는 것과는 다르다. 링기스와 하먼은 정보 과잉의 공공권에 둘러싸인 것 자체를 문제 삼는다. 투명성과 가시성을 높인다는 것은 더욱 강화된 정보 과잉 상태로 귀결되고 거기에서 얻은 사고와 감각을 더 둔화시킨다. 중요한 것은 공공권에서 침묵하는 것이다. 또 지금은 정보 과잉의 공공권을 벗어난 곳에 현실 감각의 근거를 두고 거기에서 또 다른 사고를 시도하는 것이다.

감각적인 매질의 객체성

하먼이 보기에 인간의 의식과 언어로부터 멀어진 세계는 사물의 세계이다. 사물의 세계는 독립된 세계이다. 거기에서 나는 나를 둘러싼 사물과의 관련으로부터 차단된다. 그뿐 아니라 타인과의 관련으로부터도 차단된다. 거기에서는 나의 의식이나 생각과 무관하게 사물도 타인도 독립적으로 존재한다. 하먼은 "사물은 모든 것에서 완전히 독립하여 존재하며, 차단된 사적 진공 상태에 들어가 있다"라고 말한다. 그러면서 그는 "분명히 이는 세계에 대한 절반의 진실 이상이다. 만일 그렇다면 어떤 일도 벌어지지 않고, 일체의 것이 자신만의 내밀한 우주에서 편안함을 누리면서 다른 것을 촉발하지 않으며 촉발되지도 않을 것이다"(Harman, 2005 : 1)라고 말한다.

하먼은 사람도 사물도 독립적이지만 상호 촉발이 일어날 수 있는 곳으로서 세계를 사고한다. 그는 "이제 사물에는 공적 생활이 있다"고 생각한다. 독립된 사적 진공 상태에 있던 것이 만나는 공적 생활이란 무엇인가? 이 물음이 하먼의《게릴라 형이상학》을 관통하고 있다.

그러나 반복하지만 하먼의 생각 심층에는 이 세상이란 '서로 촉발하지 않는 망령적 현실 세계'이며 '서로 교환하지도 공허하게 파악되지도 않는 실체로 가득한 우주'라는 감각이 자리 잡고 있다. 따라서 공적 생활이 있더라도 거기에는 이성적 합의나 공동 행위와 같은 것이 실질적으로 존재할 수 없다. 오히려 기본은 공허한 세계이다. 공허하지만 사물은 상호 작용한다.

하먼은 이 공허한 세계를 '감각적인 에테르'라고 표현한다. 그것은 실체 없는 질감의 에테르이자 '일체의 것이 되돌아올 수 없는 지경에 이른 감각적 세계'이다. 사물이 그 존재감을 상실하더라도 그 질감은 남아 있다. 실체는 없지만 감각할 수 있는 무언가가 있던 세계에서 사물은 서로 촉발될 뿐 아니라 거기에서 살아간다. 즉 "사물은 부재함에도 불구하고 어찌 됐든 확실한 것은 살고 있다는 것"(ibid., 76)이다.

하먼의 관심의 기점에는 에드문트 후설(Edmund Husserl, 1859~1938)과 마르틴 하이데거(Martin Heidegger, 1889~1976), 모리스 메를로퐁티(Maurice Merleau-Ponty, 1908~1961)와 에마뉘엘 레비나스 철학에 대한 독해가 있다. 즉 '사태 자체로' 향하는 현상학의 시도를 최대한 존중하면서 거기에서 '우리 경험의 감각적 매질이 무엇인가가 확실하지 않다'고 주장한다.

> 우리는 그것이 사물로 존재하지 않음을 알고 있다. 그렇다. 사물은 늘 시계에서 먼, 감각 가능한 것으로 현전하지 않기 때문이다. 그러나 그것은 객체성에 앞서 있는 데이터/주어진 것이 아니다. 데이터란 객체적 형태를 띠지 않고서는 존재할 수 없기 때문이다(ibid., 33).

중요한 것은 하먼이 우리의 경험과 관련된 감각적 매질을 생각한다는 점이다. 즉 하먼은 우리가 존재하는 곳인 세계를 인간의 의식과 척도를 벗어난 지점에 있는 것으로 파악하면서도 경험이라는 유난히 인간적인 것에 대한 관심을 유지한다. 그러나 그가 말하는 감각적 매질은 인간의 경험에 앞서 형성된 것이다. 인간의 의식이나 척도와 무관하고, 그것들을 벗어난 곳에서 사물이 나타나고 감각되면서 존재한다. 그리고 이 매질은 사물 자체와 구별된다. 감각적 매질은 사물이 그 음향성과 색조 같은 질감을 드러내는 지점이다. 음향성과 색조, 냄새는 수치, 즉 객관적으로 데이터화하여 컴퓨터에 입력 가능한 것보다 매력적이지만, 이 매력적으로 존재하는 질감이 떠다니는 곳에 바로 그가 말하는 감각적 매질이 존재한다.

하먼은 수치화된 데이터의 객관성과는 다른, 감각적인 것으로 나타나는 매질에 있는 객체성을 사고한다. 데이터로 파악되는 디지털화된 현실도 그것이 사물로, 다시 말해 객체성을 띤 사물로 실재하고 질감을 드러내는 한 단순한 가상 현실에 불과한 것이 아니다.

감각적인 매질에서의 상호 작용

감각적인 매질을 둘러싼 하먼의 사고 배경에는 링기스의 철학이 있다. 하먼은 "우리의 삶이 유지되는 곳인 감각과 신호의 반투명한 안개"를 둘러싼 자신의 철학이 링기스의 영향 아래에 있음을 인정한다. 링기스는 메를로퐁티와 레비나스의 영향 아래에서 신뢰, 공동체, 신체를 둘러싼 사고를 발전시켜 온 철학자이다. 하먼이 링기스에게 배우고 영향을 받았다는 것은 당연하다면 당연한 것이다. 실제 《게릴라 형이상학》에서도 감각적인 매질을 논하는 제5장은 링기스론이다. 따라서 감각적 매질을 둘러싼 하먼의 고찰을 링기스에 대한 독해에서 파악할 수 있다. 나아가 하먼을 링기스와 관련지어 읽음으로써 하먼의 독해가 가진 독자성을 파악하는 것도 가능하다. 이는 링기스가 생각했음에도 불구하고 하먼이 충분히 전개하지 않은 지점을 파악하는 것으로서 감각적 매질을 둘러싼 논의를 전개하는 것도 가능하다.

하먼은 링기스의 철학을 전체론에 대한 비판으로 독해한다. 즉 세계는 하나의 전체이자 모든 부분이 거기에 종속되고 통합된다는 사고방식에 대한 비판이다. 그리고 하먼은 링기스의 전체론 비판이 인간 중심주의적 사고에 대한 비판이라고도 본다. 즉 링기스가 말하는 전체론적 세계란 "일체의 것을 자기중심적 전체에 통합시켜 개별적인 인간 삶의 실천적 세계"(ibid., 66)를 의미한다.

링기스의 철학에서 세계는 인간이 품은 계획도나 그림에서 해방된다. 링기스는 우리가 현실에 몸을 두고 움직일 뿐 아니라 사물이 존재하는 곳이기도 한 세계가 존재하지 않는다고는 하지 않는다. 하먼은 링기스가 생각하는 세계를 "우리가 알고 있는 세계는 결코 완전한 것이 아니라 오히려 사물 자체에 있는 요동치는 깊이로 향하도록 소환한다"(ibid.)라고 표현한다. 실제 링기스는 "우리는 그저 사물 속에서 자신이 되며, 자기 동일성을 확보할 수 있다"(Lingis, 1998 : 19)라고 말한다. 사물에 유혹당하고 매혹됨으로써 우리는 자신을 발견한다. 그런데 하먼에 따르면 링기스는 세계를 단순한 사물의

집적과 다른 것으로 생각한다. 오히려 그것은 '정해진 것 없
는 무언가'이다.

이 정해진 것 없는 무언가를 하먼은 '감각적인 매질' 혹은
'감각적 에테르'라고 표현한다. 그리고 이 매질이 소통하게
한다고 생각한다. 그는 다음과 같이 말한다.

우리는 직접 사물을 아는 것이 아니라 그저 바람 같은 에테르
나 플라스마를 알고 있을 따름이다. 사물에 있는 살아 있는 성
질이 그로부터 풀려나는 것만이 촉각으로 인지 가능한 환경을
형성한다(Harman, 2005 : 68).

하먼이 말하는 감각적 매질은 접촉이나 촉발이 일어나는 지
점인 한에서 소통적 매질이다. 그러나 여기서 살아 있는 소통
은 언어적인 것이 아니다. 해석이나 이해에는 이르지 못한 전
언어적이고 감각적인 소통이다. 중요한 것은 매질에 있는 촉
각적 인지 가능성과 환경성이다. 이를 하먼은 "사물성이 없
는 질감의 감각적 영역"(ibid., 69)이라고 표현한다. 시각화되
지 않는 에테르나 플라스마 같은 것에서 존재감을 인식하기
는 어려울 것이다. 그래도 감각적 영역에서 살아 있는 한 이
매질은 현실에 존재한다.

감각적 매질에는 일상적 인간의 의식으로 묘사된 언어로 파
악할 수 없는 실재성이 있다. 그리고 사물은 통합적 전체성

을 띤 관계성의 망이라는 시야에서 벗어난 지점에 실재하지만, 이와 무관하게 다양한 방식으로 산재해 있는 것은 아니다. 즉 "사물의 상호 간섭은 매질을 통해 가능"(ibid., 70)하다.

감각적 매질을 통한 소통과 언어적 소통은 다른 것인가? 언어적 소통의 영역에서 벗어난 곳에 있다고 이야기되는 감각적 매질은 언어적 소통의 영역과 어떻게 관계 맺는가?

감각적 매질의 심층성

하먼은 사물이 언어와 의식을 벗어난다는 생각으로부터 독립이나 사적 진공 상태와 같은 표현을 쓰면서 독립이 일어나는 지점을 '어두운 심층 영역dark subterranean realm'이라고 표현한다. 즉 그가 말하는 암흑이란 상호 만나거나 접촉하지 않는 상태로 인해 생기는 것으로서, 그가 '사물의 심층'이라고 할 때도 접촉에 이르지 못하는 지점을 의미한다.

그러나 하먼이 말하는 암흑의 심층성은 단순한 독립이나 만남이 아니라 감각적 매질 자체의 어둠과 심층성을 의미하는 것이 아닐까? 모턴은 하먼이 발견한 것을 "유물론이나 관념론을 필두로 하는 여러 '주의'에 부대껴 온 철학의 표층 아래에 있는 존재론적 깊이"(Morton, 2013a : 222)라고 표현하지만, 하먼이 관심을 가진 감각적 매질도 깊이 있는 것으로 파악할 수 있을 것이다. 즉 언어적 소통의 영역이 가진 표층성에 비해 감각적 매질은 심층적으로 존재한다. 감각적 매질의 심층성은 정확히 링기스의 저서에서 논한 것이기도 하다. 링기스는 다음과 같이 말한다.

근대의 인식론은 언어의 공적 존재를 사적이고 언어화되기 어려운 감각의 존재와 대립시켜 왔다. 타인의 마음은 그저 그 자신만 접근할 수 있는 상태와 의도로 구성되어 있을 따름이다. 타인의 신체는 바깥에서의 관찰과 검시로 철저하게 조사되지만, 바깥의 관찰자 자신의 마음 상태 이외의 것을 검증하지는 못한다. 그러나 신체의 작용에서 감각과 관능성의 넘실거림은 신체가 있다는 것에 대한 검증 자체라고 할 수 있다. …… 혼잡한 버스의 어둠 속에서 우리는 옆 승객의 신체 온도를 느끼고 살짝 스치며 살아감을 느낀다. 우리가 이 감촉을 느끼는 것은 우리 눈에 가시적인 표면이나 귀에 들리는 소리를 통해 혹은 감촉으로 간단히 타인 또한 가시적 표면을 보고 소리를 들어서 증거를 발견하는 것이 아니다. 타인이 보고 들은 것이 무엇인가에 대해 아무것도 정해진 감촉이 없더라도 우리는 어둠 속에서도 자기 가까이에 있는 타인에 대한 감각의 감촉을 느낀다(Lingis, 1998 : 20).

공적 현실이 아닌 공동 세계가 있다고 보는 것은 현실적 사건이 공공권에서 유통되는 언어로 가시화되는 근대 사상에 대한 비판이기도 하다. 공적인 말이 되지 못한다면 사적이고 감각적이며 덧없고 어둠의 영역에 속한다고 생각되어 왔다. 다시 말해, 의미가 없으며 장소를 점유하지 못하는 것으로 생각되어 왔다.[18] 그런데 링기스는 타인의 마음이나 신체에 관한 말은 그 말이 공적으로 유통 가능한 것으로 사용되더라도 결국 그 말을 하는 사람의 주관이나 생각을 벗어날 수 없기에 마음이나 신체 상태의 타자성이 가진 깊이에 도달할 수 없는 표면에 머무를 뿐이라고 주장한다. 링기스는 언어화되지 않는 온기나 요동 등 신체의 깊은 곳에서 나오는 감각적인 것을 중시하고 바로 그곳에 사람들이 모여들어 집단성의 실재성을 지탱해 준다고 말한다.

그것은 기미나 분위기와 같은 것으로서 대기의 느낌, 감촉 등 다양하게 표현될 수 있다. 링기스는 이 감촉을 신체 사이에 존재하고 공유되는 공간에서 해방된 어떤 감각과 관련된 것으로 생각한다. 즉 감각적인 것은 존재하지만 반드시 '나'에 한정되는 것이 아니라 타인의 심신이 드러내는 기쁨이나 고통의 기분 속에도 있다. 이 기분이 내가 아닌 다른 사람이 존재하는 곳의 감각적 매질을 통해 전달되고 받아들여지며 점유된다. 그렇다. 이는 이른바 상호 이해에 대한 것이다. 함께 존재하면서 다양한 상호 이해나 이성적 합의가 중요해진다.

그러나 어쩌면 공공권에서 공유된 담론적 세계와는 다른

곳에 공적인 현실로서 정해지지 않은 공동 세계가 존재할지도 모른다. 이는 공공권의 명료한 표층에서 벗어나 감각적 심층의 영역으로서 존재한다. 그런데 이는 감각적인 것으로 존재하면서 인간의 삶을 지탱하는 매질로 실재한다. 링기스는 "살아 있다는 것은 빛을 향유하고, 지면을 향유하며, 열린 길과 공기의 부력을 향유하는 것이다"(ibid., 17)라고 말한다. 이는 빛이 있더라도 공공권에 나타나는 가시화된 현실의 투명성과는 다르다.

예를 들면, 1980년대부터 교토를 거점으로 활약해 온 예술가 집단인 덤 타입Dumb Type의 작품 〈OR〉에서 연주자의 신체를 명멸하게 하는 빛을 생각해 보자. 이는 신체가 드러내는 기분의 개별적 물질성을 명료하게 하는 빛이다(거기에는 기쁨뿐 아니라 상처에 대한 공포나 불안도 포함된다). 연주 공간의 강력한 빛을 기반으로 연주자의 신체에서 느껴지는 한순간의 기분은 정확히 순간적 독자성으로 멈춰진 채 흔적으로 남아 새겨져 있다. 혹은 그것은 과다 정보의 공공권을 벗어난 곳에 존재하는 어두운 공동 세계의 감각성을 의식화한 빛이라고도 할 수 있다. 공공권을 채운 자극적이지만 표층적인 밝은 빛과는 대척점에 있는 고요한 빛이다. 그것은 신체의 상태를 투명하게 하는 '정화'로 이용된다. 이 빛은 매우 간소한 인간의 조건을 은폐된 곳에서 꺼내어 드러내는 존재일지도 모른다.

상호사물성의 공간으로서의 감각적 매질

인간 세계의 현실과 관련된 사상적 설정의 붕괴가 진행되고 있다. 이는 주장이나 논쟁에 앞선 감각적 영역과 관련된 사태이다. 붕괴는 하먼이 링기스를 독해하면서 발견한 감각적 매질에 미치는 사태로 일어나고 경험되기도 한다. 과다 정보의 공공권에 있는 한 이 감각적 매질에서의 붕괴와 변용은 느낄 수 없다.

모턴도 하먼이 말하는 감각적 매질에 주목하여 현실 세계의 사상적 설정의 변경을 시도한다. 그러나 모턴은 감각적 매질에서 사물을 정해지지 않은 것으로 사고한다. 거기에서 사물은 덧없고, 붕괴와 소멸에 맞닿은 상태로 존재한다. 따라서 감각적 매질에서 존재하는 것은 동일한 것으로 확정된 사물이 아니다. 거기에는 붕괴하고, 정해지지 않은 상태에서 완전한 무는 아니지만 간신히 흔적을 남긴 사물이 발휘하는 감각적인 것이 존재하고 있다.

모턴은 "일체의 미적인 자취, 사물의 모든 흔적은 결여와 더불어 빛난다. 감각되는 것은 소멸하는 사물에 대한 비가이다"(Morton, 2013a : 18)라고 말한다. 현실 세계에서 이 붕괴 및 파탄과 더불어 생겨난 감각적인 것은 그 자체로 의미 있고, 현실적인 것으로서 존재감을 보유할 수 없다. 감각적인 것이 존재하기 위한 장이나 영역이 현실에 형성되고, 유지되고, 공유될 필요가 있다. 그것이 감각적인 매질이다.

위태로움은 감각적인 실재이다. 주관적 자아, 개념적 지식을 벗어난 곳에 존재하지만 그래도 위태로움의 발생은 인간 자체, 또는 인간이 확실히 존재하는 장소와 관련된 것이다. 모턴은 거기에 모든 환상의 장소, 실재적 환상이 있다고 말한다. 환상은 주관적 자아로부터 발생한 것이 아니다. 주관적 자아를 벗어난 지점에 있는 감각적 매질로 열린 장소, 정해지지 않은 장소에서 발생한다.

공공권의 주요한 구성 요소인 대중 매체에 뒤덮이지 않은 환상의 장소가 존재한다. 우리가 느끼기에 환상의 장소에서 가만히, 사소하게 살아가는 것들도 있다. 그러나 그것은 공공권에서 곧 소멸해 버린다. 없던 것이 되어 버리는 것이다. 생생한 감각적인 것 가까이에 심신을 맡기거나 받아들이는 것을 방해하는 경직되고 공허한 정보 과다의 공공권이 있다. 이 공공권을 파탄 내는 것은 유난히 어렵지만 그래도 나아갈 수 있다. 거기에서 우리는 생태적인 위기를 기반으로 붕괴 중인 현실 세계와 만날 수 있을 것이다.

모턴은 "생태적인 위기는 어떻게 모든 것이 상호 의존적인가를 우리에게 자각하도록 해 준다"(Morton, 2010 : 1)라고 말한다. 생태적인 것이란 모든 것이 상호 의존적이며 상호 연관된다는 것이다. 그러나 이 상호 연관적 망의 시야에 하나의 전체로 정해진 통합성은 없다. 광대한 망의 시야는 우리의 고정적 개념 파악을 벗어나 전체화될 수 없는 애매함을 띤다.

하먼은 모턴의 생태적 상호 연관을 약한 연관이라는 의미에서 독해하고 마누엘 데란다(Manuel DeLanda, 1952~   )가 말하는 평평한 존재론과 동일한 것으로 파악한다. 곧 하먼의 생각에 그것은 "모든 것이 단일한 네트워크에 귀속되어 마음과 물질, 정신적인 것과 신체적인 것의 이원론적 분리가 없어지는 것"(Harman, 2012 : 17)을 의미한다.

내 생각은 조금 다르다. 모턴의 상호 연관은 평평한 네트워크라기보다 오히려 인간도 거기에 속하여 다른 모든 존재와 연관되는 곳에 있으면서 인간의 파악을 넘어선 광대한 것으로 생각된다. 상호 연관에는 단일한 네트워크 같은 실체는 없다.

오히려 그것은 모든 존재가 만나는 곳에서 생기는 공간적 영역이다. 그곳은 모든 사물이 실재하는 곳으로서의 공간이다. 사물이 감각적인 질감을 낳고, 그 존재감을 현실의 흔적으로 각인시키는 곳으로서의 공간인 것이다. 그러나 거기에서 사물은 소멸하면서도 환상으로 머문 채 존재감을 드러낸다.

모턴은 공존의 조건으로서의 상호 연관 모델을 제시한다. 거기에서 사물은 주변을 둘러싼 환경에서 독립된 자율적인 것으로 존재하지 않는다. 모턴은 "네트워크의 시야는 명백하고 실제적으로 존재하는 (독립적이고 고정적인) 사물을 포함하지 않는다"(Morton, 2010 : 33)라고 말한다. 하먼의 논의와 연관 지어 볼 때, 모턴은 상호 연관이 사물의 독립성과 고정성을 떼어 낸다고 생각할 수 있다. 거기에서 사물은 고정된 자율성을 상실하고 서로 접촉한다. 이는 복수의 사물을 갈라 놓은 경계가 소멸함을 뜻한다. 즉 사물의 평평한 연관이다.

실제로 계속해서 모턴은 상호 의존에 관한 생각이란 "안과 밖 사이의 엄격하고 좁은 경계라는 형이상학적 환상"의 해체를 의미한다고 말한다. 이렇게 본다면 모턴이 말하는 상호 연관은 다양한 사물 간의 평평하게 펼쳐진 약한 연관으로 볼 수 있을 것이다.

그러나 나는 모턴의 논의를 사물의 상호 연관이 벌어지는 영역의 존재를 시사하는 것으로 독해하고자 한다. 이 영역에서 독립성과 고정성에서 해방된 사물이 서로 만나고 접촉하는 일이 현실적으로 벌어진다. 그것은 그저 평평하게 펼쳐진 영역에서 연관된 것과는 다르다. 하먼이 말하는 것처럼, 이는 에테르와 같은 감각적인 것으로 존재한다고 보아야 할 것이다. 이 에테르에는 실재의 사물성이 없지만 현실의 사물이 실제로 상호 작용하기 위한 조건으로서 현실에 존재한다.

모턴은 공유된 감각 공간이라고도 할 수 있을 이것을 '상호 사물성의 공간the space of interobjectivity'이라고 표현한다.

이 공유된 공간은 광대하고 비국지적인 형상의 공간이다. 인간의 주관성과 같은 현상(즉 간주관적 현상)은 상호사물성의 공간(간객체적 공간)의 작은 부분을 차지한다. 일체의 상호사물성의 현상은 1+n의 현상일 것을 요청한다. 이는 모든 상호사물성의 체계에서 적어도 하나의 현실이 멀어짐을 의미한다 (Morton, 2013a : 71).

상호사물성의 공간은 인간의 주관성을 벗어난 곳으로 확대된다. 모턴은 간주관적 영역이 상호사물성의 공간 속의 일부에 불과하다고 말하지만, 이를 잘 살펴보면 상호사물성의 공간은 간주관성에서 독립한 다른 영역이라고 볼 수 있다. 그리고 상호사물성의 공간은 사물의 '사이'에 있는 공간이다. 그러나 '적어도 하나의 현실이 멀어진다'라는 문장이 말하는 바를 살펴보면 상호사물성의 공간에서 '사이'는 공유된 곳이라기보다 오히려 무언가가 멀어지고 벗어나 버리는 곳에서 생겨나는 것이다. 혹은 멀어져서 벗어나 버리는 무엇이지만 그래도 소멸하지 않고 멈춘 상태로 살아 있는 것이 상호사물성의 공간이라고 할 수 있다. 그렇게 본다면 모턴이 말하는 '1+n의 현실'이란 n개의 것으로 정해지지 않고 늘 하나의 잉여를 포함하여 존재하는 것이자, 이 잉여로 인해 상호사물성의 공간을 채우는 감각적 매질을 만들어 내는 것이다. 즉 이 공간은 인간과 인간 아닌 모든 것의 행위가 현실 세계에 남긴 흔적을 축적한 공간이다. 모턴은 다음과 같이 말한다.

현실의 모든 사건은 존재하는 것이 그 흔적을 다른 것에 남겨 각인시킨 것이다. 상호사물성의 공간은 이런 모든 흔적의 총체에 불과하다. 그것은 정의상 비국지적이며, 시간적으로 융해된 것이다(ibid.).

상호사물성으로 공유된 공간에서의 교차와 상호 연관은 미리 정해진 고정적 사물이 아니다. 이는 사물이 그 속에 남긴 흔적이다. 즉 상호사물성의 공간은 예를 들면, 각인이 일어나는 곳이더라도 모든 사물의 총화, 곧 전체로 채워지지 않는다. 에테르적인 것으로서 상호사물성의 공유 공간으로 유지된다. 이를 통해 각인된 것의 잔존을 허용하고 그것이 상호 연관되며 섞이는 영역이 된다.

상호사물성의 공간에서의 흔적

상호사물성의 공간은 실재한다. 주관적 자아로부터 독립한 또 다른 영역으로 실재한다. 인간도 여기에 거주한다. 따라서 인간 또한 모든 사물과 마찬가지로 거기로 침투할 뿐 아니라 무언가가 벌어질 때 바로 이 사건에 영향을 받는다.

이 공간에서 무언가 벌어질 때 그것은 어떻게 벌어지는 걸까? 모턴은 거기에는 "늘 모든 부분이 전체 수에 있어서 우세하다"고 말한다. 즉 이 공간에서 여러 부분을 하나의 전체로 묶을 수는 없다. 모턴은 수학적 말로 설명하지만 중요한 것은 그의 논의가 수학적으로 올바른가 아닌가가 아니다. 오히려 하나의 전체로 통합되지 않은 채 뿔뿔이 흩어진 어떤 불온하고 시적인 감각과 더불어 나타나고 서술된다는 점이 중요하다. 모턴은 "이들 여러 부분은 총체성을 결여하고 있다. 그것은 마치 호러 영화에 나오듯 창문을 불규칙하게 흔드는 손발과 같다"(ibid., 137)라고 말한다. 좀비 영화에서는 인간이 돌연 좀비로 변한다. 좀비는 돌연 찬장에서 나타나기도 한다. 인간 세계가 알지 못하는 사이 좀비적인 요소가 침투하여 돌변하지만, 인간 세계에 대한 섬멸은 전체로서의 좀비 집단에 의해 일거에 일어나지 않는다. 좀비 공간은 하나의 전체로 존재하는 것이 아니다. 좀비적인 부분 요소가 인간 세계에서 국지적으로 나타나고, 인간 세계를 침식시키면서 은밀히, 그러나 확실히 붕괴시켜 나간다.

물론 좀비는 어디까지나 비유이다. 우리가 살아가는 세계가 총체로서의 통합성을 결여한, 즉 붕괴된 상태로 성립한다면 이는 좀비와 같은 불확실하고 불쾌할 뿐 아니라 살상력을 가진 것이 존재한다는 사실을 말하기 위한 것이다.

모턴은 생태적인 사고란 존재를 둘러싼 사고라고 말한다. 그러나 그의 생각에 이는 "가능한 한 넓고 깊이 사고되는" 채로 공존한다. 이는 "바위나 플루토늄, 이산화탄소 같은 실체를 내포한 형태로" 공존함을 의미한다(ibid., 160). 즉 넓고 깊은 공존은 자신의 생존 기반을 무너뜨리고 자신의 존재를 한층 위험에 빠뜨리는 지점에 이르는 것을 받아들임을 뜻한다.

니시다 기타로는 "어떤 사람이든 죽어서 재가 된다면 물체로는 변화가 없을지 모르지만, 역사적 실재로는 각각의 사람이 둘도 없는 개성을 가진 실재일 수 있다"(西田, 1987a : 17)라고 말했다. 이는 다음과 같이 볼 수 있다. 세계 속에서 사람은 한편으로는 물체로 존재하면서 삶을 이어 가지만 결국 소멸한다. 재가 되거나 고독하게 부패할지도 모르지만 어떤 경우든 소멸한다. 그러나 다른 한편으로 세계 속에서 인생은 물체로서 소멸한 이후 무언가를 남긴다. 이는 개념적 지식이나 일상 의식과 상관없는 세계에서 '확실히 살았던' 것 자체에 불과할 수도 있다. 어쩌면 모턴이 말하는 '결여와 더불어 빛나는 흔적'은 니시다가 말한 것과 겹칠지도 모른다. 이는 인생을 개성 있게 살았던 것에 대한 자취에 불과할지도 모른다. 그러나 중요한 것은 물체로 소멸하더라도 그 흔적은 일상 의식이 이르지 못하는 곳에 현실로 새겨져, 그 각인 자체가 현재를 살아가는 인간의 척도를 넘어선 폭으로 세계를 형성한다는 점이다.

자, 우리의 본래 과제는 존재하고 살아가는 토대인 세계의 현실을 묻는 것이었다. 그 시작부터 나는 "우리가 존재하고 살아가는 곳인 세계는 우리를 벗어나지만, 그래도 우리는 그 세계에서 살아간다"라고 썼다. 그러나 그렇게 쓰면서 나는 우리가 살아가는 곳으로서의 세계 자체가 살 수 없는 곳으로 변하고 있다고 생각하게 되었다.

우리가 사는 곳은 무수한 흔적이 각인된 지상의 세계이다. 흔적 속에는 고속 도로나 고층 빌딩과 같은 거대하고 유형적인 사물이 있는 반면, 무형의 것으로 그저 들리기만 하거나 기억에 불과한 것도 있다. 흔적을 지상에 각인시켜 쌓아 나가는 것은 인간이 살아가는 일의 조건을 이루고, 인간이 존재하는 것의 당위성을 감각적 수준에서 실현함을 뜻한다. 그러나 다른 한편으로 인간의 흔적에 대한 축적은 지구 규모의 조건의 변화이기도 하며 글로벌한 온난화로 현저해진 인간 생존 조건의 위기를 초래한다. 더구나 플루토늄이나 플라스틱, 이산화탄소와 같은 사물은 인간의 사고나 의식과 단절된 지점에 축적되어 우리의 생존 조건을 확실히 무너뜨린다.

새로운 문제가 인간의 사유 과제로 제기된 것이다. 차크라바르티는 이 문제가 "세계를 경험하는 우리의 능력을 벗어난 보편성"과 관련된다고 주장한다. 이는 "공유된 파국 감각에서 생겨난 보편성"이다. 그러나 그가 말한 것처럼 여기에 출현하는 보편성은 특수를 포괄하는 전체로서의 보편성이 아니다. 인간 존재를 성립시켜 주는 토대 자체의 붕괴 위기가 보편적 과제로 공유된다는 것이다(Chakrabarty, 2009 : 222).

그러나 붕괴의 위기는 인간의 이해나 예견 능력을 넘어선다. 나아가 현재 붕괴의 위기는 현실화되지 않고 어디까지나 잠재적인 상태에 있다. 따라서 파국 감각이 공유될 수 없고 이를 보편적인 것으로 생각하는 것은 오해라고 말하는 사람들도 있다. 그러나 실제로 전면적인 파국이 벌어지든 아니든 우리가 살고 있는 세계가 그 신체와 연동된 감각적 영역에서 흔적의 축적으로 인해 존재 방식을 바꾼다는 점은 확실하다.

그런데 흔적의 축적이 생존의 조건을 무너뜨리는 것은 확실하지만, 이 현실을 부정하지 않고 그 위에서 함께 살아갈 조건을 만들면서 그 근거가 되는 것은 이 세계에 각인된 흔적 자체라고 할 수 있다. 흔적은 지구 규모의 조건으로 각인된 인간 현실의 업보지만, 다른 한편으로 이는 물체로 소멸하고 말 인간이나 사물 또한 이 세계에서 살아왔다는 사실의 확실성을 멈추게 하는 징표이기도 하다.

인간의 삶의 증거인 흔적은 사물로 소멸하고 나서 남긴 무언가이다. 직접 만질 수도 눈으로 볼 수도 없지만 잔향으로 느낄 수밖에 없는 것으로 실재한다. 그러나 흔적은 현재의 일상 세계의 외연에 해당한다. 일상적 의식이 미치지 않는 곳, 불가지적인 곳에 있다고 해야 할 것이다. 일상적 세계와 사물의 소멸이 일어나는 세계 사이에는 장벽과 같은 것이 있다. 소멸한 것의 세계는 그것이 남긴 흔적을 드러내고, 이를 일상 세계에서 느낄 수 있다. 흔적은 일상 세계와 이를 둘러싼 세계를 가르고 외연의 장벽으로 존재한다. 여기에 불가지성이 있다.

모턴이 시사한 것처럼 세계에서 불가지적인 것은 칸트가 말하는 물자체이다. 거기에는 "어디에도 없을 만큼 저편에 있던 사물이 공공연히, 그러나 수수께끼처럼 나타나면서 존재"(Morton, 2013a : 226)한다.

우리는 흔적을, 장벽 저편에서 이루어지는 부재의 것(거기에는 몇몇 인생도 포함된다)이 장벽 이편에 남긴 것으로 볼 수 있다. 일상 세계 이편과 저편의 세계 사이에는 장벽이 있다. 장벽이 가로막고 있다. 그리고 이편에 몸을 둔 인간은 세계 저편을 알 수 없다. 그 사이에는 벽이 있다. 따라서 저편의 세계에서 벌어지는 것이나 거기 사는 사람이 남긴 흔적은 장벽 저편의 것을 생각하기 위한 유일한 실마리가 된다.

심층 세계에서 쉬다

하먼은 인간의 의식에 앞선 넓은 세계를 '어둡게 은폐된 현실'이라고 표현한다. 《게릴라 형이상학》에서 그는 독립적 사물과의 만남과 상호 촉발이 생기는 감각적 매질을 중심으로 암흑의 세계를 고찰해 나간다.

감각적 매질을 둘러싼 고찰은 링기스의 저서에서 유래하지만, 사실 링기스는 감각적 매질을 공공권이라는 투명한 언어적 소통 영역과 구별 지어 이해했다. 하먼은 링기스가 말하는 감각적 매질을 인간의 의식이나 언어 소통과는 독립적인 객체적인 것과의 상호 작용이 벌어지는 곳으로 파악하고 이를 명확히 한 점에서 뛰어나다. 반면 감각적 매질을 공공권과 다른 곳으로 파악한 링기스의 시도를 충분히 다루지 못했으며, 전개하지도 못했다.

"우리는 사물 안에서 자신이 되며 자기 동일성을 확보할 수 있다."

링기스는 사물과의 관련 속에서 살아 있는 인간을 파악하고 사물과 인간의 접촉과 연관이 벌어지는 감각적 영역을 고찰했다. 그곳은 공공권과 구별될 뿐 아니라 세계가 공공권만으로 성립한다고 생각하는 한 닿을 수 없는 곳이기도 하다. 링기스는 그곳에 산다는 것을 다음과 같이 간명하게 말한다.

볕을 쬐고, 사유 재산을 마련하며 타인에게서 분위기를 빼앗고, 따스함을 독점하며, 자신의 존재를 지탱하는 토대 위에서 광범위한 사물을 누림으로써 자신을 구별된 무언가로 삼는다고 해서 강고해질 수는 없다. 눈에 들어온 빛은 인간으로서의 일관성을 무너뜨리고, 빛의 익명성은 그 사람의 눈에서 빛을 뿜는다. 사람은 육안으로 보는 것을 좇아 볼 뿐이다. 숲은 웅성거리고, 도시의 소란은 귀에 들어온다. 사람의 자세를 지탱하던 지면은 그 사람의 일관성을 무너뜨리고 탈인격화한다. 사람이 나무가 선 것처럼 서고, 땅 위에서 생식하는 생명처럼 걷고, 생명이 쉬는 것처럼 쉬고, 나아가 바위나 모래가 쉬는 것처럼 쉰다 (Lingis, 1998 : 19).

빛이나 분위기, 따스함은 나에게 속한 것이 아니다. 나는 분위기나 따스함을 독점할 수 없다. 독점함으로써 주변과 단절된 독자적 존재가 된다. 나의 나다움을 지켜 주는 활동은 단적으로 말해 빛이나 분위기에 대한 폭력이다. 오히려 나는 주변을 둘러싼 빛이나 소리가 침투하는 것을 허락함으로써 나다움을 무너뜨리고, 나를 주변으로 열어 타자와 만나고, 연결된다. 눈과 귀가 내 신체의 일관성을 벗어나 유기적 일체성을 이루는 상태에서 눈 자체, 귀 자체가 되며 빛과 소리를 받아들인다. 지면 또한 아래에서부터 나에게로 침투한다. 벌레나 나무, 바위나 모래와 마찬가지로 지면에 있는 존재인 나 또한 걷고, 쉰다. 걷는 나는 유기적 일체성을 스스로 무너뜨리고, 나를 둘러싼 감각적 매질에 침투당한다. 걷는다는 행위는 그 매질 속에서 벌어지는 한 벌레의 움직임이나 바위가 서 있는 것과 다르지 않다.

링기스는 내가 벌레나 바위와 연결되고 사물과 같은 영역에 속하게 하는 매질을 심층적인 것으로 생각한다. 심층적 영역에서 나는 바위처럼 쉰다. 혹은 이렇게 말할 수도 있을 것이다. 나는 바위와 동일하게 쉬면서 심층적 사물의 세계 내부에 들어선다고 말이다.

프레드 모튼은 "생활 세계와 사물의 지하 세계 사이의 차이가 지닌 근본적 위기"에 관해 "사물은 생활 세계에서 명확하고 노골적으로 나타나지만, 그 외연과 핵심에 있어서 시공간적 정위력을 드러낸다. 이리하여 사물은 지하 세계에 거주한다"(Moten, 2018 : 12)라고 말한다. 즉 지하 세계야말로 현실의 인간 세계를 지탱하고, 사물은 그 위에 존재한다. 그러나 사물이 인간에 대해 나타나는 것은 인간의 생활 세계 외연에서, 즉 경계에서 그러하다. 이 외연에서 인간은 심층적인 사물의 영역에 닿을 수 있다.

인간의 생활 세계가 인간이 사는 곳인 한 그곳은 지하와 구별된 경계이자 한정적 장소로 유지되길 요청받는다. 그래도 그곳은 지하 세계와 완전히 단절되지 못할 뿐 아니라 사실 그 표층 부분에 불과하다. 표층이 전부라고 생각할 때 인간은 사물이 둘러싸고 있다는 것을 망각하고 바위와 더불어 쉬는 존재라는 사실도 망각해 버린다.

제5장

인간의 각성
: 가라타니 고진

생태 위기 상황에서 현대적 사건은 인간이 정한 기존의 척도를 넘어 벌어지며 인간의 생활 세계를 압도한다. 이 현실을 받아들이면서도 인간 생활의 조건을 새롭게 구상하기 위해서는 인간에 앞서 존재하는 세계의 물질성, 사물성, 음향성, 객관성을 강조하고 세계 설정에 관한 사유를 시도하는 일이 매우 중요하다. 인간이 있든 없든 존재하는 세계를 파악하는 일. 인간의 삶, 인간의 경험 형식을 규정하고 좌우하는 것으로서 세계를 사고하는 일. 이것이 바로 이 책의 과제이다.

중요한 것은 현실에서 벌어져 온 사물성, 객관성을 부정하지 않고 오히려 이를 감각과 사고의 기점으로 삼는 것이다. 그렇게 언어를 새삼 발휘하고 교차시키고 공유하면서 기존의 공공권과 다른 집단적 방식을 모색한다.

이를 위해서도 이성적 토론을 위한 공간인 공공권의 폐역을 도출할 것이 요청된다. 그러나 이는 그 바깥이 아닌 아래쪽, 심층으로 향한다는 것을 의미한다. 세계로 내려와 서는 것이다. 이는 인간의 존재에 앞선 세계의 존재를 느끼는 일이다.

1980년대는 과다 정보의 공공권 속에서 정보의 흐름에 민감하고 유행을 좇는 일이 세계의 현실을 느끼고 이해하는 것이라고 보던 시절이다. 이를 보완한 이들이 푸코나 데리다 혹은 들뢰즈 같은 프랑스 철학자들이다. 이들의 사상이 읽히고 이야기되고 소비되면서 세계의 현실은 표층적인 것으로 이야기되었다. 그런데 텍스트, 기호의 유희로 현실을 파악하면서 무시한 것이 사물의 세계가 가진 실재성이다. 일찍이 영문학자이자 건축과 도시, 그리고 미래 환경학을 사고해 온 미요시마사오(Miyoshi Masao, 1928~2009)는 하이브리드를 필두로 문화 연구라는 말 또한 세계의 사물성을 애매하게 하고 현실의 여러 모순을 부정한다고 말했다("빈곤, 억압, 저항 등의 물질적 장애가 추상적인 번짐과 얼룩짐 속에 해체되고 제거되었다. '하이브리드성'이나 '담론'과 같은 말의 인기는 이로부터 유래한다")(Miyoshi, 2010b : 154). 미요시의 사물에 대한 관심은 과다 정보의 공공권과 현실 감각을 둔화시키는 사상적 유행어의 공허한 표층성에 대한 이면이다.

교토부립식물원에서

2019년 5월 중순 나는 교토부립식물원에 갔다. 그날 그곳에서는 '살아 있는 정원'이라는 예술 이벤트가 개최되었다. 큐레이터의 목표는 미술관과 다른 곳에서의 전시이다. 예쁘고 다양한 그림이 걸려 있을 것이라고 상상했지만 그렇지 않았다. 그날 주제 중 하나는 태풍 이후의 식물원이었다. 나무가 쓰러지고 생생함이 소멸하고 그곳에 멈춰진 상황이란 무엇인가를 묻는 회화나 설치 미술 작품이 전시되었다.

특히 태풍 이후라는 상황에 끌려들어 가는 느낌을 받았다. 2018년 9월 4일의 태풍은 간사이 일대를 직격하여 나무가 쓰러지고, 지붕이 날아가고, 간사이국제공항을 파탄했다. 맹위를 떨친 이후 내가 살던 도요나카시에 있는 하라나카 신사의 잔디가 누워 있는 방향을 보면 우리가 그저 자연을 잊고 산 것이 아닌가라는 생각이 들었다. 나는 식물원에 전시된 작품에서 맹위와 더불어 비밀스럽게 존재할 수 없게 된 자연을 망각하고 그와 더불어 살아가고 있다는 메시지를 얻었다. 각각의 작품은 보잘것없고 확신에 차 있지 않았음에도 흠이라고는 없는 훌륭한 작품들이라는 점에서 확실히 강렬함을 느낄 수 있었다.

그곳에서 새삼 느낀 것은 인간의 생활이 자연 세계에 둘러싸여 있다는 점이었다. 자연은 가모가와 지역에 있던 다이몬

지산 근처의 넓은 들판처럼 구체적이다. 보통 인간은 거기에 붙어 생활 감각을 연마하고 공존의 기법을 감성적으로 안다. 그리고 이 공존의 기술과 더불어 생활의 장이 부지불식간에 형성되지만 이는 늘 자연과의 접촉 속에서 이루어진다. 그런데 어느샌가 우리는 이를 망각한다. 예를 들면, 재해 이후 도호쿠 해안 지역의 제방에서 바다와 벽을 친 곳의 넓은 땅에 공허하게 노출된 구조물처럼 자신의 생활 세계가 파탄된 것에 대해 공포를 느끼면서도 자연을 망각하고 만다. 자연은 소외되지 않는다. 다만 잊히고 없는 것처럼 등한시될 뿐이다.

그렇다고 전시장을 방문한 모든 사람이 나와 동일한 바를 느낀 것은 아니다. 혹은 이 전시를 비판적으로 파악한다. 이 비판이 완전히 무의미하다는 것이 아니라 중요한 지점을 포함하고 있다는 점에서 잘 생각해 보아야 할 것이다. 나는 전시에서 의도적으로 보여 준 것이 어딘지 모르게 평탄하고 전시의 깊이를 느낄 수 없는 도식적 논의라고 생각했다. 나는 어떤 장벽과 같은 것을 느꼈지만, 그것이 반드시 불모의 장벽은 아니고 차분히 생각해야 할 것이라고 본다.

그 사람들의 말은 대강 다음과 같은 것이었다. '살아 있는 정원'이라는 것이 있다면 일상적으로 식물원에 오는 내방객이나 식물원의 시설을 보호하는 사람들(식물학자, 청소부, 매표원 등)에게 초점을 맞추지 않는다. 이들의 존재는 아름다운 식물원의 풍경, 작품과 작가에 의해 비가시화되고 사라진다.

나아가 식물원에 얽힌 역사(만국박람회 구상, 다이쇼 천황과의 관계, 그리고 연합군 최고 사령부)가 드러나지 않고 탈역사화된 자연만이 남아 있게 되었다.

이런 견해에 관해 어떻게 대답할까? 우선 역시 '살아 있다'는 것을 어떻게 볼 것인가에 관한 의견 차이가 있음을 지적할 수 있다. 생각하기에 '살아 있는 정원'은 정원이라는 공간을 활기차게 운영한다는 말이 아닐까? 내 생각에 정원이든 광장이든 인간 세계에 형성되어 온 공간 자체는 활기가 부여된 곳이기도 하지만 죽은 곳이기도 하다. 여기서 말하는 공간의 삶과 죽음이란 인간이나 동물 혹은 식물 같은 복수의 생명체가 사는 곳에 살아 있는 삶과 죽음이기에, 이는 기미나 분위기처럼 거기에 살아 있는 어떤 질감의 정도를 의미한다. '살아 있는 정원'은 식물원을 하나의 정원으로 보고 이 정원이라는 공간에 예술을 창출하는 활기를 불어넣으려는 시도이다. 매표원이나 청소부 또한 이 정원 자체가 활기를 띠는 속에서 평상시와는 다른 삶을 체험할 수 있고, 내방객 또한 보통의 장미나 식물원 혹은 곤충 박물관을 볼 때와는 다른 체험을 할 수 있다.

이처럼 서로 의견은 다를 수 있지만 어떤 의견이 옳은가를 결정하는 것은 그다지 생산적이지 않다고 생각한다. 중요한 것은 일상의 인간 세계에서는 나와 다른 감각의 사람이 존재하고 이로 인해 장벽이 발생한다는 점이다. 더구나 이 장벽은 내가 사는 세계에 존재한다. 이 장벽에서 나는 나의 사고와 무관한 곳에 사는 이들이 있고, 내가 이해하기 어려운 것을 생각하는 사람이 있다는 현실에 직면한다. 생각한다는 것은 이를 통해 살아 있는 장벽이란 무엇인가, 장벽이 살아 있음을 어떻게 받아들일 것인가라는 문제이기도 하다.

가라타니 고진의 '시차'

일상적 인간 세계에 사는 한 인간은 자신의 시점과 타인의 시점이 다를 수 있음을 부정하더라도 이를 경험하게 된다. 이 차이를 사고한 사람이 가라타니 고진(柄谷行人, 1941~　)이다. 시점의 차이를 둘러싼 가라타니의 사고에서 중요한 것은 칸트의 철학이다.

가라타니도 문화 연구나 공공권론을 필두로 하는 상대주의적 경향에 비판적이다. 그의 경우 이 비판을 칸트로의 회귀를 통해 수행한다. 가라타니 생각에 칸트는 "우리가 의식하지 못하는 것처럼 경험에 선행하는 형식을 명확히 하고자" 했다. 가라타니는 이것이 인간의 주관성으로 수렴되지 않는 '물자체'에 대한 것이기에 경험에 선행하는 형식은 단순히 반성에 의해 제거될 수 없는 '초월론적 가상'이라고 했다. 가라타니는 초월론적 가상이 '외적이고 객관적인 세계'와의 관련 속에서 형성된다고 말한다.

외적이고 객관적인 세계를 둘러싼 고찰은 《트랜스크리틱》 일본어판(2001)뿐 아니라 영어판(2003)에서도 볼 수 있다. 일본어판에서 가라타니는 칸트가 자신의 기획을 '코페르니쿠스적 전회'로 불렀다는 점에 주목한다. 칸트의 '코페르니쿠스적 전회'는 보통 외적 대상을 주관이 외계로 '투사하는' 형식에 입각해 구성하는 일을 가리키는 것으로 수용되어 왔다. 하지만 가라타니가 보기에 세계를 둘러싼 인간의 사고를 천동설에서 지동설로 바꾼 코페르니쿠스는 주관적 사고를 부정했으며 칸트는 이를 충실히 실행하지 않았다는 것이다. 그리고 가라타니는 "칸트의 '물자체'라는 생각이야말로 이런 의미의 '코페르니쿠스적 전회'가 표현된 것이다"(柄谷, 2010a : 48)라고 말한다. 그리고 영어판에서는 "특히 외적이고 객관적인 세계와 관련이 있는 주관의 수동성을 강조하는 지점에서"(Karatani, 2003 : 29) 칸트의 물자체라는 사고가 나타난다고 쓴다.

가라타니는 나의 주관의 존재와 무관하게 앞서 있는 것을 '객관적 세계'라고 표현한다. 가라타니 자신은 물자체에 관한 고찰을 세계의 객관성 방향에서 철저히 파악하지 않고, 오히려 인간의 도덕적 '신뢰'를 지탱하는 통일된 이념이라는 의미에서 '초월론적 가상'으로 생각한다. 가라타니는 "보편적 도덕 법칙에 입각해 사는 사람은 현실에서는 비참한 일을 겪

을 것이다. 인간의 불사와 신의 판단이 없는 한 이는 부조리
하게 종결될 따름이다. 따라서 칸트는 그러한 '신뢰'를 통일
된 이념(초월론적 가상)으로 인정한다"(柄谷, 2010a : 79-80)라
고 말한다.

그러나 인간이 있든 없든 존재하는 세계를 고찰할 수 있다
하더라도 외적이고 객관적인 세계는 가상이나 이념 같은 인
간의 신뢰를 지탱하는 것과 무관하게 그 자체로 존재하는 것
이 아닐까? 세계는 인간의 사고를 표현하는 언어나 음성과 관
계없이 존재하고, 인간이 만들어 낸 공공권과도 관계없이 존
재하며, 거기서 교류되는 다양한 의견과 정보, 가짜 뉴스와도
관계없이 존재한다. 따라서 인간의 말의 왜곡과도 무관하게
존재하며, 오히려 말의 왜곡 작용에 저항할 수 있는 확실성과
더불어 존재한다고 해야 할 것이다.

사실, 세계의 객관성을 둘러싼 가라타니의 감각과 사고는
《트랜스크리틱》에서의 칸트에 대한 독해에서 출발한 것이 아
니다. '초월론적 가상'이나 '통일적 이념'과 같은 칸트 철학
의 개념과 무관한 지점에서 시작한다. 《은유로서의 건축》에
수록된 글인 〈거울과 사진 장치〉(1982)에서 그는 세계의 객
관성을 사진이나 녹음기 같은 복제 기술과의 연관 속에서 사
고한다.

대개 누군가에게 자신의 목소리로 시작되는 테이프를 들려준

다면 견디기 어려울 정도로 싫다는 느낌을 받을 것이다. '저건 내 목소리가 아니야'라는 생각과 '저게 내 목소리다'라는 생각이 교차한다. 그런 생각은 모두 올바르며 우리는 그 결정 불가능성 속에서 착란을 일으킨다. …… 초상 사진이 출현했을 때도 사람들은 같은 것을 느꼈다. 사진이 출현할 때까지 인간은 자신의 얼굴을 거울(수면에 비친 모습)로밖에 볼 수 없었기 때문이다. 사진은 거울과 다르다. 상식적으로 말해 사진에 찍힌 나의 얼굴은 거울에 비친 내 얼굴과 좌우가 바뀌었다. 더구나 그것은 초상화가 아니며 유무를 가지지 않는 어떤 '객관성'을 지니고 표현된다. 그것은 누구의 것도 아닌 시선이다. 이 '객관성'의 위상은 사진 기술의 출현까지 인간이 경험해 보지 못한 것이다(柄谷, 1989 : 158).

가라타니는 이 글에서 칸트를 논하지 않는다. 그런데 《트랜스크리틱》에서 논하는 세계의 객관성을 발견하는 기본 아이디어는 이미 이 글에 나와 있다. 그것은 목소리와 얼굴이 존재하는 세계(주관적 세계)와 알 수 없는 소리가 흐르고, 얼굴을 볼 수 없는 세계(객관적 세계) 사이에 장벽이 있고, 사람은 이 장벽에 두려움을 느낀다는 것이다. 테이프가 재생하는 나의 목소리와 사진에 찍힌 나의 얼굴은 직접 들리는 목소리나 직접 본 얼굴과는 다르다. 중요한 것은 나의 신체에서 직접 나온 목소리와 나를 벗어난 곳에 있는 기계 장치에서 나온 목소리 사이에 장벽이 있고 어긋남이 있다는 것이다. 이 장벽에서 우리는 세계의 객관성을 느낀다. 이는 나의 주관적 의식에 침투한 일상의 생활 세계 외부에 있는, 유무를 따질 수 없는 세계의 객관성이다.

시차에서의 세계

《트랜스크리틱》에서 가라타니의 칸트 독해 중 중요한 것은 《형이상학적 꿈으로 해명된 영혼을 보는 자의 꿈》(1788)이다. 이는 1759년 7월 19일에 일어난 스톡홀름 대화재를 예언한 영혼을 보는 자인 에마누엘 스베덴보리(Emanuel Swedenborg, 1688~1772)에게 매료된 칸트가 쓴 논고이다.[19]

가라타니가 이를 중시하는 것은 칸트가 영혼을 보는 자, 즉 예언을 일종의 몽상이나 뇌 질환 내지 정신착란으로 생각하거나 스베덴보리의 지식을 부정하지 않았기 때문이다. 가라타니는 이렇게 말한다.

유령이라는 초감성적인 것을 감관으로 받아들이는 것은 많은 경우 대개 상상(망상)에 불과하지만, 그중에는 망상으로 결론 나지 않는 경우가 있다. …… 칸트는 이를 인정하지 않을 수 없었다. 그러나 동시에 부정하지 않을 수도 없었다(柄谷, 2010a : 71).

여기서 주목해야 할 것은 가라타니가 스베덴보리의 예언을 인정하면서도 부정한 칸트의 자세를 중시한다는 점이다. 미래에 일어날 수 있는 사건에 관한 예언을 인정하면서 부정한다는 것은 어떤 말일까? 가라타니는 확실히 논하지 않지만, 그가 말한 바를 해석해 보면 다음과 같다.

미래에 일어날 수 있는 화제에 관한 예언, 이와 같은 것이 화재 발생에 선행하여 존재할 뿐 아니라 정말 화재가 일어나는 현실을 받아들이고 스베덴보리를 예언자로 인정하면서 그가 이후 말한 모든 것을 진짜로 받아들인다. 어쩌면 적당한 사고가 부여된 말이 가끔 현실화된 것에 불과한 것이 아닐까라고 생각할 수밖에 없을 것이다.

이에 비해 예언을 부정하는 것은 그것이 망상이자 혹은 그저 생각에 불과한 것으로 간주되는 결과를 의미한다. 그 경우 인간의 지식에는 절대적 한계가 있고 인간의 일상 세계를 둘러싼 광대한 세계에서 벌어질 미래의 예견이란 절대적일 수 없다. 어쩌면 예언은 이 삶이 허락하는 범위, 즉 일상적인 생활 세계의 범위에서 가능한 인간 사고의 한계를 넘어선 곳에 펼쳐진 세계와 관련될지도 모른다. 즉 일상 세계 외적인 곳에 살아 있는 무언가의 감촉과 징조를 느끼고 이를 언어화하는 것을 뜻한다. 스베덴보리는 일상의 외연을 느낄 수 있는 인간이었지만, 이 감각은 일상 세계 속에 살고 생각하는 사람에게는 떠오르지 않는 곳에서 나타난다. 시차는 여기서 생겨나지만, 예언을 부정하는 사람은 그 시차의 존재를 무시할 뿐 아니라 부정한다.

그런데 가라타니는 시차에 관한 고찰을 '현상에 대한 인식의 보편성'의 성립 조건으로 전개한다. 즉 개별 주관적 인식이 어떻게 보편적인 것으로 통합되는가라는 인식론적 문제를 물음으로써 시차 개념이 도출된다. 이에 비해 나는 시차에 관한 고찰을 나를 포함해 사람이 사는 곳을 지탱하는 세계란 무엇인가를 고찰하기 위한 질문으로 재구성한다. 묻는 것은 현재 일상적인 이 세계를 사는 복수의 개별 주관이 어떻게 통합되는가라는 것이 아니다. 오히려 '자신의 시점과 타인의 시점 차이(시차)에서 드러나는 현실'과 같은 것이다. 여기서 우리는 세계의 실상에 닿는다. 덕분에 복수적 주관의 통합이 아닌 여기의 살아 있는 차이(시차)를 유지하는 것이 매우 중요하다.[20]

혹은 이와 같이 물을 수도 있다. '시차'와 더불어 생기는 것은 무엇인가? 그것은 같은 영화를 보거나 같은 사건을 마주하고도 나의 시점과 타인의 시점이 각각 다른 측면을 파악하는 것이다. 그러나 여기서의 질문은 나와 타인이 의사소통을 할 수 없는 상태를 어떻게 뛰어넘을 것인가라는 점이 아니다. '시차'로 벽이 세워지더라도 같은 영화를 보거나 같은 사건을 마주했을 때 일제히 생겨나는 것의 기묘함을 어떻게 볼 것인가이다.

스베덴보리는 일상을 사는 사람들의 시각 바깥에서 세계를 느낀다. 즉 이 세상의 외부에 있다. 어쩌면 '시차'로 벽이 쳐진 곳에 있는 타인은 이 세상에 속하는 사람이 아닐지도 모른다. 이 세계의 바깥, 저편에서 물체로 변해 버린 사람들 또한 타인이며, 자신, 즉 이 세상 속에 시점을 유지하고 있는 이들과 장벽을 사이에 두고 있다. 혹은 이 세상에 몸을 두고 의식은 저세상에서 방황하는 사람들도 어쩌면 일상 세계의 바깥에서 타인으로 존재할지도 모른다.[21]

칸트가 말하는 물자체는 장벽 저편에 있다. 장벽 안쪽에 있는 인간의 시점에서는 파악할 수 없는 곳에 존재한다. 칸트는 장벽 저편의 시점과 이편의 시점 간 통합을 생각한 것이 아니라 거기에 그 장벽이, 곧 시차가 있음을 확인하고자 한 것이다.

이전에 나는 일반적 인간 이성을 단순히 나의 이성의 입장에서 고찰했다. 오늘 나는 자신이 아닌 외적 이성의 위치에서 자신의 판단을 가장 은밀히 동기 짓더라도 타인의 시점에서 고찰한다. 양쪽의 고찰을 비교하는 것은 매우 강한 시차를 일으키겠지만, 이는 광학적 기만을 피하고 모든 개념을 인간성에 관한 인식 능력에 대해 확립된 진정한 위치에 두고자 할 때 유일한 수단이다(ibid., 73).

이 지점에서 가라타니는 자신 이외의 타인의 시점을 존중하여 타인의 시점에서 사물을 보는 온당한 결론을 이끌어 내는 것이 아니라 자신과 타인의 시점 간에 벽이 있다는 점에서 적극적인 통찰을 이끌어 낸다.

그리고 가라타니는 칸트가 말하는 타인의 시점이 어떻게 이루어지는가를 카메라나 테이프 녹음기라는 기계 장치를 예로 들어 설명해 나간다. 이 설명은 보통 철학 연구의 시점에서 보자면 굉장한 곡예비행이다. 칸트의 시차를 스마트폰과 SNS가 일상에 침투한 인간의 사고와 감각, 나아가 세계의 존재 방식을 다시 묻는 현대적 상황에서 생각하는 것은 참으로 적확하다.

사진이 발명된 무렵 자신의 얼굴을 본 이는 테이프 녹음기로 처음 자신의 목소리를 들은 이와 마찬가지로 불쾌함을 막을 수 없었다고 해야 할 것이다. 거울에 반사된 것에는 어떻든 타인의 시점에 서는 공범성이 있다. 우리는 때마침 자신의 얼굴을 보지 않을 수 없다. 더구나 거울은 좌우가 반대이다. 한편 초상화는 확실히 타인이 그린 것이지만 만일 그것이 불쾌하다면 화가의 주관(악의) 때문인 것으로 볼 수 있다. 따라서 타인이 어떻게 묘사하더라도 나는 놀라지 않았다. 그런데 사진은 이와는 이질적인 객관성이 있다. 거기에 누가 찍히든 초상화의 경우와 달리 그 주관성을 말할 수 없기 때문이다(ibid., 73-74).

사진이나 음성 데이터에 직면할 때 사람은 자신의 모습이나 목소리가 타인의 시점에 기반하여 파악될 수 있다고 느끼는 것이 아니라, 자신과는 다른 타인의 시점이 이 세계에 존재한다는 것, 타인의 시점을 유지하면서 살아가는 사람이 현실에 존재한다고 느낀다.

나와는 다른 사람인 타인의 시점에 기반해 내가 파악되는 것이다. 더구나 이들 타인의 시점은 카메라나 녹음기처럼 내가 무언가를 생각하는가에 아랑곳하지 않고 제멋대로 파악된다. 내가 거기에 있는 한 타인의 시점이 나의 것을 파악해 나간다. 그리고 내가 어느 정도 거기에서 사라지더라도 카메라나 녹음기가 잡은 영상이나 목소리처럼 나의 잔상은 나의 주관이나 의식과는 무관하게 타인의 시점에서 파악된 상태, 즉 '객관성=타자성'으로 잔존한다.

나아가 중요한 것은 자신과는 다른 타인 속에 신령자라는 평범하지 않은 인간도 있다는 것이다. 칸트가 '자신이 아닌 외적 이성'이라고 쓸 때 염두에 두는 것은 어쩌면 스베덴보리였을 것이다. 스베덴보리가 유지한 시점은 일상적인 생활 의식을 넘어선 곳에 미친다. 이 점에서 이 시점과 자신의 시점 비교에서 나온 시차가 강렬해진다. 이 강렬함으로 인해 속속들이 드러난 현실의 강도 또한 강렬하다.

스베덴보리는 일종의 카메라, 녹음기로 존재한다고 볼 수 있다. 그것은 인간일 수밖에 없는 기계가 된 '어떤 객관성=

타자성의 침투'와 마찬가지 것을 살아 있는 심신에 새긴 것이다.

카메라와 녹음기의 정밀도가 높아지고 이를 광범위하게 소유하게 된 현대에는 '객관성=타자성'의 도입 자체가 일상화되었다고 볼 수 있다. 하지만 디지털 시대에 촬영된 영상은 디지털로 가공된다. 즉 사진의 객관성은 주관화되고 만다. 그래도 당연히 디지털로 처리되지 않은 채 만나는 사진에는 객관성이 있다. '객관성=타자성'은 일상성에 묶인 의식에는 본래 없던 익숙하지 않은 것이다.

칸트의 물자체

가라타니는 시차와의 연관에서 칸트의 물자체를 사유한다. 어쩌면 칸트의 물자체를 둘러싼 고찰은 21세기의 사상적 전환에 있어서 재평가되고 있는 것 같다. '현상(우리에게는 모든 존재)에 수반되는 물자체가 존재한다고 주장하는' 사람인 칸트가 재평가되고 있는 것이다(Bryant, 2011 : 37).

메이야수가 《유한성 이후》(2006)에서 자신의 철학을 전개할 때 참고한 것도 역시 칸트, 더구나 물자체에 관심을 기울인 칸트이다. 메이야수는 칸트가 정한 틀에 관해 "언명과 대상의 일치는 '그 자체'로 상정된 대상과 표상과의 '일치' 내지

'유사'로 정의되지 않는다. 왜냐하면 이와 같은 '그 자체'는 도달 불가능하기 때문이다"(Meillassoux, 2008 : 4)라고 간단히 말한다. 여기에서 인간이 사고를 발휘한 언명이나 인간의 사고와는 관계없이 인간이 도달할 수 없는 무언가인 '그 자체'가 구별된다. 나아가 '그 자체'로 존재하는 무언가는 인간의 사고로는 도달할 수 없는 곳에 있지만, 적어도 칸트의 논의에 따르면 '그 자체'로 존재하는 무언가가 전혀 존재하지 않는다고 할 수는 없다.

메이야수가 문제 삼는 것은 칸트가 그 존재를 부정하지 않던 물자체가 과학적 담론 위에서 없는 것처럼 되고 만다는 것이다. 메이야수는 인간의 사고가 형성되는 주관적 표상에는 두 가지 종류가 있다고 말한다. 하나는 보편화가 가능한 '권리상 누구나 실천을 통해 검증이 가능한' 과학적 표상이다. 다른 하나는 보편화할 수 없기에 과학 담론의 일부가 될 수 없는 유형의 표상이다. 칸트가 살던 시대 이후 전자인 보편화 가능한 표상이 우세하게 되었지만, 이에 관해 메이야수는 "간주관성, 즉 어떤 공동체에 대한 동의가 독립적인 주체의 표상과 사물 자체와의 일치로 벌어지는 대신, 그것이 객관성의 진정한 기준, 특히 과학적 객관성 기준의 지위를 얻게 되었다"(ibid., 4)라고 간단히 말한다.

한 사람의 독립된 주체가 도달 불가능하더라도 존재한다고 생각하는 무언가가 있다 해도 과학 공동체 속에서 생각하고 논의하는 사람이 많아짐에 따라 그것은 없는 것이 되어 버린다. 공동체에서 유통되는 과학 담론에 입각해 생각하고 말하는 사람은 그 자체로 존재한다고 이야기되는 무언가에 닿을 수 없을 뿐 아니라, 이를 이 세상에 없는 것으로 생각해 버린다.

가라타니는 칸트가 말하는 물자체를 자신의 시점과 타인의 시점 간의 시차에서 드러나는 현실로 생각한다. 그리고 가라타니는 독일에서 영국으로 갔을 때 마르크스를 충격적으로 받아들이면서 확실히 이것이 현실이라고 했다. 그런데 그가 말하고자 한 것은 독일이라는 공동체에서 영국이라는 다른 공동체로 거주지를 바꿨다는 것이 아니다. 독일이라는 공동체가 아닌 영국이라는 공동체에 없는 것, 그 차이, 그 간극에서 무언가 알 수 없는 바를 접했다는 것이다. 즉 가라타니도 공동체 내에 들어가 거기에 안주하는 한 만날 수 없던 물자체를 생각한다.

그러나 가라타니는 물자체를 말하면서 '타자성'을 인식해야 한다고 반복한다. 그것이 메이야수와 다른 점이다. 메이야수는 공동화되지 않은 독립적인 나의 내성에 연관된 물자체를 제시하는 반면, 가라타니에게 "중요한 것은 사물이든 타자든 그 타자성"이다.

이는 어떤 신비한 것이 아니다. 칸트의 물자체에 입각해 우리가 선취할 수 없는, 그리고 솜씨 좋게 내면화할 수 없는 타자의 타자성을 의미한다(柄谷, 2010 : 78).

여기서 말하는 것은 물자체든 타인의 시점이든 타자로 존재한다는 점이다. 물론 물자체와 타인의 시점을 같은 수준에 존재하는 것으로 볼 수는 없다. 물자체와 타인의 시점은 구별될 필요가 있다. 타인의 시점은 나의 시점과 마찬가지로 타인이라는 인간에 속하는 것으로 유지된다. 즉 물자체에 접근할 수 없고 그 현상에 대한 표상 이상의 것을 얻을 수 없다. 물자체는 직접 경험할 수 없는 것으로 존재한다. 그런 한 나의 시점과 동일하다. 이에 비해 물자체는 나와 타인의 표상 작용과 무관하게 그 자체로 존재한다. 나와 타인을 속박하고 내용을 부여하는 무언가로서 경험에 앞서 그 자체로 존재하는 것이다.
　가라타니는 타인의 시점도 물자체처럼 존재한다고 생각한다. 이것이 가라타니의 독자적인 지점이라고 할 수 있지만, 이는 대체 어떤 것인가?
　이는 우선 타인의 시점 또한 나에 의해 선취되지 않고 내면화될 수 없는 것으로 존재한다는 말이다. 즉 나의 시점을 벗어나지 않고 그 자체로 알 수 없는 것이 존재한다. 타인의 시점이 나의 주변에 있는 경우에도 그 알 수 없음, 수수께끼, 타자성은 소멸하지 않는다. 가까운 사람이라도, 같은 국민이라도, 같은 세대 사람이라도, 출신이 같아도 타인의 시점이

가진 타자성은 소멸하지 않는다.

그래도 타인의 시점이 나의 시점과 시차를 만들어 내는 것으로 존재하는 한 나의 시점과 완전히 무관한 상태로 존재하는 것은 아니다. 타인의 시점과 나의 시점은 겹쳐지면서도 다르다. 거기에는 시차가 있고 장벽이 있다. 그리고 이 장벽을 통해 무언가가 드러난다. 이때 타인도 나도 무언가에 닿을 수밖에 없지만, 여기에 닿은 무언가를 어떻게 생각할 것인가라는 물음이 남는다.

비인간적인 것의 드러남

가라타니는 "간단히 말해, 초월론적인 태도란 우리가 의식하지 못하거나 경험에 선행하는 형식을 명확히 하는 것이다" (柄谷, 2010a : 14)라고 말한다.

그리고 가라타니의 생각에 이는 나의 시점과 타인의 시점 간의 '시차'에서 초래된다. 그는 나와 나 아닌 타인과의 시점 간의 어긋남, 엇갈려 열린 장벽이 인간이 살아가는 조건이라고 말한다. 이는 이 세계에서 자신의 시점만이 아닌 타인의 시점도 존재한다는 것을 어떻게 생각할 것인가라는 문제이다.

경험에 앞선다는 것은 나의 평범한 생활 의식에는 들어오지 않는다. 내 속에 들어오지 않는 것이다. 그래도 이는 나를 현실적으로 떠받친다. 거기에는 타인이 있다. 타인이 있음으로써 시차가 발생한다. 가라타니의 생각에 시차를 통해 현실이 드러난다. 그는 "자신의 시점에서 본 것도 타인의 시점에서 본 것도 아닌, 이들 차이(시차)로부터 드러난 '현실'에 직면한 것"이라고 말한다. 그는 여기서 암시하는 '현실'을 "경험에 선행하는 형식"이라고 말한다. 이 형식과 관련하여 내가 내면화하고자 해도 그것이 동일화가 불가능한 '타인의 시점'을 유지하는 사람의 공간 또한 현실에 존재하는 것이다. 다시 말해, '시차의 공간'으로 생각할 수 있다. 이는 어떤 시점에 있더라도 내면화할 수 없는 공간이자 단일한 척도를 따르지 않는 공간이다. 내면화됨으로써 그 존재의 확실성이 확정되는 공간이 아니라 나의 시점과 타인의 시점 사이의 시차, 장벽, 낙차로 인해 그 존재가 어슴푸레해짐을 암시하는 공간이다.

시차의 공간은 일상 세계를 넘어서거나 그 심층에 존재한다. 시차의 공간은 나의 시점과 타인의 시점 '사이'에 있는 것이 아니다. 나의 시점과 타인의 시점 어느 쪽도 아닌 불가지적이고 불분명한 영역이 존재함을 드러내는 공간이다. 바꿔 말해, 시차의 공간은 불가지의 영역이 드러난 공간이다. 나, 다른 나인 타인, 그리고 나와 타인이 생각을 공유하면서 형성된 공공권을 벗어나 펼쳐진 세계의 현실이 드러나는 공간이다.

차크라바르티는 칸트 철학에서 인간상이 '늘 온화한 기후'를 배경으로 하는 점에 주목한다. "그가 상정하는 인간은 최후

의 빙하기가 끝난 후에만 존재한다"(Chakrabarty, 2016 : 385)
는 것이다. 따라서 칸트에게 인간은 자신의 동물적이고 인간
적이지 않은 측면을 벗어나 이성적이고 사교적인 존재로 생
각된다. 인간이 서로 이해 가능한 시점 사이의 차이를 극복한
공공권에서 살아가고 있다는 생각은 사실 칸트에게서 유래한
것이다. 차크라바르티는 기후 변동으로 불안정하게 된 세계
를 생각하려면 칸트가 정식화한 인간상, 나아가 사회상으로
는 불충분하다고 주장한다. 기존의 인문학에서는 인간 사이
의 정의나 윤리가 중요했지만, 이는 인간 중심의 가치관이었
다. 그는 인문학 및 인간 과학은 인간 중심주의를 극복하고
"인간 세계를 인간 없는 관점에서 볼 수 있어야 한다"고 말한
다. 여기에 요구되는 것은 지금 유럽을 넘어 글로벌하게 공유
된 인간 중심주의적 가치관을 묻는 것이지만, 그는 이미 칸트
철학이 기본으로 설정되어 있다고 생각한다.

그러나 칸트가 주목한 스베덴보리의 심신은 이성적이고 사
교적인 인간이 사는 온화한 세계 바깥에 펼쳐진 불안정한 세
계로 향한다. 스베덴보리의 예언은 우리가 살아가는 세계의
'객관성=타자성'을 드러내는 비인간적 작품의 선구일 것이
다. 스베덴보리의 예언을 부정하지 않은 칸트는 사실 인간 중
심적인 척도로 정해 놓은 세계 설정을 벗어나는 인간 없는 시
점에 관해 생각해 왔을지도 모른다.

이는 인간적 척도를 의심하는 것, 인간적 척도로 규정된 세

계 자체에 요동을 일으키는 것을 의미한다. 그중 하나가 인간적 척도로 정해진 세계 속에 은밀하게 들어가 있는 비인간적인 것을 드러내는 일이다.

디지털한 일상 세계와 황폐한 현실 세계

보통 우리는 일상에 몰두해 살아간다. 인간적인 것으로서 자기 완결적인 일상의 생활 세계 바깥의 것은 생각하지 않는다. 예를 들면, 일상 세계에서 거주지의 악화를 느끼고 세계의 종말에 관해 생각하고 어떤 세상을 생각하더라도, 그저 저편의 것이거나 기분에 불과하다거나 하는 식으로 쉽게 간과해 버린다. 그러나 일상적 거주지의 악화는 반드시 주관적 생각의 문제에 그치지 않는데, 이는 사실상 세계의 성립에 대한 현실 설정의 문제와 연관되기 때문이다. 일상은 파탄 나지 않는다고 믿게 마련이다. 광기나 증오가 증폭되어 일어난 전쟁 상태나 무차별 살인 사건 혹은 폭발적인 자연의 맹위나 수수께끼와 같은 바이러스 만연으로 벌어지는 파국은 절대로 없다고 믿게 마련이다. 그렇게 믿는 것은 무리일 것이다.

일상에서 느끼는 거주지의 악화 요인을 뒤쫓기 위해서는 이에서 벗어날 필요가 있다. 1999년 영화 〈매트릭스〉[릴리 워쇼스키(Lilly Wachowski, 1967~   )와 라나 워쇼스키(Lana

Wachowski, 1965~) 감독]의 네오는 철저하게 인공화된 일상적 환경에서 온 수수께끼의 메시지를 주고받는 모피어스와의 만남을 계기로 자신이 살아가는 현실 세계가 AI에 의해 자동 생성되는 가상 현실임을 알게 된다. 21세기 초 AI가 고도로 발달하고 단일한 의식을 지니게 된다. 여기에 위기를 느낀 인간은 AI의 동력원을 차단하고자 지오엔지니어링 기술을 활용하여 태양 에너지가 지구에 도달하는 것을 막지만 이로 인해 인간 문명도 소멸한다. 결과적으로 AI가 인간에게 승리하고 인간이 내뿜는 생체 에너지와 핵에너지를 동력원 삼아 새로운 문명 세계를 만든다.[22] 여기서 인간은 AI가 만든 문명 세계의 노예에 불과했지만 AI가 생성하는 가상 현실에서 노예로 살아가는 현실을 모른 채 꿈속에서 살아간다.

어쩌면 이런 문장을 쓴 나도 이 책을 읽고 있는 당신도 '매트릭스'라는 이름의 장치가 생성하는 가상 현실에서 살아가는 것일지도 모른다. 그러나 〈매트릭스〉는 SF이며, 영화 속 사건이다. 우선 이렇게 생각해 두자. 그렇다면 〈매트릭스〉를 현실의 설정과 관련해 사고하기 위한 작품으로 파악할 수 있다. 슬라보예 지젝(Slavoj Žižek, 1949~)은 《시차적 관점》(2006)이라는 저작(이는 사실 가라타니 고진의 저작에서 시사를 얻은 책이다)에서 이 작품에 관해 다음과 같이 말한다.

모피어스의 유명한 대사인 "현실의 불모성이야말로"는 매트릭스의 바깥에 있는 현실 세계를 시사하는 것이 아니다. 오히려 매트릭스 자체의 순수하게 형식적인 디지털 우주를 시사한다. 모피어스가 네오에게 시카고의 황폐한 이미지를 보여 줄 때 그는 "이것이 현실 세계다"라고 말했지만, 이는 곧 파국 후 매트릭스의 바깥에 남은 우리 현실의 잔재이다. 이에 비해 '현실의 불모성'은 매트릭스에서 나온 인간이 겪은 허위적 '경험의 풍요로움'을 낳는 순수하게 형식적인 디지털 우주의 음울함을 의미한다(Žižek, 2006 : 312).

이 견해를 내가 지금까지 논해 온 것과 관련지어 보면 다음과 같다.

첫째, 우리는 디지털 세계에서 살아간다. 그곳은 순수한 의사소통 공간인 사이버 공간이며, 온라인 세계이다. 〈매트릭스〉가 히트한 1999년 이후 정보 과학 기술 발전으로 우리가 사는 세계의 디지털화는 한층 고도화되었다.

둘째, 세계의 디지털성을 주어진 것으로 받아들인 채 사는 우리는 그 바깥에 현실 세계가 있다고 생각하기 어려워진다. 물론 모피어스나 네오처럼 디지털화된 세계를 기반으로 사는 이들을 부감적 시점에서 파악할 수 있는 이들은 그곳을 불모지, 황폐한 곳 혹은 허위의 경험 공간으로 파악할 수 있다. 디지털 세계에 몰입하는 사람은 사이버 공간의 경험을 풍부하게 느낀다.

셋째, 네오는 일상생활에서 갖는 위화감을 자신의 심신이 존재하는 세계로 인해 생긴다고 느낀다. 네오가 직면한 것은 가상 현실로서 생성하는 현실의 경험이다. 네오는 가상 현실에서 느끼는 풍부한 허위의 경험 상태가, 알고 보면 자신의 심신이 디지털화한 체계에 예속된 것에 불과하다고 느낀다.

　그러나 네오의 각성은 불충분하다. 영화에서 시카고의 황폐화는 디지털을 기반으로 구축된 고도로 문명화된 매트릭스 바깥에 넓게 펼쳐진 광대한 황야이다. 더구나 광포한 자연의 맹위로 인해 어쩔 수 없이 붕괴하는 세계가 펼쳐진다. 그럼에도 영화에서 현실 세계의 황폐화는 직접적으로 문제시되지 않는다. 만일 네오가 각성했다면 가상 현실을 생성하게 하는 사물로서의 매트릭스라는 체계와 그 외부에 펼쳐진 황폐한 현실 세계의 관계를 생각하지 않았을지도 모르지만, 그런 일은 벌어지지 않는다.

　네오의 각성은 망설임과 더불어 전진한다. 실제로 모피어스로부터 '현실의 불모성'이라는 이미지를 꿰뚫어 보더라도 네오는 이를 받아들이지 못한다. 네오는 두 세계 사이에서 분열한다. 디지털로 움직이는 고도의 문명 세계 내부와 이를 '현실의 불모성'으로 파악하게 하는 문명 세계 바깥에 펼쳐진 현실 세계가 있다. 영화에서 그는 두 세계를 왕래하면서 자신이 살아가는 이 세계의 논리를 탐구하고 이해해 나간다. 즉 네오 자신 속에 있는 두 세계를 살면서 두 시점을 갖는다. 이것들은 결코 일치하거나 합치에 이르지 못한다. 여기에도 '시차'가 존재하는 것이다.

시차와 두 세계상

  가라타니가 칸트에 대한 독해에서 도출한 시차 개념은 인간을 조건 짓는 세계를 만들어 내는 것으로 볼 수 있다.
  시차에 관한 고찰을 지구 온난화로 바꿔 우리가 경험하는 생존 조건으로 재구성하면 다음과 같다. 한편으로 인간이 거주하는 곳으로 상상하는 세계가 있다. 다른 한편으로 인간이 없어도 존재하는 세계가 있다. 인간은 자신들과는 관계없이 객관적이고 외적으로 타자인 세계라는 현실 위에 거주할 때 거기를 점유하고 있다. 우리는 두 세계 어느 쪽에서도 사는 것이 아니다. 두 세계가 통합되지 않고 교대하면서 장벽이 열린 상태로 변종하는 이중의 상황에서 살고 있다.
  인간이 현실에 있는가와는 무관하게 존재하는 세계와 인간이 일상적으로 사는 곳으로서의 세계. 세계상에 관한 시차는 여기서 생겨난다. 차크라바르티가 말한 것처럼 인간 부재의 세계는 과거(공룡이 존재했을 무렵)에만 존재한 것이 아니라 미래에도 존재할지 모른다. 다노프스키와 비베이루스 지 카스트루는 이를 "철저하게 타자적인, 우리가 아닌 것"(Danowski and Viveiros De Castro, 2017 : 26)이라고 표현한다.* 세계의 타자성은 미래 세대, 즉 미래에 존재할 것으로 상정되는 인간에게 대응하는 것이 아니다. 오히려 인간이 소멸한 곳에 드러난 세계 자체의 실상에 대응한다. "우리가 부재하는 세계"는 "인간이라는 종이 존재한 이후의 세계"(ibid., 21)이다.**

그렇다고 인간이 반드시 소멸한다는 것은 아니다. 이는 어디까지나 사변적인 문제이다. 생태적 위기라는 현시대의 생존 조건을 구상하기 위해서는 인간이라는 종 또한 소멸할 수 있는 상황을 연결 지을 필요가 있다는 것이다. 미요시 마사오는 2009년 쓴 논고에서 새로운 환경학의 물음을 "인간의 소멸을 생각하는 것이 말 그대로 의미를 가지게 되었다"라고 말한다.

우리의 주기가 완결되고 난 후에 시작된 주기는 어떨까? 매우 작은 희망밖에 남지 않게 된 순간 우리는 적어도 지구에 여전히 존속하게 될 생명을 기다릴 수밖에 없다(Miyoshi, 2010a : 47).

미요시는 인간이라는 종의 절멸이 필연적인 것이라고 생각

---

* 원문은 다음과 같다. "it becomes radically *other*, non-ours, a time that demands our disappearance in order to appear."
** 원문은 다음과 같다. "'world without us', that is, the world after the existence of the human species."

하지 않는다. 소멸 가능한 종인 인간에 속하는 우리는 인간 이후에 나타날 어떤 생명을 상상할 수 있다. 우리 또한 살아 있다. 미요시가 말한 바를 따라 이렇게 볼 수 있다. 새로운 인간의 조건은 현재의 인간과 인간 이후의 존재 사이에 열린 시차에서 출현한다고 말이다.

　그곳은 기존 인간 세계의 바깥에 있다. 인간 세계가 인간 이후의 세계로 전환되는 것은 곧바로 그 경계를 이룬다. 황폐하고 공허한 땅이다. 즉 모튼이 샌트너의 벤야민 독해를 논하면서 보여 준 폐허의 세계이다. 폐허를 방치된 장소로 보는 것은 기존의 인간 세계로 돌아가 인간이 소멸한 뒤 나타난 생명의 관점에서 보는 것이자 거기에서 새로운 생활의 기점을 간파하는 것이다. 물론 인간이 소멸했는지는 알 수 없다. 다만 적어도 인간 이후 생명의 시점을 잠정적으로 존재하는 것으로 상상하면서 이 시점과의 장벽, 간극을 상정하는 것은 가능하다.

제6장

지하 세계로

: 프레드 모튼

우리가 사는 세계의 현실을 어떻게 이해할 것인가? 세계를 복수의 주체들이 사는 간주관적 공동 세계로 생각할 수 있다. 사람들이 소통하면서 보편적인 합의에 도달하는 것이 가능하다. 공동의 토대인 생활 세계가 있는 것처럼 말이다. 이에 비해 프레드 모튼이 《보편적 기계》에서 말한 것처럼 공동 세계로서의 인간적 생활 세계는 '사물의 세계'로 처리되고, 침투당하고, 지탱된다.

　모튼은 '사물의 세계'를 '사물의 지하 세계'라고 표현한다. 그의 생각에 이는 "생활 세계의 안쪽과 바깥을 에워싸고 있다"(Moten, 2018 : 12). 사물의 세계는 생활 세계의 일부이자 그로부터 배제되지 않는다. 그래도 이 세계는 꽉 차 있다. 즉 표면화된 것뿐 아니라 어두운 곳이 방치되거나 정해지지 않은 상태로 존재하는 것이다.

그러나 그가 말하는 지하 세계에 꽉 찬 사물은 인간이 존재하기에 앞서 존재하는 무구한 자연의 일부인 자연스러운 사물과는 다르다. 인간이 자신의 생존을 위해 구축한 인위적 질서에서 내쳐져 어둡게 방치된 사물이다. 즉 자연성을 상실한 채 인간화됨으로써 이로부터 내쳐진 사물이다.

이는 인간적·인위적 질서 바깥, 즉 이 질서로부터 방기된 사물이다. 자연적 질서의 바깥에 있으면서 인간적·인위적 질서로부터도 방기된 사물이지만, 이것이 기존 인간 세계의 소멸 이후 존속한다. 우리를 에워싸지 않고, 우리를 벗어난 세계에 존속한다.

우리가 물어야 할 것은 사물의 세계에서 산다는 사실을 어떻게 생각할 것인가이다. 지하 세계를 따르면서도 집요하게 존속하는 사물은 기존의 인간적 질서로는 지탱할 수도 정해질 수도 없을 뿐 아니라, 덧없는 것에 불과하다. 모튼은 이 지하 세계를 지탱하는 곳에 인간 세계가 성립한다고 말한다. 그렇다면 사물의 세계와 가로막힌 채 맞닿은 인간 세계를 어떻게 생각할 것인가?

모튼이 말하는 지하 세계는 인간 세계의 심층에 어둡게 있지만 지하실처럼 시공간적 형성물로 존재한다. 나아가 그곳은 인간 세계에 대한 외부, 다시 말해 벗어난 장소인 외부로 존재한다. 지하 세계는 인간 세계가 방치한 채 모아 놓은 곳으로 이미 존재하는 것이다. 이미 존재하는 인간 세계의 붕괴 이후 인간의 삶을 가능하게 하는 조건으로 있는 것은 지하 세계 외에는 없다. 모튼은 이를 투명한 의사소통 영역 바깥에 펼쳐진 사물의 세계라고 생각한다. 사물인 한 그곳은 나의 의식과 상관없고 우리를 벗어나 있다. 그래도 나는 사물의 세계에 존재한다. 세계의 사물성은 보통 의식화되지 않거나 볼 수 없다. 모튼이 지적한 것처럼 서양 철학에서는 지구 규모의 사물을 무시해 왔다. 오랫동안 무시당해 온 지구 규모의 사물을 어떻게 느끼고 표현할 것인가, 이것을 물어야 한다.

음향과 매끄러운 공간

모튼은《더 뉴요커》와의 인터뷰에서 '소리와 음향의 차이'에 관해 다음과 같이 말한다.

나는 언제나 소리란 진짜이자 절대적이고 개별적인 것을 의미한다고 생각했지만, 이를 (a) 희망에 불과하거나 (b) 불가능한 것으로 느껴 왔다. 이에 비해 음향은 확실히 모든 것과 관련되는 한복판에 존재한다. 지금까지 들어 온 모든 노이즈와 더불어 이 노이즈 속에서 어떤 차이를 만들어 내는 격투를 벌여 온 것이다. 그리고 이 차이는 반드시 당신 개인에 대한 것이

라기보다는 당신 주변에 있는 것을 더 차이 나게 만들어 준다
(Wallace, 2018).

모튼이 말하는 소리란 가수나 이야기꾼이 직접 내뱉는 개성
을 의미한다. 특정한 가수, 특정한 래퍼가 자신의 진짜 목소
리로 팔고 상품화하기 위한 소재를 의미한다. 이에 비해 음향
은 어떤 특정한 개인에 속하는 것이 아니라 개인을 벗어나 외
부에 펼쳐진 음향 세계에 떠다니는 무수한 익명의 노이즈를
뜻한다. 모튼이 생활 세계와 사물 세계 사이에 설정한 차이와
관련지어 볼 때 소리는 생활 세계 내부에서 교환되고, 누군가
의 목소리로 특정되며, 대중 매체로 특권화되어 팔리는 물건
이거나 공적인 합의를 유도하기 위한 도구로 쓰인다. 이에 비
해 음향은 생활 세계의 외부에 산적해 있다.

음향은 소리로서 개별화되거나 누군가가 소유한 것, 어떤
범주로의 분류를 벗어나는 지점에 존재한다. 누군가의 말로
식별되거나 분류되거나 대중 매체의 이야기 소재로 단순화되
는 일을 벗어나 존재한다. 음향은 누군가의 말이나 소리로 분
류되고, 단순한 이야기를 지탱하는 논리를 파탄 내면서 존재
한다. 음향에는 소리로 개별화된 것에 저항하는 음으로서의
육감, 물질성이 있기 때문이다.

그러나 이 음향의 육감적 물질성은 어떤 종류의 극한 상태
에서 발견된다. 즉 "이야기될 것으로 기대되지 않는 경우 이

야기되는" 곳에서 발견된다. 모튼은 이 상황을 "한층 근본적인 자격 박탈 상태에 대한 저항"(Moten, 2017 : 66)으로 파악한다. 이는 무언가 이야기되어야 함에도 이야기되지 않거나 이야기된다 해도 어떤 의미 있는 것으로 받아들여지지 않거나 무시되고, 아무것도 없는 것처럼 받아들여지는 상황에서 자발적으로 생겨난 무언가를 표현한 것이다. 그러나 이야기된다 해도 그 이야기가 의미를 갖지 못함으로 인해 거기에서 성립하는 세계를 벗어난다든가 세계의 파탄을 일으키는 표현에 불과한 것이 된다. 모튼은 도피나 파탄으로 표현된 물질적 조건을 "이야기 아래에 있는 이야기, 자신을 부인하기를 거절하는 음향적 육감성에서 생겨난 이야기"라고 말한다.

모튼의 지하 세계를 둘러싼 고찰은 음향적 물질을 발견하면서 전개된다. 여기서 주목할 것 중 하나가 클레어 콜브룩(Claire Colebrook, 1965~   )의 〈의미로부터의 도피, 음악으로부터의 도피〉(2018)이다. 콜브룩은 데리다, 들뢰즈, 리오타르를 필두로 후기 구조주의자들의 이론이 전위 음악(쇤베르크, 바레즈, 슈토크하우젠 등)과의 접점에서 형성됨을 논하고 신시사이저의 비인격성을 긍정적으로 다룬다. 그리고 아도르노가 재즈를 비판한 것에 대한 응답으로 모튼의 논의를 고찰한다.

콜브룩은 들뢰즈나 데리다를 논하면서 페미니즘, 인류세, 포스트휴먼 이후와 같은 문제군에 몰두해 온 저자이다. 그녀가 제기한 것도 "우리를 인간이게끔 만든 것을 파탄 내는 능력"을 인간이 획득하게 된 상황 이후를 어떻게 생각할 것인가와 같은 물음이다. 즉 인간이 인간을 넘어서 확대된 세계로 방출되어 "조작 가능한 관점을 초월해 분기한 여러 힘과 시계열의 복잡한 다양성에 직면했을"(Colebrook, 2014 : 11) 때 인간으로 살아가는 일을 가능하게 하는 것이 있다면 과연 무엇인가? 아마도 그녀는 이 물음을 생각하고 문장을 쓸 것이다.

콜브룩은 〈의미로부터의 도피, 음악으로부터의 도피〉에서 데리다나 들뢰즈의 문장을 독해하면서 '음향의 물질성'을 논한다. 이는 음악 자체라기보다 "유기적 신체에 선행하는 음악성(음향적으로 표현된 물질)에 관한 사변적 의미"를 둘러싼 고찰이다. 콜브룩이 이해하기로 음향 자체는 "순수하게 이성적인 것이 아니라 논리(와 자본)가 물화된, 소외된 체계에 종속되지 않은 채로 미래를 낳는, 매우 심층적인 물질성"(Colebrook, 2018 : 13)을 의미한다. 이는 "음악이 되지 않는 음악성"이거나 "음향적 물질성a sonorous materiality"이다. 바로 여기서 "철저하게 비인격적이고 미래적인 것"(ibid., 17)을 발견할 수 있다는 것이 그녀의 생각이다.

음향은 인간 신체와 무관한 곳, 인간 신체를 벗어난 곳에서 생겨나고 존재한다. 세계는 음향적이다. 음향적인 세계에 인간이 둘러싸여 있고 지탱되며 조건 지어져 존재한다. 음향적인 세계는 물질성, 정동성, 삶의 진동성이 떠다니는 장이다.

이에 관해 콜브룩은 다음과 같이 말한다.

들뢰즈와 가타리의 시도는 조직화된 신체에 앞선 음악성(혹은
음향으로 표현된 물질)에 대한 사변적 감각 덕분에 가능하다.
존재하는 것은 새의 울음소리밖에 없을지도 모른다. 그것은 새
가 표현 수단으로 소유하고 전개해 온 울음소리로서 조직화된
삶의 모든 것에 앞서 표현된 물질성을 띤다(ibid., 18).

인간의 신체가 형성되고 조직화되기에 앞서 존재하는 음향
성은 사변적 감각을 통해 파악된다. 우리는 보통 소리는 청각
으로 파악한다고 생각한다. 그러나 콜브룩이 보기에 들뢰즈
와 펠릭스 가타리(Félix Guattari, 1930~1992)가 시도한 것은 음
향성이라는 개념으로 소리를 파악한다는 것이다.

콜브룩의 논의는 들뢰즈와 가타리가 《천 개의 고원Mille
Plateaux》(1980)에서 전개한 '매끄러운 공간'에 대한 정의로
보더라도 적확하다. 콜브룩은 자신의 논문에서 공간론을 명
시적으로 논하지 않지만, 그녀의 모든 해석의 배경에 있는 생
각을 어느 정도 확실히 해 두기 위해서라도 《천 개의 고원》해
당 부분을 참고해 가면서 논의를 전개하고자 한다.

들뢰즈와 가타리에 따르면 매끄러운 공간이란 우선 열린 공
간이다. 만일 "경계가 있다면 닫히지 않을 수 없는 공간"이며
거기서 인간과 동물이 분배된다. 그러나 이 공간적 배분은 개

별적으로 분리된 공간을 개개인에게 할당한 것과는 다르다. 조리 있게 분배하여 경계를 나눈 개별 공간 내부에 인간을 할당하여 닫은 것이 아니라 열린 공간에 인간이 흩뿌려져 있다. 거기서 인간은 할당된 공간에 몸을 닫은 상태로 종속되는 것이 아니라 반대로 "공간을 점거한 채 거기에 머물 때 점유하게 된다". 들뢰즈와 가타리의 생각에 매끄러운 공간은 사막과 같은 넓은 곳이지만, 콜브룩에 따르면 그들은 사막으로서의 매끄러운 공간을 시각적인 것이 아닌 음향적인 것으로 보았다는 것이다.

> 하늘과 땅을 나누는 선이나 측정되는 거리와 원근법에는 윤곽도 없이 시계가 정해진 다양한 지점이나 대상 위도 아닌 다양한 "이것들$_{hecéité}$", 즉 다양한 모든 관계의 집합(바람, 눈이나 모래의 파동, 모래 소리, 얼음이 내는 소리, 모래와 얼음의 감각적 성질) 위에 형성된 매우 정밀한 장소성이 존재한다. 이는 시각적이라기보다 음향적인 공간으로서 촉각적 혹은 오히려 시각-촉각적$_{haptique}$인 공간이다(Deleuze et Guattari, 1980 : 474).

매끄러운 공간은 촉각적·음향적 공간으로서 만지고 듣는 공간이다. 나아가 이 공간은 지점이나 대상처럼 정해진 것이 아니라 바람, 눈 혹은 모래의 파동, 음향, 얼음 소리, 촉각적인 것과 같은 성질의 움직임, 방향성의 총체로서 살아 있는 것으로 파악된다.

바람, 눈, 모래, 얼음은 인간의 의식과는 상관없이 인간 아닌 사물로 이야기된다. 그러나 들뢰즈와 가타리는 이들 사물을 그저 자연법칙을 따르는 현상으로 파악한 것이 아니라 파동이나 음향을 내뿜는 감각적 실재로 파악한다. 파동이나 음향으로 인해 얼음이나 바람을 만지거나 들을 수도 있다. 그러나 들뢰즈와 가타리가 말하는 '매끄러운 공간'은 정확히 파동과 음향이 교차되는 지점에서 생겨나 존재한다.

매끄러운 공간은 얼음이나 바람이 교차하면서 만들어 낸 음향이나 파동이 교차해 나가는 인간이 없는 공간이다. 열린 무한정의 공간에서는 음향이나 파동이 교차하고 확대되어 나간다. 음향이나 파동은 듣거나 만질 수 있지만, 여기에 인간이 있는가, 인간이 그것을 들을 수 있는가는 중요하지 않다.

콜브룩은 듣고 만지는 세계를 파악하기 위한 언어를 만들어 낸다. 이는 시각을 기본으로 하는 언어의 존재 방식과는 다른 언어로 바꾸는 것을 말한다. 시각을 기본으로 하는 언어로는 말할 수도 사고할 수도 없는 영역이 세계 안에 있음을 인식하고, 그 위에서 여기에 도달하기 위한 언어를 창출하는 것이다. 이러한 시도는 모튼이 제창한 새로운 생태 철학과 공명한다. 왜냐하면 모튼도 "생태 철학은 접촉, 즉 촉각으로 향하는 완전히 새로운 언어를 창출할 필요가 있다"(Moten, 2017 : 112)라고 말했기 때문이다.

세계의 실재성이 가진 생생함, 선명함, 강렬함 혹은 평온함을 느끼기 위해서라도 촉각적·음향적 이미지로서 이를 형상화할 필요가 있다. 음악 작품, 언어 작품 나아가 사진이나 회화와 같은 시각 예술, 행위 예술에서 실재적인 것이 존재할 수 있다면 이들은 전부 촉각적 언어에 대한 탐구로 향한다.

기계화와 해방

이렇게 인간이 자신을 붕괴시킨 기존의 인간적 생활 세계 이후 새로운 세계의 기점을 삼을 수 있는 '음악적 매끄러운 공간'의 이미지가 도출된다. 콜브룩이 논문 마지막에서 모튼을 논할 때 묘사한 생활 세계 붕괴 이후의 미래 세계 이미지 또한 음향적 세계이다. 콜브룩은 모튼의 사고를 '검은색(흑인성)'과 '억류된 것'을 둘러싼 '새로운 저항 미학'으로 파악한다. 그녀는 여러 글에서 논해 온 작품군에 공통되는 '음악적 형식'을 다음과 같이 말한다.

이들 작품의 음향이나 노래는 유기적인 것도, 순수한 창조성을 드러내는 신체로부터 자유로워진 음향도 아니다. 작품과 작가의 신체는 모튼의 '검은색'이라는 표현으로 향한다. 그것은 철저하게 분산적이며, 단일한 수법이나 의도를 발휘하지 않고 기

억 수단(레코딩) 자체만으로 파탄 난다. …… 음악적 본래성이
나 근친성 개념이 쇠퇴한 결과 새로운 자유를 드러낸다. 그것
은 무로부터의ex nihilo 순수한 창발과 창조의 미학이 아니다.
오히려 '도피'의 미학이라는 형식을 띤다. 이는 자신의 것이 아
닌 공간과 구조에서 발생하는 '도피'의 미학이다(Colebrook,
2018 : 32).

여기서 두 가지가 언급된다.

첫째, 콜브룩이 모튼의 사고에서 발견한 '검은색'은 모튼 자
신의 피부색, 즉 흰색에 대한 검은색을 의미하는 은유로 볼
수 있다. 그러나 콜브룩은 모튼이 말하는 '검은색'이 반드시
흑인이라는 인간의 본질적 정체성이 가진 순수성을 의미하는
것이 아니라 일종의 공간, 다시 말해 무언가 일어날 도시적
공간과 관련지어 독해한다. 그것은 단일한 의도의 산물(유토
피아적인 이성주의적 계획의 산물)이 아니라 철저하게 분산
적이고, 다양한 사람이나 사물로 넘쳐 난 일종의 카오스 공간
이다. 콜브룩은 이 공간적 형식에서 기계 장치가 중요하다고
말한다. 뒤에서 보겠지만, 콜브룩은 들뢰즈와 가타리를 해석
하면서 전자 음악과 모튼의 관계를 논한다.

둘째, 철저한 분산성을 특징으로 하는 카오스 공간에서는
새로운 자유가 가능하다. 그러나 이는 아무것도 없는 곳에서
의 창발이나 창조가 아니라 붕괴된 사물이 어질러진 상황 한

복판에서의 도피로서의 자유이다. 도피는 자신의 것이 아닌 공간에서 일어난다고 말했다. 그러나 이것은 붕괴 이전 보전되던 생활 세계 공간이 붕괴된다 해도 생겨날 해방을 의미한다. 기존 생활 세계의 파탄으로부터 사물이 흘러넘치고 이와 더불어 인간도 이로부터 해방된다.

음향성의 분산은 인간이 자신의 생활 세계를 만드는 것에 앞선 미분화의 카오스가 아니다. 생활 세계가 만들어져 그곳의 가치관이 단일하게 경직되어 폐색감이 떠다닌 결과 그것이 파탄 나고, 그렇게 폐기된 것이 산란된 곳에서 생겨난 집적체를 말한다.

모튼이 벤야민의 자연사에 관한 샌트너의 논의를 다룬 것을 떠올려 보자. 모튼은 생활 세계의 폐허화로 인한 "인간 역사의 인위적 산물이 삶의 살아 있는 형태 속에서 거주지를 잃기 시작한 바로 그 순간 무언의 자연스러운 존재의 상을 얻는다"고 말한다. 여기에서 "지하 세계에서 삶의 덧없음"(Moten, 2018 : 47)을 느낀다. 모튼이 말하는 음향성은 이 집요한 덧없음을 느끼는 것이다. 즉 자연 세계를 벗어난 곳에서 성립하는 인간의 생활 세계가 파탄 나고 폐허로 바뀌는 바로 그 '경계'의 시공에서 생겨나는 음향성이다.

그러나 여기서 살아 있는 삶의 집요한 덧없음은 파탄 이전에 보전되던 생활 세계에서 통용되는 감성이나 사고 틀을 빠져나간다. 따라서 이 삶의 장에서 새로운 생활 양식을 만드는 것은 감성과 사고 틀의 갱신을 요청한다. 콜브룩은 모튼이 생활 세계의 파탄 상황을 기계적 방식의 기억으로 연결하는 것에 주목한다. 이는 레코딩, 즉 카세트 녹음기, IC 리코더, 마이크로폰 같은 녹음기를 통해 기계적으로 기억된 소리이다. 이런 무수한 기계음의 분산 상태를 기록하여 샘플링하고 모은 곳에서 만들어 낸 작품이야말로 모튼이 말하는 '검은색'으로서의 공간에 울려 퍼지는 음향성의 구체화이다.

나아가 기계적 기억 장치가 재생하는 음향은 신체에서 순수하게 소리나 자연스러운 환경음으로 유지되는 순수함을 상실한다. 따라서 검은색에서 울려 퍼지는 음향 세계는 살아 있는 몸을 가진 신체에 비해 이질적이고 친숙하지 않은 것으로 가득 차 있다. 살아 있는 신체와 분산 상태로 있는 음향 세계 사이에는 장벽이 있다. 모튼이 말하는 음향 세계는 사물의 세계이기도 하다. '상연 상태에 있는 사물'의 세계가 검은색의 세계로서 살아 있는 몸의 순수성을 잃고 산란되는 사물의 세계로 존재한다는 것이다. 음향은 살아 있는 신체가 소멸하더라도 세계에 울려 퍼진다. 이는 살아 있는 신체로부터 해방되는 한에서 물질인 음향이지만 살아 있는 신체가 부재인 상태에 있는 한에서 음향은 신체성이나 정동성으로 채워져 그곳의 살아 있는 심신을 촉발할 수도 있다.

신체 없는 정동이란 무엇인가? 이는 인간의 생활 세계가 붕괴하고 사물이 산란하든가, 인간이 부재한 세계에 떠다니는 흔적과 같은 정동이다. 그것이 음향적인 것으로 살아 있다. 인간 부재의 세계에 울려 퍼지는 음향은 인간에게서 해방되어 자유로워진 물질로서의 음향이다. 콜브룩은 여기서 기계 장치가 관련된다는 점을 중시한다. 사물에 관한 모튼의 생각 근저에는 기계화(녹음 장치, 신시사이저, 컴퓨터) 이후의 음악이 있으며, 거기에 콜브룩은 공감한다. 들뢰즈와 가타리가 전자 음악을 논한 지점에 관해 콜브룩은 다음과 같이 말한다.[23]

> 기계는 음의 생산을 위해 사용되는 것이 아니다. 왜냐하면 음에는 자체적인 힘이 있기 때문이다. 그것은 기계 상태로서의 생, 즉 신체와 생존에서 해방된 생으로서의 기계의 생이다. 음악은 멜로디의 전개가 아니라 음이 존속하고, 사라지고, 변조와 더불어 회귀하고, 소멸하는 것을 가능하게 한다. 음과 템포의 공간화에서 우주(순수 상태에 있는 시간)의 지속에 직접 닿는 물체의 흐름을 경험할 수 있다(Colebrook, 2018 : 20).

기계는 음을 인간으로부터 해방시켜 음이 인간 세계에서 벗어나 지속하고 울려 퍼지는 것을 가능하게 한다. 인간의 주관, 의식, 자의적인 의도와 같은 것에서 인간을 해방시킴으로써 음에 있는 음향적인 물질성의 순도를 높인다. 이리하여 자유로워진 음은 인간 부재의 세계, 즉 인간화를 벗어난 세계에서 물체의 움직임을 경험하게 하는 매질이 된다. 인간화된 세계의 시공에서 벗어난 곳에 있는 세계에서 거주 가능한 장의 조건이 여기서 작품화되는 것이다.

기계가 음을 인간화된 세계에서 해방시킴으로써 인간을 인간화된 세계로부터 해방시킨다. 사물, 동물, 그리고 말이나 사고, 감성도 인간화된 세계로부터 해방될 것이다. 이로 인해 인간화된 세계로부터 맨 처음 해방된 것은 기계 자체일 것이다.

지금까지 기계는 세계를 대상화하고 객관적인 사물, 즉 조작 가능한 사물로서 파악하여 통제하기 위한 수단으로 생각되어 왔다. 세계의 시공간을 인간적 척도에 맞추기 위한 수단으로 생각되어 온 것이다. 기계를 만든 세계 시공간의 인간화나 통제는 인간 생활 자체에까지 미친다. 다키 고지는《살았던 집》에서 "인간 자신이 만든 시간이 상품의 법칙처럼 인간을 구속한다"라고 말한다. 또한 "예컨대 일상생활 속에서 텔레비전이 점유하는 정도가 크고 텔레비전의 리얼리즘이 생활의 틀을 형성한다고 해야 할지도 모른다"(多木, 2000 : 196-197)라고 말한다. 이 상태에서 벗어나길 원한다면 우리는 우선 일상생활 공간에서 텔레비전을 배제해야 할 것이다. 텔레비전이 발휘하는 음성과 영상이 생활의 장에 들어오는 것을 저지하는 것이 좋다. 그러나 예컨대 한 가정 안에서 텔레비전이 소멸하더라도 그것이 이 세계에 존재하고 인간 생활의 틀을 정하는 전체적 경향 자체는 존속할 것이다. 그리고 우리는 텔레비전에 이미 침투당해 있다. 그것이 없는 세계에서 살 수는 없다. 기계가 존재하지 않는 세계에서 살 수는 없다.

텔레비전이 존재하는 것의 근본에는 기계가 세계를 대상화하고, 객관화하고, 인간적인 것으로 길들여 통제하기 위한 수단이 된다는 문제가 있다. 들뢰즈와 가타리는 이 상태와 관련해 기계를 파괴하는 것이 아니라 인간화된 상태에서 기계를 해방시켜 인간 또한 인간화된 세계에서 해방되어야 한다는 견해를 제시한다. 이는 기계가 세계로부터 인간화되지 않는 것(그 정도가 가장 높은 것이 음향이다)을 추출하고, 그것이 순수 상태로, 투명하게 찍힘 없는 상태로 존재하는 것을 허용하는 작품의 형성을 촉진할 가능성을 말한다.

그렇다면 어떤 작품이 그런 경우일까? 나는 2018년 말 런던 테이트브리튼미술관에서 샬럿 프로저(Charlotte Prodger, 1974~)의 영상 작품 〈브리짓Bridgit〉(2016)을 관람했다. 이는 아이폰으로 촬영한 작품이다. 프로저는 자신의 발과 방, 방 안을 돌아다니는 지극히 사적이고 내밀한 세계를 담아내는가 하면, 또 한편으로는 스코틀랜드의 거석, 전차의 창 너머로 보이는 농촌의 풍경, 배에서 본 바다, 해안에서 서성이는 많은 바닷새 등 인간 부재 세계를 담아내는 등 양극단으로 구성해 놓았다. 그러나 이 영상과 더불어 자신의 일상 경험(자신이 일하는 바에서 디제이를 할 때 '여자 화장실에 남자

가 있다'거나 '어떤 여자가 말을 건다'와 같은 작은 에피소드)
을 내레이션할 때 샌디 스톤(Sandy Stone, 1936~)의 책(Stone,
1996)을 인용하면서 다음과 같이 철학적인 탐구를 이어 간다.

나는 섬에서 샌디 스톤이 1994년에 가상 체제와 인공 장치로
서의 기술에 관해 쓴 책에서 어떻게 탈신체화된 주관이 어떤
장소에 가 닿는가라는 부분을 읽고 있다. …… 그녀는 대역폭
과 현실에 관해 논한다. 핫한 매체에는 광범위한 대역폭이 있
고, 쿨한 매체에는 좁은 대역폭이 있다. 좁은 대역폭에 참가함
으로써 (예컨대 그때는 스크린상에서 텍스트만으로 컴퓨터를
의사소통하게 하는) 우리는 어떤 방식으로든 매우 깊고 강박적
인 것과 관련된다.

〈브리짓〉은 프로저의 신체를 둘러싼 세계를 탐구하는 작품
이다. 그러나 프로저의 신체, 즉 세계에 존재하는 신체를 탐
구하는 작품이기도 하다. 다시 말해 세계는 대상화되지 않는
다. 프로저라는 '내'가 바로 '……에서' 존재하는 세계가 있
고, 이 세계를 아이폰이라는 현대에는 어디에나 있는 매우 고
성능의 기계(쿨한 가상 체제)로 파악하는 것이다. 나를 둘러
싼 세계는 사적이고 친밀한 세계와 광대한 세계 등 두 가지
로, 이 두 세계가 아이폰 카메라에 기록된다. 아이폰 카메라
라는 사적이고 협소한 인공 장치가 주변 세계에 대한 강박적

탐구를 가능하게 해 준다. 나는 공공권이라는 넓은 폭을 가진 영역에서 벗어난다.

작품의 주제는 무엇인가? 그것은 한마디로 이 시대에 나란 무엇인가, 이 세계에서 나는 어떤 방식으로 존재하는가라는 물음을 둘러싼 것이다. '나'만의 방 안에 있는 작가의 신체 단편과 생활 단편, 그리고 거석 혹은 바다. 어느 쪽이든 작가의 '나'는 기존의 사회에서 벗어나 그저 한 사람으로 존재한다. 나만의 방이라는 유난히 독특한 존재 방식과 거석이나 바다라는 지구 규모의 것과 고독하게 대치하는 존재 방식. 이 극단적 존재 방식은 작가가 작품 속에서 의도하지 않은 주제인 '격자$_{grid}$'를 문제 삼는 것이다. 즉 격자는 남과 여, 환자와 건강한 자를 나누어 이름에 따라 사람을 사회 속에서 개인화하고, 주체로 구축하는 장치이다. 격자 속에서 사람은 개인이 되지만, 이 개인화는 격자가 구획 짓고, 개별화하고, 고정한 '나'와 사람을 구축하기에 이른 것이다. 프로저는 이렇게 격자로 구획된 개인으로부터의 도피를 작품에서 시도하고 있다.

서두에서 "그것은 당신에 대한 모든 것이자 당신의 모든 부분이다. 그러나 당신은 거기에 없는" 프로저 자신의 음성을 들을 수 있다. 그리고 돌연 몇 차례 집고양이 영상이 나타난다. 검은 고양이이다. 고양이는 신비롭고 이해 불가능하게 나타난다. 결코 이해할 수 없지만 언제 달아날지 모르는 고양이 기운이 영상에 감돈다. 고양이 영상도 이 말과의 연관 속에서 생각할 수 있다. 고양이의 단편은 '나'로 통합되지 않고 이로부터 달아나는 운동성을 띤 단편이다. 단편은 격자로 통합된 안온한 '나'를 벗어나 '나' 아닌 것과 교차한다. '나' 아닌 것. 거기에는 고양이도 포함된다.

테이트브리튼 회의장에 배포된 해설문 〈온리ONLY〉에는 "시민적이라기보다는 동물적이며, 사회적이라기보다는 개인적이다. 사적인 곳에서의 현전성 상태를 묘사한다. 존재하는 것, 숨 쉬는 것, 듣는 것, 치유하는 것"이라고 쓰여 있다. 작품은 신체를 내적인 것으로 제시한다. 그러나 이 신체는 그저 사적인 영역에 소박하게 존재하는 것이 아니라 사회 속의 장소를 점유한다. "개인을 추상화하는, 일반화된 코드를 좇아 구조화된, 제도적 공간"을 점유한다.

이 문장을 따른다면 프로저의 단편화 시도는 그저 존재하고 숨 쉬고 피폐해진 상태를 치유하고 회복해 가는, 자신의 몸을 알기 위한 시도라고 할 수 있다. 이는 격자로 인해 손상된 상태로부터의 회복이라고 할 수 있지만, 이 회복은 자택 침대에서 라디오를 듣고 숨을 쉬는 일이나 거석 앞에서 명상하는 것 같은 단편적인 에피소드를 스스로 확인하고 모든 단편을 자신과 연결 지어 격자로 통합된 '나'와는 별개의 자신으로 향하도록 재구성하는 일과 더불어 진행된다.

여기서 중요한 것은 검은 고양이이다. 아마 프로저의 방에서 기르던 녀석일 것이다. 주변에 존재하던 집고양이이지만 이놈이 프로저를 보지 않고 무언가 다른 것을 보고 있는 모습을 찍은 영상의 단편에서는 고양이 자신이라기보다 프로저라는 주체를 벗어난 곳에 있는 '살아 있음의 확실성'이 느껴진다. 고양이가 프로저라는 '나'를 무너뜨리고 이를 통해 이해된 '나' 아닌 무언가를 '나'의 바깥으로 연결해 준다.

"그것은 당신에 대한 모든 것이자 당신의 모든 부분이다. 그러나 당신은 거기에 없다."

세계에는 나와 조응 관계에 있는 여러 단편이 흩어져 있음에도 모든 단편을 하나로 통합하는 강력한 주체로서의 나는 애초부터 거기에 없다. 해설문인 〈온리〉에는 프로저에게 중요한 시인인 낸 셰퍼드(Nan Shepherd, 1893~1981)의 말이 인용되어 있다.

사물이 이해되지 않는다는 것. 그것은 언덕 위를 걷고, 빛의 변화와 어둠을 자각하고, 정신을 모으기 위해 자신의 몸 전체를 쓴다는 것이다. 이는 자신의 존재를 해체한다. 나는 마치 나 자신이 아닌 나를 넘어선 하나의 삶의 일부분과도 같다.

여기서 나는 공공의 세계에서 벗어난다. 나는 넓은 대역폭의 공공 세계를 이탈하여 사적 세계에서 반성하지만, 이로 인해 인간 세계에서 멀어진 곳에 있는 넓은 자연 세계, 지구 규모의 사물을 향해 열린 세계로 들어선다. 중요한 것은 아이폰

비디오카메라이다. 직접적으로 신체에 귀속되지 않는 것이지만 신체의 자연스러운 연장물(인공 장치)로 작동하는 아이폰이 방 안의 고양이, 난방 기구에 말리는 티셔츠, 침대에 누워 있는 몸, 그리고 전차의 창밖으로 보이는 전원 풍경, 배 바깥의 너른 바다 같은 모든 사물과 조응하는 가운데 나는 이로부터 도드라져 나를 규정하는 기존의 사회적인 모든 관계에서 빠져나와 지구 규모의 사물 세계로 들어선다.

지하 공동 세계(언더 커먼즈)

인간화된 세계로부터 사물이 달아나 버린다. 인간화된 세계가 무너지는 과정에서 사물이 인간 세계로부터 달아나면서 산란한다. 모튼은 여기서 벌어지는 일을 "인간의 역사가 지닌 인위적 산물이 살아 있는 삶의 모습 속에서 거주지를 잃기 시작하는 바로 그 순간 무언의 자연적 존재로서의 상을 얻는다"라고 말한다.

인간 세계에서 볼 때 이 붕괴와 더불어 외부로 산란된 사물은 인간 세계의 거주지를 잃고 내버려진 것으로 파악된다. 사물은 배제되지만 변경을 거쳐 포섭되고 재이용된다. 그러나 인간 세계 외의 시점에서 볼 때 사물은 정해진 인간 세계의 종언 이후 다른 세계의 시작으로서 존재하는 원초적인 것으로 파악될 것이다.

모튼은 이를 '재물질화remateialization'라고 표현한다. 그리고 재물질화를 둘러싼 고찰을 자신의 스승인 미요시 마사오의 논고 〈건축의 외부〉와 더불어 이어 나간다. 모튼은 다음과 같이 말한다.

거주, 즉 사는 것inhabitation은 미요시가 건축의 외부로 묘사한 운동성이다. 그런 점에서, 그가 말하는 건축의 재물질화 rematerialization of architecture는 건축의 진정한 소멸을 낳을 것이다(Moten, 2017 : 190).

영문학 연구자인 미요시는 애니Any회의(1991년부터 2000년까지 이루어진 건축과 철학의 대화를 위한 회의로, 피터 아이젠먼, 이소자키 아라타, 이그나시 드 솔라 모랄레스가 중심이 되어 설립한 것) 중 1995년에 열린 제5회 애니와이즈 Anywise에 참가하여 〈건축의 외부〉라는 논고를 발표한다. 미요시는 건축의 사물성을 사용자와 주인의 입장에서 고찰한다.

가와사키와 지룽(대만 북부에 있는 항구)의 노지에는 굉장히 가혹한 주택과 단지가 있다. 그곳이 거주 불가능한 곳인지는 성급히 판단할 수 없을 것이다. 특히 거기에서 살지 않는다면 이해할 수 없을 것이다(Miyoshi, 2010b : 157).

미요시의 논의는 글로벌 자본을 기반으로 도시가 갱신되면서 확대되는 포스트모던 건축에 대한 비판으로 읽을 수 있다. 이 비판은 건축의 외부, 즉 보통 사람이 생활하는 곳으로부터의 비판이다. 건축가가 지은 건축물을 외부로 삼아 도시 속에서 영위하는 실생활의 관점에서 이루어지는 비판이다. 미요시는 대규모 재개발 대상이 된 토지에 나란히 지어진 건물 속에 실제로 많은 사람이 살고 있다고 말한다.

미요시는 평범한 일상의 건물을 이론적으로 파악한다. 즉 일상의 건물을 상세히 말하는 것이 아니라 건축적 사고와 언어 및 텍스트와 이미지의 연관 속에서 건축을 맥락화한다. 여기서 건축적 사고와 언어 자체의 미세한 떨림을 연관 지어 파탄에 이르게 한다. 이를 미요시는 '건축의 말소'로 표현한다. 이는 "건축을 둘러싼 물질적 맥락과 관련짓는 것"이다.

미요시가 말하는 '물질적인 맥락'이란 '건축의 언어나 텍스트 혹은 담론에 참여하는 것이 아니라, 평범하게 움직이는 이들이 생활하고 사무를 보는 외부의 공간'을 의미한다. 건축적인 사고와 언어로는 이해할 수 없는 존재인 건축의 외부가 존재한다는 것은 일상생활의 생생함 자체 외부에 아무것도 없음을 뜻한다. 건축계 잡지나 웹미디어에 게재된 건축은 그 속에서 자율적이다. 반면 그 바깥의 현실 세계에는 빌딩이나 주차장, 신사, 단골손님만 드나드는 카페 등 사람들이 평범하게 생활하면서 출입하는 건물이나 시설을 둘러싼 것들이 있다.

나아가 미요시는 건축을 바깥의 공간으로 '연결해 나간다'고 말한다. 이는 평범하게 생활하는 사람들이 존재하는 맥락을 통해 건축을 '열린' 것으로 이해하는 것과는 다르다. 건축을 연다는 말은 오늘날 건축계에서 상용구가 되었다. 창의 형태를 조정하여 내부와 외부의 상호성을 확보하고, 정원과 거리 사이에 공유 공간을 만들고, 건축 내부에 공유 공간을 지어 거리의 사람들도 쉽게 다가설 수 있는 장소로 만들어 외부로 '연다'. 이렇게 닫힌 공간을 외부로 여는 것에 비해 미요시는 건축 자체로는 알 수 없이 존재하는 일상 세계 한복판을 연결해 나간다. 거기에서 우리는 건축이라는 매개체와 상관없는 곳에 거주하는 생활의 실재에 압도된다.

모튼은 미요시의 관점이 건축을 재물질화한 것이라고 높이 평가한다. 재물질화란 한편으로 건축이 건축 미디어 내부에서 (사진, 영상, 비평 언어로 파악되어) 탈물질화된 이미지로부터 벗어난 것을 의미한다. 건축물 안에 실제로 거주함으로써 현실 세계로 달아나 버리는 것이다. 잡지 속에 존재하는 건축은 완성 직후의 건축이다. 일상 세계의 현실에 압도되거나 오염되지 않은 건축이다. 오염되지 않은 건축은 일상 세계에서 거주지로 사용된다. 이 과정에서 일상에 오염되고, 사용되고, 낡아 간다. 이것이 미요시가 말하는 건축의 재물질화이자 건축의 소멸이다.

건축의 재물질화는 건축을 해석하는 언어와 텍스트의 무게를 벗어나게 해 준다. 그런 한에서 현실의 도시에서 고상한 건축에 관한 논의와 관계없이 새로운 상태로 존재하는 것을 뜻한다. 미요시는 바로 이것을 "건축의 언어나 텍스트 혹은 담론에 아예 참여하지 않고 평범한 사람들이 생활하고 일을 보는 외부의 공간"이라고 표현한다. 그러나 그가 말하는 '평범함'은 철저한 이론적 고찰로 도출된 탈물질화의 극한에서 암시된 것으로서의 그것이다. 이는 일상생활을 영위하는 사람들의 소박한 이야기를 그저 듣고 수집한 것으로는 도달할 수 없는 이론적 경지의 언어로 수용되는 지점에서 멈춘다. 이는 건축을 말하는 공공권을 탈출한 지점에서 발견되지만, 미요시의 독창성은 이 일상의 평범함을 물질적인 것으로 말한다는 점이다.

모튼은 미요시가 감지한 세계의 물질성이 독특한 이론적 이미지와 더불어 사유되고 있다고 주장한다. 그것은 '거리에서 노는 아이들'이다. 아이들은 "건축 담론 바깥에서 논다". 확실히 아이들은 건축을 놀이터나 놀잇감의 관점에서 파악한다. 거리나 광장 같은 공동 놀이 공간의 연장선상에 건축이 있다. 중요한 것은 뛰어다닐 수 있는가, 숨을 수 있는가, 놀 수 있는가 하는 점이다. 유명 건축가가 지었는지 아닌지와는 무관하다.

'놀이'라는 말은 영어로는 '플레이play'지만 모튼은 이를 음악이나 연극과의 관련 속에서 파악한다. '플레이'는 상연이나 연주를 의미하는 말이기도 하다. 음향성의 공간 혹은 무언가 일어날지 모를 잠재성의 공간을 움직이면서 거기에 생명력을 불어넣는 가장 주된 행위를 의미하는 말이기도 하다.

모튼은 거기에서 벌어지는 것을 '상연 상태에 있는 사물'로 표현한다. 거리에서 노는 아이들이 만드는 생기 넘치는 행위 상황 속에서 사물이 상연되고 연주된다. 이와 더불어 정보는 과다하지만 무의미한 교환이 벌어지는 공공권의 형해성을 증폭시켜 벌거벗은 세계와 도시가 그 물질성을 상연하는 상태에 이르게 된다. 상연 상태에 있는 사물 속에 사는 사람들도 공공권에 갇힌 상태로부터 자유로워지고, 고상한 철학적 언어나 텍스트의 존재와 무관한 세계가 존재함을 느낀다. 이 물질성, 정동성, 진동성을 느낌으로써 공존의 형식을 모색하는 것이다. 모튼은 이를 "지하의 공동성(언더 커먼즈)"이라고 표현한다. "도시에 저항하여 도시의 외부에 있으면서 도시에 앞선" 지하의 공동성인 것이다(Moten, 2017 : 191).

모튼이 보기에 미요시는 도시를 '삶을 벗어나는 곳'으로 생각한다. 동시에 도시는 공적인 공간으로도 생각된다. 사적 존재로서의 개인이 그 영역을 이탈하여 다수의 타자와 교류하도록 해 주는 열린 공간으로 생각되는 것이다. 공적 공간은 공적 영역과 사적 영역이 명확히 구별되고 질서 잡힌 곳에서 가능하다고 생각된다. 그러나 모튼이 미요시를 독해하면서 생각한 도시상은 이와는 매우 다르다. 이는 근대적 도시상의 외부와 저류에서 상상된 지하 집단 세계로서의 도시이다.

달아난다는 것은 무엇인가? 이는 파악할 수 없는 것, 분석되지 않는 것, 지적인 틀 바깥에서 감각될 수밖에 없는 것을 의미한다. 콜브룩은 모튼이 말하는 '도피'에 관해 "자신의 것이 아닌 공간과 구조에서 벌어지는 모든 형태의 '도피'"(Colebrook, 2018 : 32)라고 쓴다. 자신의 것이 아닌 공간이란 자신의 존재를 무시하거나 없는 것으로 간주하는 소외된 상황으로, 여기서 만들어진 공간에서 도피가 일어난다. 모튼이 말하는 도피는 자신에 대해 적대적·배제적·억압적 상황 속에 있기를 거부함을 뜻한다. 이 상황에서 자신이 관련되는 것 자체를 거부하기 때문에 오히려 자신이 존재함을 긍정하고, 존재감을 드러낼 수 있다.

모튼은 인종으로서의 신체를 사유한다. 검은 신체 색이 무시되는 상황과 관련된 문제이다. 2018년 말에 런던에서 이와 관련해 내가 느낀 상황이 있었다. 남자가 쓰러졌는데도 사람들은 그를 길거리에 널브러진 맥도날드 광고지처럼 취급하는 것이었다.

모튼은 프란츠 파농과 윌리엄 에드워드 버가트 듀보이스(William Edward Burghardt Du Bois, 1868~1963) 연구자인 나훔 디미트리 챈들러(Nahum Dimitri Chandler)의 논의에 주목한다. 이는 "흑인은 백인의 시선에 존재론적 저항이 불가능하다"라는 파농의 견해에 관해 "흑인은 백인에 대해 유사$_{para}$ 존재론적 저항이 가능하지만, 이 저항은 그것이 정확히 저항일 때만 일어난다"라고 답한다. '유사 존재론'이란 유사 언어(리듬이나 음량 혹은 소리의 질이나 얼굴의 표정 등 문자 정보로는 전달할 수 없는 것을 포함한 언어)나 역설, 나아가 시차(패럴랙스) 등을 수반하는 존재에 관한 물음을 의미하는 챈들러의 조어이다. 챈들러가 말하는 저항이란 평평한 문자 정보로 환원되지 않는(트위터나 페이스북으로는 퍼트릴 수 없는) 미세한 뉘앙스가 우리 삶에서 사라지지 않고 존재함을 과장하지 않고 그 자체로 긍정함을 뜻한다. 모튼은 챈들러의 논의에 관해 다음과 같이 말한다.

파농은 늘 관계에 있어서 흑인이 자신의 존재 여부에 불안을 느낀다고 말한다. 그러나 챈들러는 (관계에 있어서) 존재하고자 하는 욕망을 거부하지 않고, 오히려 우리가 이를 요청함으로써 불안을 떨치도록 한다(Moten, 2017 : 312).

도피란 관계의 거부이기도 하다. 그러나 이는 주변에 아랑곳하지 않고 독립적인 자신을 추구하는 것이 아니다. 오히려 관계의 부재, 관계없음을 통해 존재감을 긍정하는 것을 뜻한다. 사람은 도시에 산다. 그러나 사람은 도시를 달아나며 산다. 달아나면서 거주하는 것이 직접적으로 가능한 곳으로서 도시 세계가 존재한다. 모튼은 미요시의 논고인 〈경계 없는 세계?〉(1993)의 다음 부분에 주목한다.

로스앤젤레스, 뉴욕, 도쿄, 홍콩, 베를린, 런던 모두 '정체가 없는' 사람들로 넘쳐 난다. 그리고 미국 학자들은 이 사람들이 보여 주는 다양성을 아주 빼어나게 연구하지만, 멀리서 바라보는 전문가에게 위임하기에 앞서 우선 이 사람들이 무엇 때문에 그렇게 하는가를 알 필요가 있다. 이 사람들을 몰아세우는 힘은 어떤 것인가, 이 사람들은 우리의 일상생활과 어떻게 연관되는 것인가, 이 표류의 배경에 누가 있는가(ibid., 195).

모튼은 미요시의 〈경계 없는 세계?〉를 〈건축의 외부〉를 둘러싼 사고와 연관 짓는다. 즉 정체를 알 수 없는 사람들이 거주하는 곳은 건축의 외부, 다시 말해 정보 미디어를 필두로 건축을 논하고 사고하는 말의 외부에 펼쳐진 현실 세계이며, 이 외부 세계야말로 현실을 모으는 곳, 곧 공적 사물이라는 것이다. 그곳에서는 정체를 알 수 없는 이들이 '평범하지 않은 삶'을 살아가고 있지만 이 정체성 없음, 곧 평범함 혹은 근대적 공공성을 벗어난 곳에서 사는 것이야말로 삶의 전제 조건이다.

정체를 알 수 없는 이들이 사는 곳인 도시 세계. 중요한 것은 여기에서 '정체를 알 수 없음'을 부정하는 것이 아니라 그 알 수 없는 존재가 가진 신체의 물질감을 수용하고 긍정하는 것이다. 이는 어쩌면 자신도 정체 없이 존재할지도 모름을 승인하는 것이다. 나아가 자신이 살고 거주하는 세계 자체가 정체 없는 것과 다를 바 없이 존재한다고 느끼는 것이다. 사람이 가진 살아 있는 몸, 원초성, 피륙으로 살아 있는 것이다. 그것이 '정체를 알 수 없음'이다. 이 피륙으로서의 원초성이 각인되고 정착된 곳이 거주의 장소, 나아가 삶의 조건이다. 살아 있는 신체를 부정하지 않고 없애지 않으며 떠다니는 것을 허용하는 장소로서 바로 거기에 지구 혹은 대지의 실재가 있다. 모튼은 이를 '풍요로운 재물질화'로 표현한다. 즉 이미 여기에 있음에도 불구하고 느끼지 못한 채 무시되고 있는 것이 있다. 이는 "아름다움에도 불구하고 들리지 않고 이해하지 못하는 우리 현재의 미래", "예술적인 현전화의 몸짓으로서 종종 공포스러운 현실성"을 띤다(ibid., 196).

풍요로움은 우리가 늘 살아가는 곳, 현실 세계의 아름다움, 미래의 전조를 느끼고 그 존재를 믿는 일을 가능하게 해 주는 조건이자 지구 규모의 것으로서 우리에게 주어져 있다. 유감스럽게도 자의식이나 자의적인 이데올로기, 분석이나 일방적 결정을 벗어나는 곳에 존재하는 풍요로움의 영역에 우리가 살고 있음에도 불구하고 그 실재성을 느끼지 못하는 이가 많다. 풍요로운 영역, 더구나 지구 규모 영역의 실재성은 분석이나 일방적 결정(이는 인터넷으로 우월해진 SNS로 증폭된다)과 관련된 상태 바깥에 넓게 펼쳐져 있음에도 불구하고 말이다.

제7장

새로운 인간의 조건
 : 아렌트에서 차크라바르티로

2018년 11월, 요네다 도모코의 연작 〈지진 재해 이후 10년〉을 보았다. 이는 2004년의 작품으로, 1995년 한신·아와지 대지진 10년 뒤의 고베 거리 사진이다. 주제는 '빈터'였다. 표제는 '시내 최대의 피해를 받은 지역'이라고 붙었지만, 그것은 지진 피해의 물적 흔적도 아니고 그 후의 피해 상황에서 남은 생활의 흔적도 아닌 그저 빈터였다. 더구나 피해 뒤 구획 정리로 갱신되어 사유지가 되고 매매 주택이 지어지는 과정에 있던 빈터이다. 빈터는 잡초 하나 없이 깔끔한 상태로 보존되어 목책으로 둘러쳐져 있었는데, '판매지'라는 푯말 하나 없이 그저 잡초만 자라는 방치된 곳이었다. 어쨌든 다시 정리되어 사유지로 구분되었다. 들뢰즈와 가타리가 말하는 '평평한 공간'의 전형이다. 인간이 살기 위한 공간으로 바뀌어 인간적 척도를 따르게 된 것이다.

그러나 빈터는 잡초화가 진행 중이다. 물론 누가 사유지로 삼든 새로운 상태가 되겠지만 적어도 요네다가 촬영한 시점에서 빈터는 잡조화가 진행 중이었다. 잡초는 빈터가 정리되고 나서 인간적 척도를 따르는 상황을 흔드는 존재이다. 혹은 이렇게도 말할 수 있다. 잡초는 빈터가 인간 세계의 부분으로 침입함으로써 인간 세계로 확정되는 상태를 흔들고 파탄 낸다. 정리된 빈터에서 배제된 잡초는 그저 존재함으로써 정리된 구조를 흔든다. 이는 인간 세계와 인간 없는 세계의 경계, 곧 외연에 그것들이 존재함을 의미한다.

인류세에서 인간의 조건을 둘러싼 아렌트의 사고가 가진 의의와 한계

《세계의 종말》에서 다노프스키와 비베이루스 지 카스트루는 최근 철학에서 융성한 인간과 (사물의) 세계 간의 경계를 둘러싼 형이상학적 논의에 생태적 위기에 대한 불안이 반영되어 있다고 주장한다. 그들이 보기에 이 위기는 인간 존재의 성립을 위한 기본적 조건을 둘러싼 근본적 틀의 변화를 요청한다. 현재의 맹렬한 변화는 '지구라는 거대한 환경'에서 벌어지고 있다. 이는 '홀로세 동안 인간 생활을 지탱해 온 환경 조건의 악화'를 말한다. 변화된 환경 조건은 물리적인 힘으로 인간에게 영향을 끼치고 있다. 탐구해야 할 것은 지구 규모의 침입이 인간의 생존에 관한 철학적 사고이며 여기서 인간이 살기 위한 조건을 새롭게 사유하는 것이다(Danowski and Viveiros De Castro, 2017 : 3).

지구 규모 조건으로서의 세계를 인간 생활을 지탱하는 불변의 배경, 객관적이고 물리적인 배경으로 생각할 수도 있을 것이다. 그렇다면 지구 규모의 조건은 인간에 의해 이성적이고 공학적으로 통제 가능한 대상이 될 수 있다. 지구 규모의 조건은 정해진 그릇인 거주 공간으로 만들어지고 거기에 인간이 수용된다.

그러나 현상학적으로는 지구 규모 조건으로서의 세계를 인간 생활을 가능하게 해 주면서도 그 존재 방식에 영향을 끼치는 것으로 생각할 수도 있다. 니시다 기타로는 역사적 실재로서의 세계를 "바로 우리 자신이 존재하는 장소"라고 생각한다. 즉 이는 "우리 자신에게 직접 역사를 형성시켜 주는 역사적 세계"(西田, 1989 : 317)이다. 혹은 모튼은 레비나스와 하이데거의 철학을 비판적으로 독해하면서 지구 규모의 세계를 사물의 세계로 파악한다. 이는 인간적 생활 세계의 외연 그 아래에 존재하면서 인간의 생활 세계를 인도하고 활기를 불어넣는 것이다.

이 책은 인간이 존재하고 살기 위한 조건의 기초인 가치관을 새롭게 제안하는 데 목적이 있다. 이를 위해서라도 인간 생활의 조건을 사물의 세계로 여는 장소(인간적인 것과 인공적인 것의 혼합체)와 같은 것으로 생각한다. 중요한 것은 그 위태로움이다. 확정적으로 생각되는 생활 세계는 이미 위태롭게 붕괴하기 쉬워졌다. 즉 인간 생활을 가능하게 하는 조건은 위태로움, 불확정성 속에서 일시적으로 성립한다.

인간 존재의 위태로움을 둘러싼 철학적 조건 자체는 새롭지 않다. 제2차 세계 대전 이후 구미의 철학적 사고는 인간의 조건이 붕괴하고 인간이 대량으로 사멸하는 것에 대한 위기감, 즉 절멸 가능성을 탐구한 바 있다. 아렌트 및 귄터 안더스(Günther Anders, 1902~1992)는 나치의 강제 수용소, 히로시마와 나가사키에 대한 원자 폭탄 투하 등의 과학 기술 전개가 인류에 초래한 재앙을 인간의 조건과 연관 지었다. 안더스가 말한 것처럼, 여기서의 과제는 "인간의 세계가 소멸함을 상상하지 않을 수 없다"(Anders, 2016 : 132). 과학 기술의 진전을 바탕으로 인간의 생활 세계 자체를 소멸시키는 능력을 갖춘 이들이 있는 상황에서 어떻게 거주 가능한 세계를 만들 것인가가 1945년 이후의 철학에서 중요한 물음이 되었다.

인류세 시대에서 인간의 조건에 관한 철학적 물음은 아렌트 등의 사고를 재구성하는 것이라고 할 수 있지만, 새로운 전개 지점도 있다. 지진, 가뭄, 산불, 수몰 같은 사건은 인간 세계의 기본 구조를 인간적 척도를 벗어난 지점에서 펼쳐지는 지구 세계 속에서 설정할 것을 우리에게 촉구한다.

그러나 그렇게 보기는 어렵다. 모튼이 지적한 것처럼 인간의 생활 세계와 사물 세계의 경계 간 위기는 현대의 중대한 사상적 과제의 하나임에도 불구하고 철학적 사고는 사물 세계를 부인하고 있기 때문이다(Moten, 2018 : 11-12). 그래도 이 경계가 사물 세계 쪽에서 침투하여 인간 세계가 파괴되는 일이 벌어질 수 있다. 이는 인간 세계의 무언가가 파괴되는 것이자, 그것이 근본부터 파탄 남을 의미한다. 장기적으로는 이 파탄 가능성을 보며 인간 세계에 대한 설정을 기본부터 살펴볼 필요가 있다.

현대의 생태적 위기로 인해 아렌트의 인간의 조건에 관한 고찰이 재발견되고 있다. 중요한 것은 차크라바르티가 말했듯이 아렌트가 스푸트니크호 발사(1957)를 인간의 조건에 있어서 근본적인 변화의 전조로 본다는 점이다(Chakrabarty, 2012 : 15). 즉《인간의 조건The Human Condition》(1958) 서두에서 그녀는 스푸트니크호의 발사에 관해 "인간이 지구에 결박된 상태를 이탈하기 시작한 첫걸음"(Arendt, 1958 : 1)이라고 쓴다. 아렌트는 인간 중심적 관점을 취하기 때문에 이 사건을 인간이 지구에서 벗어나 지구를 자유롭게 통제하는 주체가 된 사건으로 해석한다. 그러나 스푸트니크호 사건을 둘러싼 아렌트의 고찰을 인간과 지구 사이의 거리에 관한 것으로 볼 수도 있다. 거기서 발견되는 것은 생활 세계와 사물 세계

간의 차이와 장벽이다.

인간의 생활 세계와 벽을 두고 실재하는 행성적 조건을 가진 지구는 인종이나 성, 국가나 계급, 종교나 정치적 이데올로기에 기반해 분할선이 그어지기에 앞서 객관적으로 존재한다. 중요한 것은 다양한 인간이 공존하며 살기 위한 형식과 방법을 이 행성 규모의 폭을 가진 개방성에 입각해 제안하는 것이다. 이를 위해서라도 우리의 존재 조건을 바깥으로는 아래층에 있는 사물의 지하 세계에 두고, 이를 지탱하는 지점에서 성립하는 것으로 생각할 필요가 있다.

아렌트는 인간 세계 자체가 인간적 척도를 벗어난 타자로서의 지구 규모 조건과의 접촉 속에서 형성된다는 점도 생각했다. 인간 세계가 붕괴와 이웃 관계에 있음을 생각한 것이다. 그러나 아렌트는 사물의 세계를 인간 활동에 따라 생산된 사물로 파악했다. 즉 인간 세계의 바깥에 있는 자연 사물의 존재를 소홀히 한 것이다. 그녀는 사물 세계로서의 인간 세계가 자연의 사물로부터 단절된 인위적 제작물이라고 보았다.

이에 비해 나는 다음과 같이 주장하고자 한다. 현대의 생태적 위기 시대에 인위적 제작물의 수미일관성은 흔들릴 뿐 아니라 파탄의 갈림길에 서 있다. 우리는 인간 존재의 조건이 지구 규모의 사물과 모순적 관계 속에서 성립하는 장소에 있다고 느낀다. 인간은 상호 모순되게 존재하는 두 세계에 동시에 살고 있다. 지구 규모의 사물 세계는 인간 세계를 둘러싸고 존재하지만, 두 세계는 서로 다르다. 즉 인간은 인위적 제작물로서의 세계뿐 아니라 지구 규모의 사물 세계에 따라 조건 지어져 있다.

인간 조건의 근본적 변화

활동적 삶을 영위하는 곳인 세계는 인간 활동으로 생산된 사물로 구성되어 있다. 예컨대 사물이 존재하기 위해 인간에게 많이 기대더라도 인간은 이를 만들기 위한 수단으로서 조건 지어져 있다. 삶은 지상의 인간을 낳는 곳으로서의 조건 (나아가 부분적으로 다른 삶을 낳기 위한 조건)뿐 아니라 인간 자신의 몸, 그 앞에 놓인 조건 전부를 언제나 창출한다. 가변적인 모든 조건은 인간에게서 유래하기에 자연의 사물과 동일하게 조건 지어진 힘이 예비되어 있다(ibid., 9).

아렌트는 인간이 진공으로는 존재할 수 없고 조건 지어진 채 존재한다고 생각했다. 인간은 조건 지어진 방식으로 세계에 거주한다. 즉 인간은 "조건 지어진 존재"이다. 조건 지어져 있다는 말은 이론적인 관점에서 볼 때 중요하다. 즉 새로운 공존의 형식을 제안하는 것이 이론적 과제임을 고려할 때, 우선 인간을 조건 지어진 존재로 보는 것이 기점이 된다. 아렌트는 어쩌면 세계를 인간 존재에 선행하는 초월론적인 것으로 생각하는지도 모른다. 이는 곧 세계가 인간을 조건 짓는 한에서 인간의 행위와 경험에 비해 이론적으로 선행한다는 말일 것이다. 즉 조건 지어진 존재로서 살아간다는 것은 인간의 바깥에 있고 인간에 앞서는 타자로서의 세계에 거주한다는 것을 의미한다.[24]

아렌트의 생각에 조건 지어진 것으로서의 세계는 사물로 성립한다. 즉 인간의 공존 형식으로서의 정치적 공공성은 사물의 지배를 받는다. 인간의 공존 형식은 인간의 실천, 상호 행위의 영역이지만 이는 객관적 조건으로서의 사물의 세계에 따라 유지된다. 이렇게 아렌트의 사고는 인간을 조건 지어진 사물성으로 육박한다. 그런데 사물의 세계에 관한 그녀의 고찰은 불충분하다. 아렌트는 세계의 사물을 '인위적인 것'으로 생각하기 때문이다. 이는 "모든 자연의 경계로부터 명확히 차이 나는, 인위적인 사물의 세계"이다.

아렌트는 인위적 산물인 사물의 세계는 자연 사물과 구별된다고 말한다. 이는 우선 인간이 만든 세계가 그 주체인 인간의 존재를 유지하는 조건으로 구축됨을 뜻한다. 바꿔 말해, 인간 존재를 위한 조건은 인간 활동에 따른 사물로서의 존재이다. 그러나 그런 한 인위적 사물의 세계는 이를 둘러싼 자연과 분리되어 경계 지어진 인간적 세계로 확정되어 버리고 만다.

아렌트는 인위적 세계와 지구 규모 사물의 차이를 두 세계를 분리하는 경계로 생각한다. 반면 나는 이 경계가 과연 단순한 단절선인지에 관해 의문을 품는다. 모튼의 생각에 현대철학의 과제는 인간의 세계와 사물의 세계 간 차이를 명확히 하는 것이다. 하지만 그가 말하는 차이의 명확화란 살아 있는 경계성을 분명히 하는 사변적인 활동을 뜻하는 것으로 보인다. 즉 그는 사물의 세계를 "생활 세계의 주변에 들어선 사물의 지하 세계"로 파악하고 인간 세계를 그 이면에서 유도된 것으로 생각한다. 이 경우 차이는 인간 세계와 지구 규모 사물의 세계 간 경계이며, 외연적 성격을 띠게 된다. 이에 비해, 아렌트가 말하는 사물의 세계는 자연 세계로부터 단절된 상태이자 인간의 생활 세계의 부분으로서 인위적 산물로 간주된다. 이 경우 '지하의 사물', 곧 '지구 규모의 사물' 측면이 소거된다.

지구 규모 사물의 소거는 자연적인 것에 대한 일종의 불신, 무시의 이면이다. 즉 그녀는 "인간 존재를 조건 지을 수밖에 없는 한에서 사물은 서로 관계없는 것의 집합에 불과한, 즉 비세계non-world이다"(ibid., 9)라고 말한다. 비세계적인 것이란 자연의 사물이 그것만으로 세계를 형성할 수 없음을 뜻한다. 아렌트는 인간 존재가 지구 규모의 면에서 조건 지어져 있다고 느낀다. 앞서 인용에서 그녀는 인간이 만든 조건이 자연과 동등한 힘을 가진다고 말하지만, 이 견해는 인간의 조건이 그저 인간의 산물이라는 것이 아니라 지구에 뿌리를 두고 있음을 시사한다. 아렌트는 다음과 같이 말한다.

지구는 인간 조건의 본질이다. 그리고 우리 모두 아는 것처럼 지구라는 자연은 인간에게 살 곳을 준다는 점에서 우주에서 유일한 곳이다. 여기에서 인간은 이렇다 할 노력을 하지 않고, 또 특별한 장비 없이 움직이고 숨을 쉴 수 있다(ibid., 2).

아렌트는 지구라는 자연이 인간을 조건 지음을 인식한다. 이는 인위적 산물로부터 분리되어 무익한 것으로 무시된 자연과 달리 인간의 삶에서 빠지지 않는 자연이다. 따라서 아렌트는 인간 존재의 조건이 자연과 구별된 인위적 산물일 수밖에 없는 한 불충분하다고 주장한다. 거기에는 자연이 인간 세계를 소멸시켜 버린다는 가정이 있다. 그녀의 생각에 인위적인 구축물은 사용하고 유지 관리하지 않는 한 황폐화되고 쇠퇴해 버린다. 그러나 인위적 구축물의 소멸은 "전체로서의 자연 과정으로 돌아가는 것"을 의미한다. 이는 의자를 논하는 지점에서 명확해진다.

만일 의자가 그대로 방치될 뿐 아니라 인간 세계에서 버려진다면 다시 나무가 되고 흙으로 돌아갈 것이다. 정확히 말해 흙에서 태어나는 것이다. 그러나 나무가 태어나는 것은 그것이 인간의 작용으로 인해 무언가를 위한 소재가 되기 이전에는 과연 존재하는 것일지 의문이다(ibid., 137).

아렌트의 생각에 인간 생활의 일부인 의자는 자연의 양보나 소멸 과정에 대항할 수밖에 없다. 사물의 객관성은 자연의 소멸 과정을 벗어나는 것으로 볼 수 있지만, 그녀가 이것과의 단절에 집착하는 것은 인간 세계의 안정성을 열렬히 원하기 때문이다. 이렇게 인간 존재를 넘어서는 지구 규모의 조건이 무시되어 버린다. 자연 세계에 있는 진정한 자연이 무시되는 것이다. 자연 세계는 인간 세계에서 방치된 비세계로 파악되는 것이 아니라, 인간 세계를 쇠퇴하게 만드는 과정으로 생각된다. 따라서 이는 인간 세계의 안정성을 위해 멀리 두지 않을 수 없다.

아렌트는 인간의 조건을 주관에서 벗어난 사물적 객관 세계로 생각하고자 했다. 그런 한에서 그녀는 인간의 생활을 그저 경험의 공통 지평으로서의 간주관적 영역에 가두지 않고 사물의 세계를 향해 열린 것으로 생각한다. 그러나 그녀가 말하는 사물의 세계는 인위적 생산 활동의 산물에 불과하다. 이는 자연 세계의 불안정성에서 벗어나 쇠퇴하지 않을 불가피한 조건을 탐구하는 것이다.

자연 세계는 인위적 세계의 안정성을 위협하고 쇠퇴하도록 하는 것으로 생각된다. 따라서 자연 세계는 기피되고 인간 세계의 외연에까지 영향을 끼친다. 그리고 인간 세계가 파괴될 때 그 일부인 사물은 인간 세계를 벗어나 자연 세계로 돌아간다. 그러나 이는 비세계로서의 자연으로 퇴락하는 것으로 간주된다. 즉 자연은 세계성을 결여한 단순한 사물들이 어수선하게 늘어져 있는 것으로 생각된다.

인간 세계와 지구 규모 사물의 충돌과
인간 세계의 불안정화

현대의 생태적 위기 상황에서 인간 생활의 조건을 둘러싼 아렌트의 논의를 짐작할 수 있게 되었다. 이미 말한 것처럼, 아렌트는 인간 생활의 조건을 안정시키기 위해서라도 이를 둘러싼 자연과 분리되지 않을 수 없다고 생각한다. 인간 세계 바깥에 있는 지구 규모 사물의 세계는 인위적 제작물의 소재로 이용되면서 인간의 생활 세계에 동화된다. 그러나 거기서 진정한 자연의 요소는 배제되고 기피된다. 현재 인간이 자연 세계에 침입한 결과 이 세계가 흔들리기 시작했다. 차크라바르티는 다음과 같이 말한다.

오늘날, 인간이 일으킨 기후 변화는 날씨와의 관련 속에서 빈번하게 발생하는 재해를 필두로 자원, 금융, 먹거리 같은 행성 규모의 다양한 위기와 더불어 벌어지고 있다. 지구를 부인했지만 1950년이라는 낙관적이고 근대화된 시대에 아렌트로서는 상상할 수 없던 사태가 벌어지고 있음을 우리는 알고 있다 (Chakrabarty, 2012 : 15).

아렌트의 생각에 인간 존재의 조건은 지구 규모의 사물을 벗어난 곳에서 형성된 인위적 구축물이다. 그러나 현대의 생태적 변화에 있어서 우리는 지구 규모의 사물이 거부할 수도 부인할 수도 없는 것으로 존재함을 느끼기 시작했다. 이는 지구 규모의 사물 자체가 활동성을 띠면서 어찌 됐든 부인하거나 벗어날 수 없이 존재함을 뜻한다. 부인되던 사물이 인위적 구축물인 인간의 조건을 흔들고 붕괴시킨다. 이는 아렌트의 낙관론에 기반한다면 일어날 수 없는 일이었다.

다노프스키와 비베이루스 지 카스트루도 이런 변화를 "서양 역사에서 3세기와 4세기에 걸쳐 우월하던 '인간주의적인' 낙관론으로의 역전"으로 파악하고 "역사의 지평에서 배제된" 사태라고 주장한다(Danowski and Viveiros De Castro, 2017 : 2). 배제된 것이란 그 존재가 무시됨을 뜻한다. 이 점에 관해 다노프스키와 비베이루스 지 카스트루는 인간 활동이 초래한 환경 변화가 인간의 조건을 불안정하게 만들었지만, 사실상 배제되고 무시되어 온 것이 활동 상태가 되어 인간의 조건을 붕괴시키는 것이라고 말한다. 그들은 여기서 벌어지는 일에 관해 "우리 지구 규모의 문명 붕괴"라고 말하지만, 이는 이해할 수 없다. 붕괴는 그저 문명이라는 정신적 영역뿐 아니라 인간의 조건이라는 사물적·객관적 영역에서 벌어지기 때문이다. 붕괴란 인위적 산물의 붕괴이자 파탄이다. 세계적인 생태적 변용의 시대에 안정적으로 유지되어 온 인위적 산물이 흔들리고 무너지고 있다.

인간 조건의 붕괴와 파탄을 사물의 세계에 대한 사태로 생각하기 위해 인류세에 관한 과학 논문을 참고할 필요가 있다. 〈인류세 : 개념과 역사적 시점〉이라는 자연 과학 논문에서는 다음과 같이 말한다.

글로벌한 환경에 미치는 인간의 흔적은 오늘날 대규모적이고 강력하며 지구 시스템의 작동에 끼치는 자연의 거대한 힘에 필적한다(Steffen, Grinevald, Crutzen and McNeill, 2011 : 842).

이 논문에서는 글로벌한 온난화, 토지 이용의 변화, 해양의 산성화 같은 자연 현상이 인간 활동이 남긴 흔적의 귀결로 파악된다. 과학자인 저자들은 인간의 흔적을 일종의 물리 현상으로 본다. 인간의 흔적은 이산화탄소 배출, 도시 건설, 매립 같은 인간 활동의 물리적·물질적 산물이 지상에 축적된 것을 의미한다.

그러나 인간이 지구에 각인한 흔적을 인간의 실존적 조건에 관한 것으로 생각하는 것은 지구 규모의 사물 세계로 인간 세계가 확장한 것을 의미한다. 더구나 이는 인간이 만든 인위적 구축물로서 지구 규모 사물의 자연성을 벗어난 곳에서 확장된 것이다. 인간의 흔적은 자연성을 결여한 인위적 구축물이 지구 규모의 사물 세계로 진출하는 과정에서 남긴 것이다.

그리고 이 논문에서는 이 흔적의 축적이 지구 상태를 바꾼다고 말한다. 지구의 변화가 지질학적인 것에 불과하다고 본다면 이는 자연 과학적 문제 이외의 아무것도 아니다. 그러나 지구 변화의 귀결인 온난화나 해양 오염은 인간 생활에 심각한 영향을 끼치는 한에서 인간 생활의 조건에 관한 철학적 물음과 관련되는 사태이다.

다노프스키와 비베이루스 지 카스트루는 우리가 사는 때가 "지질학적인 것과 도덕적인 것이 연동된 시대"(Danowski and Viveiros De Castro, 2017 : 15)라고 주장한다. 환경적 조건의 불안정화가 야기한 인간 사회의 파탄은 인간 생활이 정치 체제나 문화적 이데올로기 등을 담지한 인간 세계 바깥에 펼쳐진 지구 규모의 사물과 연동된다는 점을 명확히 한다. 그러나 지구 규모의 사물 세계는 자연 과학 법칙만을 따르는 것이 아니다. 인간이 자신의 생존을 위해 만든 인위적 구축물을 통해 변경되고, 인간 세계의 일부분이 된다. 즉 인간적 척도를 따르게 되는 것이다. 지구 규모의 사물은 인간 세계로부터 배제되고 기피되면서도 척도를 따른다는 모순된 관계로 이루어져 있다. 더구나 현대에 지구 규모의 사물은 인간 세계가 설정한 관계를 벗어나 인간 세계의 근본 조건을 위협하는 중이다. 2018년 〈인류세에서 지구 시스템의 길〉에서는 다음과 같이 말한다.

중요한 문제는 뜨거운 지구를 향한 역치를 넘어 버림으로써 인간 사회가 안정화된 지구의 길로 접근하는 것이 어떤 행동을 하더라도 늘 어려운 일이 되었다는 점이다. 역치를 넘어 인류가 영향을 받고 제어가 불가능한 지구 시스템 내부의 능동적인 자기 강화형 피드백이 지구 시스템의 주요한 구동 요인이 될 수 있다. 각 전환 요소가 연결되어 경사를 이룬 결과 다시 온도를 상승시킬 수 있다. …… 뜨거운 지구는 제어 불가능한 상태가 되기 쉽다. 특히 그것이 최근 1~2세기 동안 벌어지면서 많은 이를 위험에 빠트리고 있다. 유난히 기후 변동에 취약한 사람들의 건강, 경제, 정치적 안정성이 심각한 리스크가 될 것이다. 궁극적으로는 이 행성에 사는 인류의 생존 가능성을 위협할 것이다(Steffen, Rockström, Richardson, Lenton, Folke, Liverman, Summerhayes, Barnosky, Cornell, Crucifix, Donges, Fetzer, Lade, Scheffer, Winkelmann, and Schellnhuber, 2018 : 8256).

역치를 넘어선 지점에서 발생하는 자기 증식적 피드백이 인간의 예측과 제어 능력을 넘어선다. 더구나 인간 세계에도 관련되는 사항으로 벌어지고 만다. 이에 따라 정치, 경제, 사회도 영향을 받아 불안정해진다. 인간은 거기에 살고 있다. 예컨대 세계가 불안정해지더라도 인간이 지금 사는 곳에 있는 한 바로 그곳이 인간 존재의 조건이다.

인간 세계의 불안정화를 어떻게 생각할 것인가? 브뤼노 라투르(Bruno Latour, 1947~2022)는 《가이아를 마주하기Facing Gaia》(2015)에서 인간 생활의 토대에 관해 다음과 같이 말한다.

근대인들이 당연한 것으로 생각해 온 물리적 작동 방식, 즉 역사가 반복되고 펼쳐져 온 것을 지탱해 온 토대가 불안정해진다(Latour, 2017 : 3).

라투르는 현대의 환경 위기가 근대에 유지되어 온 인간의 실존 감각을 지탱해 온 조건을 불안정하게 만든다고 생각한다. 이 견해는 인간 생활의 조건으로서의 토대가 문화나 정치혹은 경제 같은 인위적 산물뿐 아니라 지구 규모의 사물적 장에도 있음을 시사한다고 할 수 있다. 그런 점에서 그의 견해는 이 책과 견해를 같이한다. 즉 라투르는 토대 자체가 불안정해진다고 말하지만 이 불안정화에서 감각된 것이 지구 규모의 사물성이자 이를 철학적이고 비판적으로 직시함으로써 파악할 수 있게 된다고 말한다. 그리고 다노프스키와 비베이루스 지 카스트루가 말한 것처럼, 라투르가 말하는 토대의 불안정화가 의미하는 것은 생존 조건 자체의 파탄만이 아니다. 근대적 사고의 기본 설정인 자연과 인간 간의 구별도 붕괴한다.

라투르는 지금까지의 장소, 근대를 지탱해 온 구별, 즉 자연과 정치 사이의 구분이 객관적이고 역사적으로 붕괴하고 있음을 시사하는 증거를 모아 왔다. 최근 그는 행성 규모의 환경 붕괴가 비현실적이면서도 가장 현실적인 귀결을 낳고, 설득력 있게 증가한다고 생각한다. 그것은 근대의 코즈모폴리턴적 정부(노모스)의 주된 실패로도 이야기되는 상황을 만들어 냈다(Danowski and Viveiros De Castro, 2017 : 86).

라투르는 인간 조건 자체의 불안정화뿐 아니라 자연과 인간 사이의 근대적 구분을 지탱하는 개념적 틀의 붕괴를 문제 삼는다. 그런 점에서 행성 규모의 생태적 파탄은 인간과 자연의 개념적 구분의 붕괴를 가속화하는 현실의 사건이다. 즉 인간과 자연의 개념적 구분의 붕괴는 인간과 자연을 분리하는 근대적 존재론의 변경이자 대립의 극복이며 그 사이의 연속성, 하이브리드적 연관의 실현을 의미한다. 따라서 생태적 위기는 인간 존재에 대한 위협일 뿐 아니라 근대라는 사상적 설정을 재검토하는 기회이기도 하다. 라투르의 시각은 인간과 자연의 이항 대립을 넘어서며 그것이 공통 세계, 즉 인간적인 것과 자연적인 것이 상호 교류하는 지점에서 집합체의 형성을 촉구하는 것이다.

이에 비해 나는 인간 조건의 불안정화는 안정적인 것으로 정해진 기존 인간 세계의 붕괴를 의미한다고 생각한다. 이는 인간과 자연의 구분이라는 개념 틀의 붕괴만이 아니다. 안정적인 인간 세계를 성립시켜 주는 인위적 경계의 붕괴이다. 인간 세계를 지탱하는 토대가 불안정하게 된다. 우리는 다시 자연 세계와의 조화로운 관계로 되돌아갈 수 없다.

  우리는 인간 세계를 둘러싸고 형성된 경계의 외연에 있는, 인간적이지 않은 세계의 존재를 느낀다. 외연적 영역에서 벌어질 수 있는 인간적이지 않은 것과의 접촉은 두려운 것이기도 하다. 왜냐하면 이는 인간의 관심이나 일상적 의식을 벗어날 뿐 아니라 인간의 척도를 넘어서기 때문이다. 인간 세계와 지구 규모 세계의 만남은 침입의 사건이다. 지구 규모 사물의 침입인 것이다. 그리고 인간 조건의 새로운 창출을 촉구하는 것은 인위적 산물의 성립에서 무시되어 온 사물이다. 사물이 인위적 산물로서의 생활 세계 바깥에 멈추어 있는 것이 아니라, 인위적 산물로 환원되지 않는 것으로서, 환원에 저항하는 것으로서 존재한다. 모튼은 "사물은 지하 세계에 거주하지만 다른 한편으로 생활 세계에 노골적으로 나타난다. 그러나 생활 세계의 외연에, 그 핵심에 있으면서 시공간적 정위력을 드러낸다"(Moten, 2018 : 12)라고 말한다. 이는 어쩌면 다음과 같은 점을 의미할 것이다. 인위적 산물의 소재로 이용되거나 동화되지 않고 생활 세계의 외연에 멈춰 있는 사물이 사실 인간 생활을 지탱할 뿐 아니라 인간 생활의 존재 방식을 은밀히 유도한다.

지하 세계의 사물은 사물인 한 인간의 생활 세계를 구성하는 인위적 산물과 동일한 것으로 생각할 수 있다. 그래도 거기에는 장벽이 있다. 따라서 인간 세계 인위성의 붕괴가 초래한 것은 생활 세계와 사물 세계 간의 연속성이나 하이브리드적 연관이 아니다. 거기에서는 인간 세계를 지탱하는 시공간적 설정의 파탄뿐 아니라, 그것이 배제해 온 지하 세계 사물과의 충돌이 벌어진다.

차크라바르티가 말한 것처럼 아렌트가 말하는 인위적 산물로서의 공동 세계는 지구 규모의 사물을 무시한 지점에서 성립한다. 환경 위기 상황에서 정확히 이 인위적 사물로서의 세계가 불안정하게 된다. 세계의 파탄이 도래할 때 인간 생활의 조건은 지구 규모 사물의 침입을 받는다. 아렌트가 정식화한 인간의 조건에 관한 논의도 근본적으로 바뀌지 않을 수 없다. 인간 세계는 인간적 산물인 사물의 세계 바깥에 펼쳐진 지구 규모의 사물을 향해 열리고 침수당한다. 인간 생활을 지탱하는 실존적 조건은 이 너비 가운데 그 일부로 형성된다.

애초 아렌트가 말한 세계는 인간 활동을 살아 있는 것으로 존재하게 하는 맥락 속에 있다. 그러나 엘라 마이어스(Ella Myers)가 말한 것처럼 이는 인간 활동의 산물로 생각되며, 인간과 구별된 객관적 배경으로 생각된다.

세계는 활성화되지 않은 배경은 아니지만 많은 사물의 하나로서 인간 활동의 장과 맥락을 지닌다. 그리고 세계로서의 모든 조건은 다수가 인간이라는 행위자에 의해 생산되고 유지되며 변화하는 것이다. 그럼에도 이들 행위자 자신과 구별된다(Myers, 2013 : 92).

아렌트는 "사물과 인간은 각 인간의 활동을 위한 환경이지만 이와 같은 장이 없다면 인간 활동은 무의미하게 된다"라고 말한다. "우리가 살고 죽는 곳인 세계로서의 환경은 제조된 사물의 경우와 마찬가지로 이를 만든 인간 활동 없이는 존재할 수 없을 것"이다(Arendt, 1958 : 22). 따라서 마이어스의 독해는 정확하다. 그런데 마이어스는 인간이 만들어 낸 것이면서 인간을 조건 짓는 세계 자체의 존재 방식(행위자와 구별되는 것으로서의 세계)을 묻는 것이 아니라 '배려 윤리'의 관점에서 세계를 이야기한다. 그것은 "협동적·민주주의적 실천의 장이나 공간일 뿐 아니라 정확히 그 대상이기도 하다"(Myers, 2013 : 92). 이 실마리를 기반으로 세계의 현실은 서양 민주주의 이론, 상호 행위와 배려 이론의 틀로 수렴된다.

마이어스가 이해하기로 아렌트가 말하는 세계는 인간이 모여 상호 행위를 벌이는 조건이 되며, 그 유지를 위한 세계에 대한 집단적 배려, 인간적 배려를 요청한다. 인간은 자신들 사이에 존재하는 세계에 관심을 기울이고, 자신의 생존을 위해 유지해야 할 배려를 해야만 한다는 것이다.

인간은 자신을 바깥에서 지탱해 주는 배경인 세계에 거주한다. 따라서 자신의 생존을 위해서라도 세계를 안정시키고 유지할 것을 요청받는다. 이에 대한 의문의 여지는 없다. 그러나 현대의 기후 위기는 배경인 세계가 불안정해질 수 있음을 명확히 보여 준다. 더구나 세계의 불안정화는 인간 세계가 자연 세계로 침입하여 발생한다. 즉 인위적 산물인 세계는 인간 활동과의 관계뿐 아니라 바깥에 펼쳐진 자연 세계에까지 영향을 끼치고 있다. 세계를 배려의 대상으로 파악하면서 세계의 타자성, 외부성을 사고하지 않을 수 없는 것이다.

내 생각에 아렌트는 세계에 대한 인간 활동을 단순한 배려가 아닌 제작적인 것으로 생각한 것 같다. 인간 활동을 지탱하기 위해 인위적 제작물을 만들지만, 다른 한편으로 자연 세계에 대한 인간의 유무를 묻지 않고 인간이 개입하기도 한다. 인간적인 세계의 형성을 위한 소재를 끌어내고 인간적 척도에 맞게 바꿔 만들어 지구 규모의 자연성을 소멸시키는 것이다. 아렌트는 이런 인간의 제작 활동을 폭력적이고 파괴적이라고 느낀다.

소재란 이미 인간의 손에 있는 생산물이며, 인간의 손이 자연의 장소에서 끌어낸 것이기도 하다. 예컨대 소재가 되는 나무라면 파괴되어 그 생명 과정을 죽임당하지 않을 수 없고, 철이나 돌 혹은 대리석이라면 자연 과정에 비해 훨씬 애매하지만 어찌 됐든 지구의 태내를 파괴하여 끌어내지 않을 수 없다. 이 침범과 폭력의 요소는 모든 제작에 대한 것으로서 인위적 산물의 창조자는 지금까지 늘 자연의 파괴자였다(Arendt, 1958 : 139).

인위적 산물로서의 세계의 창조를 위해서는 소재가 필요하지만, 이는 인간을 둘러싼 자연 세계로부터 수탈한 것이다. 이 수탈은 자연 세계로의 침범이자 약탈을 의미한다. 하지만 아렌트는 이 폭력을 확실히 다루지 않는다. 인위적 산물로서의 세계의 형성이 폭력적이고, 거기에서 무언가가 파괴됨을 느낌에도 불구하고 이 파괴가 어떻게 세계에 영향을 끼치고 나아가 인간에게 영향을 끼치게 되는가를 논하지 못한 것이다.

지구 규모 사물 세계의 일부인 인간 세계

아렌트는 인간적인 공동 세계를 "죽기로 정해진 삶의 무상함과 인간적 시간의 덧없음에 영원함과 지속을 이어 가는" 것으로 파악한다(ibid., 8). 즉 인위적 산물인 사물적 세계가 인간 존재의 실재성과 확실성을 보증하는 것이다. 죽음의 영역에서만 드러나는 인간의 삶을 확실히 살아 있다고 보증하기 위해서는 삶의 영역을 그저 관념이 아닌 사물적인 현실의 형태로 만들어 낼 것이 요청된다. 그것은 무상함과 덧없음으로 표류하는 세계와 구별된 영역이다. 인위적 제작물로서의 사물은 자연의 사물과 구별된다. 그 사이에는 경계가 있다. 아렌트는 다음과 같이 말한다.

> 인간 세계의 현실성, 확실성은 무엇보다 우리가 사물에, 즉 이를 생산하는 활동보다 훨씬 오래가는 사물에, 잠재적으로는 그 제작자의 인생보다 오래가는 사물에 둘러싸여 있다는 사실에 기반한다(ibid., 95).

인위적 제작물인 사물에는 인간 존재를 조건 짓는 힘이 예비되어 있다. 우리는 만든 것에 둘러싸이고 지탱됨으로써 존재의 확실성을 느끼며 살아간다. 손으로 만질 수 없는 사물의 질감을 결여한 공백 같은 추상 공간에 방치되는 한 인간적 생활을 영위하기는 어렵다. 생활감을 결여하기 어려운 생활 상황에 빠지지 않기 위해서는 거주 가능한 내구성 있는 사물로 이루어진 인위적 세계를 구축할 필요가 있다. 이는 조그맣더라도 착실하게 생활을 일구어 가는 현실적인 토대이다.

인간 존재의 현실성이 확실한 토대에 기반해 이루어지기 위해서는 의자나 책상 같은 구체적 사물에 의해 지탱될 필요가 있다. 그러나 이들 사물이 살아 있게끔 지지해 주는 작용은 수치상으로 측정할 수 없는 실질이 없는 것이다. 즉 인간을 조건 짓는 감각적이고 무형의 무언가는 물리적인 실재로서의 의자나 책상으로부터 수치 형태로 생겨나지 않는다. 이는 음악에서 음과 같이 중량이나 구체적인 감촉이 없고 실질이 없음에도 작품으로 형성되어 인간 존재를 지탱하는 것으로 실재하게 된다.

아렌트의 생각에 책상 주변에 사람이 앉는 상황은 사물로서의 인간의 조건이 무엇인가를 명확히 보여 준다.

세계 속에 함께 산다는 것은 이를 공유하는 사람들 사이에 사물의 세계가 있음을 의미한다. 이는 마치 책상 주변에 앉은 사람들 사이에 있는 것과 같다. 세계는 일체의 '사이$_{between}$'와 마찬가지로 사람을 관계 짓고 분리한다(ibid., 52).

책상은 목재나 철과 같은 재료로 이루어져 있다. 그런 점에서 중량이나 경도 같은 물리적 속성을 지니는 객관적인 사물이다. 그러나 사람을 관계 맺게 하거나 분리하는 작용은 무형으로서 그저 느낄 수밖에 없는 영역에 속한다. 이 작용은 책상이라는 사물이 있고 사람들 사이에 자리 잡고 있는 것이 확실하지만 사물 자신이 살아 있는 것은 아니다. 물리적인 실질은 없다.

그래도 책상은 목재라는 사물이며 그런 점에서 객관적인 자연 세계의 일부분이다. 이는 자연 세계를 무시하는 곳에 구성된 인위적 산물인 사물이기도 한, 자연 자체와는 구별되는 인간적인 사물 세계의 일부분이다.

아렌트의 생각에 인간은 겉으로 드러난 자연에 노출되어 살아가는 것에 불과하다. 인위적 산물인 세계가 인간 생활을 안정시키기 위한 것으로 늘 완성되고 유지된 상태를 요청한다. 겉으로 드러난 자연과 분리된 것으로 형성될 것을 요구한다. 따라서 드러난 자연 세계는 비세계적인 것으로 간주되고 멀어져 버리고 만다.

그러나 다른 한편으로 아렌트는 인간이 지구 규모의 자연에 기댄다고 생각한다. 아렌트의 생각에 인간 존재 자체는 "어디에도 없는 곳으로부터의 무상 증여"(ibid., 2-3)이다. 그리고 이 증여로서의 삶을 낳은 것은 "하늘에 있는 모든 생물의 어머니인 지구"(ibid., 2)이다.

지구는 인간 조건의 본질이다. 그리고 우리 모두 아는 바와 같이 지구라는 자연은 인간 존재에게 거주지를 주는 점에서 우주에서 독자적인 곳이다. 거기에서 인간은 특별히 노력하지 않고 특별한 장비가 없더라도 움직이며 숨을 쉴 수 있다(ibid.).

여기에서 인간은 지구 규모의 조건에 뿌리를 두지만, 이렇게 보면 인간의 조건에 관한 아렌트의 논의는 모순에 빠질 수 있다. 지구 규모의 세계는 인간 조건의 본질이라고 할 수 있으면서도, 다른 한편으로 인간은 지구 규모 세계의 구속을 벗어나 자유로워지기 시작할 때 인간적일 수 있다고 말할 수 있기 때문이다. 문제는 그녀가 감지한 현실과 이와 관련해 구성된 논의 사이에 생겨난 어긋남과 장벽이다. 아렌트에게 인위적 산물인 세계와 지구 규모의 세계 양자가 모순되면서도 하나인 채로 인간을 지탱하는 현실을 느끼는 동시에 그 현실을 정확히 언어로 표현할 수 없는 것이다.

크리스토프 보뇌이(Christophe Bonneuil, 1968~　)와 장바티스트 프레소(Jean-Baptiste Fressoz, 1977~　)는 아렌트가 직면한 난문을 다음과 같이 정식화한다.

아렌트의 견해는 인류세에도 해당할 것이다. 자연스러운 타자성으로서의 지구를 완전히 점유하고 기술적 자연(테크노 네이처)으로 변용시키면서 이를 소멸시키는 인간. 지구는 완전히 인간 활동에 의해 침식되지만, 이는 마치 호모파베르(공작인)가 만들어 낸 게 정말 가치 있는 것이라고 말하는 바와 같다 (Bonneuil and Fressoz, 2016 : 61).

인간은 제작 활동을 통해 자연을 기술적 자연으로 바꾸고 자신의 생존 조건을 창출한다. 그러나 자연은 인간이 이렇게 하든 저렇게 하든 관계없이 존재한다. 그럼에도 인간이 살아가는 것을 무조건 지탱해 준다. 이를 아렌트는 '어디에도 없는 곳으로부터의 무상 증여'라고 표현했다. 이 어디에도 없음을 가리켜 보뇌이는 '타자성'이라고 개념화한다. 이는 인간의 조건이 지닌 기술적이고 인공적인 형성에 선행하는 타자성이다.

아렌트도 기술적 자연으로 변경되지 않는 무언가가 자연에 있음을 인정한다. 그럼에도 그녀는 인간이 자신의 생존 조건을 안정적으로 창출하기 위해 자신의 목적에 맞춰 자연을 변경하지 않을 수 없기에 자연의 타자성을 소멸시킨다고 생각한다.

그러나 현대의 생태적 위기는 자연 세계의 타자성이 완전히 소멸해 버리지 않음을 보여 준다. 인간 세계는 지구 규모의 사물 세계에 항상 붙어 있는 것이 아니라, 반대로 위협을 가한다. 인간 세계와 지구 규모의 사물 세계 사이에 그어진 경계가 요동치고 애매해지는 것이다.

인간 존재 조건의 이중성

생태적 위기에서 인간 생활의 조건이 흔들리고 있다. 이 상황에서 우리는 인간 세계가 그 바깥에 있는 지구 규모의 사물 세계에 침입하고 있음을 느낀다. 거기에서 벌어지는 일은 인간 세계와 지구 규모 세계의 접촉이다. 이 상황에 어울리는 인간의 조건이 되는 세계상을 그릴 필요가 있다. 인간 세계는 완전히 자율적이지 않다. 이를 둘러싼 지구 규모의 사물이 세계를 인위적으로 변경하는 과정에서 인간 세계 자체가 지구 규모의 세계로 편입되어 그 일부가 된다. 인간은 인간 세계와 지구 세계라는 두 세계에 동시에 거주한다.

차크라바르티가 말한 것처럼 이는 아렌트로서는 상상할 수 없던 사태이다.

오늘날 인간은 행성에서 지배적인 종일 뿐 아니라 그 수와 나이에 있어서 자신의 문명을 지탱하는 값싼 화석 연료의 소비를 통해 집단적 존재 방식과 지질학적 힘을 갖게 되었다. 이는 행성의 기후를 결정하지만 문명 자체의 파손도 진행시킨다. 오늘날 중대한 문제는 '세계 규모'의 '종의 생존' 자체이다. 이미 진행되어 온 모든 정치적 사고(여기에는 포스트식민주의 비판도 포함된다)는 인간의 조건에서 이 근본적 변화를 명기하지 않을 수 없다(Chakrabarty, 2012 : 15).

차크라바르티가 말하는 '지질학적 힘'은 한편으로 인간 생활의 조건을 인위적으로 창출하는 힘을 의미한다. 지구 규모 세계의 사물을 수탈하고 이를 인간 세계의 창출을 위한 소재로 삼는다. 이를 통해 지구 규모의 세계가 변경된다. 하지만 인간이 지질학적 힘이 된다는 것은 인간의 존재 조건을 스스로 바꾸는 것이기도 하다. 인간이 지구 규모의 사물 세계에 직접 개입하는 과정에서 그 일부가 되어 그 세계의 존재 방식과 연동된다. 지구 규모의 사물 세계가 불안정해지면 자신의 생존 조건도 흔들리게 되는 것이다. 이렇게 인위적 산물로 창출된 인간의 조건이 위기에 빠진다. 이는 지금까지 지속해 온 문명의 위기지만, 다른 한편으로는 인간의 조건에 대한 이미지를 새롭게 제안할 기회이기도 하다.

현재 우리는 인간 세계를 인위적으로 창출하는 과정에서 배제하고 무시해 온 지구 규모의 세계에 거주한다는 것을 느끼기 시작했다. 인간은 지구 규모의 사물 세계에 살면서 인간 세계에 거주한다. 인간 세계는 유한하고 상대적이다. 이는 인간을 벗어난 곳에 존재하는 지구 규모 세계의 일부에 불과하다.

차크라바르티는 〈역사의 기후〉에서 인간에 의한 온난화를 필두로 지구 규모 조건의 변용을 이해하는 일은 사회나 정치라는 척도를 넘어선 영역, 즉 지질학적이고 생물학적인 영역에서 그릴 필요가 있다고 주장한다.

(온난화 같은) 모든 일의 귀결은 인간을 하나의 생명 형태로 생각하고 인간의 역사를 이 행성에서 생명의 역사 일부로 생각할 때만 이해할 수 있다. 왜냐하면 결국 행성의 온난화가 위협하는 것은 지질학적 행성 자체가 아닌 인류세 시대에 발전해 온 인간 삶의 생존 기반인 생물학적이고 지질학적인 조건 자체이

기 때문이다(Chakrabarty, 2009 : 213).

생태적 위기에서 불안정해진 것은 지구 규모의 세계가 아니다. 우리가 자신의 생존을 위해 구축한 인간 세계이다. 인간 세계와 이를 둘러싼 지구 규모 사물의 세계 경계가 불명료해지고 붕괴하고 있다.

우리의 존재를 위한 조건을 새롭게 제안하기 위해서라도 인간 세계에 대한 설정을 그릴 필요가 있다. 이를 위해 우선 무시되고 상처받아 온 지구 규모의 세계가 인간 세계로 들어서는 것을 받아들일 필요가 있다. 이는 인간 이외 존재와의 상호 침투 관계를 촉구하는 사태이다. 거기에서는 인간 세계가 지구 규모의 사물 세계로 침투해 들어간다.

아렌트는 인간의 생존 조건이 자연 세계를 벗어난 인위적 산물로서의 인간적 세계에 있다고 보았지만, 현대에서 이 설정은 통용되지 않는다. 여기서 물어야 할 것은 인간의 생존 조건을 인위의 산물로 완결할 수 없다고 보고, 대신 이를 둘러싼 넓은 지구 규모의 자연 세계의 일부로 형성된다고 보는 것이다. 이는 인간관계의 영역을 지탱하는 공적 영역이 인위적 산물로서 고정성, 한정성을 상실함을 의미한다. 일상적인 현실 감각을 지탱해 온 공적 영역의 존립 조건이 붕괴하고 그 창출에서 무시된 지구 규모의 사물이 자연스럽게 드러낸 자연성을 향해 침투해 가는 것이다.

이렇게 인공과 자연의 경계가 얇아진다. 인간 세계의 확정성이 얇아진다. 이를 통해 인간 조건의 토대가 안정적으로 유지되고 통합되는 상태에서 지구 규모의 사물이 해방된다. 이 과정에서 인간 세계 속에 있는 사람들이 배제하고 멀리한 자연스러운 물질성을 접촉한다. 우리가 거기에서 경험하는 것은 근대적인 인간 세계의 창출 이전에 유지된 순진무구한 자연과의 만남이 아니다. 비록 근대적 사고 원리의 도입 이후는 아니지만 우리는 상처 입고 무시당해 온 지구 규모의 사물과의 강제적 만남을 통해 자연스럽게 자연과 만난다.

인간 세계는 인간적 척도를 흔들며 넘어서는 광대한 세계 속의 일부로 묘사할 수 있다. 아렌트의 논의에서 지구 규모의 세계는 인간의 공공 세계와 분리된 것으로 파악된다. 이에 비해 생태적 위기의 고조는 지구 규모의 세계가 인간 세계를 초월해 그것을 일부로 포함하는 것으로 묘사된다.

인간 세계는 분리되고, 고정적으로 확정되며, 이치에 맞는 상태로 있기를 멈춘다. 인간 세계와 이를 둘러싼 세계의 경계는 애매해진다. 나아가 인간 세계 또한 불안정해진다. 인간 세계는 인간 세계 바깥에 펼쳐진 지구 규모의 세계로 풀린다. 그래도 양자가 평탄하게 맺어져 있지는 않다. 양 세계 사이의 차이가 소멸하는 일은 있을 수 없다. 차이는 그저 불안정하고 불명료할 뿐이다.

인간 세계를 인간의 생존에 불가피한 지구 규모의 세계로

열 수 있을 것인가. 바로 이 점이 물어야 할 것이다.

차크라바르티는 기후 위기 시대의 인간이 지질학적 힘으로 존재하면서 정치적 행위자로도 존재하는 모순적 상황 속에 살고 있다고 주장한다(Chakrabarty, 2012 : 5). 이를 검토해 보자면 인간의 조건인 세계도 인간적으로 존재하는 한편 지구 규모의 자연으로도 존재하는 모순적이고 이중적인 실재로 파악할 수 있다.

즉 모순된 이중성이 성립하는 세계의 현실을 고찰할 수 있다는 것이다. 아렌트는 세계의 이중성을 느꼈지만 이를 확실하게 이론화하지 못한 채 자신의 저작에서 지구 규모의 자연의 현실을 무시하고 말았다. 지구 규모의 사물 세계에 대한 부인은 어쩌면 아렌트의 사고를 심층에서 이끄는 이론적 설정 때문일지도 모른다. 즉 세계는 지구 규모의 현실과 분리되는 것을 시작으로 인간이 사는 곳이 된다는 근대적 설정 말이다. 이 설정이 세계의 현실에 대한 아렌트의 감각을 제약한다.

세계의 이중성을 사고하는 것은 근대적 사고 설정의 구속을 벗어나 다른 사상적 전통과의 접점에서 사고할 것을 요청한다. 이 점에서 서양적인 사고의 전통 바깥에 있는 동양의 입장을 자각하는 니시다 기타로의 '모순적 자기 동일성' 이론은 귀중한 실마리가 된다. 실제로 니시다는 〈장소적 이론과 종교적 세계관〉(1945)에서 의식적 행위자로서의 인간은 닫혀 있는 자기로 존재하는 것이 아니라, "자기를 넘어선 타자(로서의 세계)에 대한 것"이라고 말한다. 즉 자기는 그저 인간 세계 안쪽에 자족하는 것이 아니라 자기를 넘어선 확대된 "세계의 하나의 자기 표현적 형성 지점으로 작용"한다(西田, 1989 : 306).

니시다의 생각에 인간은 두 세계에 거주한다. 하나는 생명의 세계이며, 다른 하나는 역사적 세계이다. 니시다가 말하는 생명의 세계는 인간뿐 아니라 다른 모든 동식물의 삶을 포함한 광대한 세계를 의미한다. 인간의 역사적 세계는 생명의 세계 속에서 그 일부로 존재한다. 거기에서 인간은 인간 이외 여타 생명 형태와 관련된다. 이렇게 인간은 인간의 역사적 세계를 넘어선 폭을 갖춘 생명의 세계에 거주하면서 인간과 관련되는 세계를 형성해 간다. 니시다는 다음과 같이 말한다.

작용한다는 것은 형성되고 만들어지는 것이다. 관련된 세계가 목적적으로 생각되는 것이다. 나는 나의 '생명'론에서 생명의 세계라는 것이 물질의 세계와 달리 자기표현을 포함하며 자기의 내면을 반성함으로써 안과 밖이 정합적으로 만들어진 작용으로 가는 세계라고 불렀다. 즉 자신에서 기인하는, 자신에 의한 작용의 세계인 것이다(ibid., 303).

니시다가 말하는 '작용'이란 생명의 세계 형성에 대한 것으로서 그 주어는 인간으로 제한될 수 없다. 따라서 그 형성은 인간이 있든 없든 일어난다. 생명의 세계에서 인간은 다른 생명 형태와 관련되어 존재하고 활동한다. 인간의 활동은 생명의 세계 내에서 일어나며 생명의 세계 내에서 작동한다. 그리고 생명의 세계 안에 있는 인간은 그 세계에 대해 타자로 활동한다. 인간은 생명의 세계 내에서 다른 생명 형태와 이를 공유하지만 거기에서 인간이 만든 자신의 세계는 생명의 세계에 저항하지 않을 수 없다.

즉 세계는 인간이 거기에 거주하는 곳인 점에서 생명적인 면과 인간적인 면을 동시에 가지고 있다. 니시다는 이를 '역사적 세계'라고 표현한다.

우리 자신도 신체적으로는 생물이다. 우리 자신의 작용은 생물학적으로 목적 지향적이기도 하다. 그러나 우리 자신은 절대 모순이고 자기 동일화된 역사적 세계의 유일한 개체로서 단순히 목적적으로 작용하는 것이 아니라, 목적을 알고 움직이는 자각적인 존재이다. 자신의 내면에서 정말로 작용하는 것이다. 생물적 세계는 말할 것도 없고, 물질적 세계라 할지라도 역사적 세계에 있는 것이다(ibid., 304).

인간은 생명의 세계 일부이면서 역사적 세계에도 거주하며 존재한다. 역사적 세계는 인간이 형성한 것으로 인간과의 상관관계에 놓여 있는 세계이다. 이에 비해 생명의 세계는 인간의 세계를 포함한다. 따라서 인간 세계를 벗어나 인간 세계에 대립하는 또 다른 세계이다. 이렇게 우리는 이중의 세계에 거주한다. 한편으로 세계는 인간으로서 스스로를 표현하며 형성하는 역사적 세계에 있지만, 다른 한편으로 그것은 인간으로서 자신을 넘어선 곳에서 만나는 타자인 생명의 세계이기도 하다. 인간으로서의 자기가 생명의 세계에 거주할 때 인간 세계의 안쪽에 완전히 닫혀 있을 수 없다. 인간 세계는 닫힐 수 없고, 그 바깥에 펼쳐진 생명의 세계를 향해 열린다.

니시다의 저서는 우리가 맞이하는 인간 세계의 파탄을 고찰하기 위한 기초가 될 만하다. 그것은 인간 세계에서는 자기 완결적이지 못하고 인간 이외의 다양한 생명 형태가 거주하는 광대한 세계로 침입해 들어간다. 내가 말하고자 하는 것은 인간 세계와 외적 생명의 세계가 상호 접촉하는 경계 영역에서 인간 생존의 조건을 만드는 일이 요청된다는 점이다.

인간 세계 외의 지구 규모의 현실을 부정하지 않고 맞이하는 것. 이는 근대적 설정에 기반한 기존 인간 세계의 붕괴를 받아들일 뿐 아니라 인간 세계를 경계 없는 환경인 외적 세계를 향해 여는, 곧 그것과의 경계 영역에서 구별되는 세계 설정의 원리를 만드는 것이기도 하다. 이 타자로서의 세계는 인간의 역사적 세계에 대한 객관적 타자성의 세계로서 니시다는 이를 생명의 세계로 생각했다. 우리는 역사적 세계에 대한 타자로서의 세계를 지구 규모 사물의 침투로 경험한다. 그러나 이는 인간 부재의 세계가 아니다. 우리의 삶을 일부로 삼는 살아 있는 세계이다. 즉 이는 인간의 삶을 넘어선 곳에 존재하면서 인간 세계를 다른 생명 형태와의 관련 속에 포함시키는 생생한 생명의 장으로서의 세계이다. 우리는 여기 살고 있다.

에필로그

  위태로움, 불확정성의 감각. 이를 자신이 정말 존재하는가를 정할 수 없다는 어떤 허망함의 감각으로 바꿔 말할 수 있다. 이는 자신의 실존 감각의 위태로움, 불확정성, 덧없음을 말한다. 전후 일본에서 널리 퍼진 풍요로움 속의 허망함이라든가 판다는 행위 이외에 자신다움을 확신할 방법이 없는 소비주의적 공허함이 아닌 것이다.

  위태로움, 불확정성의 감각은 인간이 거주하는 세계의 존재 방식과 관련된다. 안정적이라고 생각되어 온 토대가 사실 언제라도 쉽게 붕괴하고 그 붕괴가 인간의 경험이나 세속적 지식을 떠받치는 기존의 척도를 벗어난 곳에서 벌어진다. 이 점에 대해 내가 느낀 것은 2011년 지진이었고, 집중 호우나 거대한 태풍이 낳은 극심한 재해가 일어나면서 위태로움이나 불확정성의 감각이 더불어 생기지 않을 수 없었다. 자신이 확실히 존재하고 있음의 근거를 위태로움이나 불확정성의 감각에서 구한다는 것은 참으로 역설적인 사태라고 할 수 있다. 그러나 이를 기점으로 하지 않고서는 내가 살아가는 이 세계에서 발생하는 여러 사건을 이해하거나 독해하기가 불가능할 것이다.

위태로움이나 불확정성은 어쩌면 나 자신의 내면에서 생겨난 것이지만 이 감각은 순전히 주관적인 것은 아닐 것이다. 위태로움의 감각은 내 심리라는 개인적 문제가 아닌 내가 존재하는 세계와 연관되어 있다. 메이야수나 하먼의 철학이 말하듯 내가 존재하고 생각한다는 것과 관계없이 존재하는 세계와 관련된다. 세계는 인간이 있든 없든 존재하지만 인간이 존재하고 살아가기에 불가피한 조건으로 존재한다. 위태로움이나 불확정성의 감각은 세계가 인간 부재의 곳으로서 인간 이후의 장소로 생각될 수밖에 없기에 생겨난다. 이렇게 위태로움의 감각을 '우리' 마음의 문제가 아닌 인간 이외의 것과 더불어 공유된 세계와 관련된 문제로 볼 수 있다. 이 입장에서 나는 메이야수, 하먼, 모턴, 가브리엘, 모튼, 차크라바르티, 그로스, 가라타니, 콜브룩을 독해하고 아렌트와 들뢰즈를 읽었지만, 이 일련의 독해는 위태로움이나 불확정성을 이해하기 위한 것으로서, 세계에 대한 사상적 설정을 변경하기 위한 것이었다.

인간적 척도를 벗어난 시공간에 둘러싸여 자신이 살아가는 곳을 이해할 필요가 있다. 그 가운데 인간 또한 거주하고, 다른 여러 존재와 연관되어 존재한다. 그러나 둘러싸여 있다는 존재 방식, 즉 상호 연관된 존재 방식도 위태롭다. 세계와 분리되어 독립되어 있다면 지배나 통제 관계로 전환되기도 한다. 혹은 자신의 세계를 다른 영역과 구별하는 경계 자체가 붕괴되어 자연 세계로 흡수된 나머지 인간 세계 자체가 소멸하는 혼돈이 벌어지기도 한다.

중요한 점은 인간이 있든 없든 존재하는 게 명확한 세계에서 인간 또한 살아간다고 생각하는 것이며, 여기서 인간이 산다는 사실이 왜 중요한가, 무엇이 요청되는가를 묻는 것이다. 인간 생활의 지탱은 실제 거주하는 일이 벌어지는 영역에서 형성될 것이다. 하나의 건축을 설계한다는 것은 거기서 영위하는 생활이나 활동의 방식에 일정한 틀을 부여하는 것을 의미하지만 이 틀의 성립은 생활이나 활동이 지닌 미래에 대한 디자인과 관련된다. 그리고 그 영역에서 인간이 살 때 거기에는 우선 신체가 있고, 복수의 신체가 만나거나 서로 다른 곳에서 산다는 기분을 느끼며, 이 기분을 표현하는 말이나 동작, 표정 같은 것이 발생한다. 기분, 말, 동작, 표정은 공공권을 가득 메우는 상투적인 구로 이루어진 소통의 틈에 직조되어 미세한, 간소한, 덧없는 위태로움을 낳는다. 결국 덧없는 위태로움, 과다 정보임에도 의미 없는 논의가 교차하는 공공권에서 해방되는 곳에서 확실성을 파악하는 것이 과제이다.

1980년대에 내가 느낀 것은 세상이 과잉된 이미지로 범람하는 무의미한 정보로 가득 채워진다는 것이었다. 그 이면에 무언가 붕괴하고 있다는 것이 명확해졌지만 누구도 이를 화제로 삼지 않았다. 이미지와 정보의 범람에 몸을 내맡긴 사람들은 현실에서 무언가 벌어질 것으로 생각하지 못한 채 주체성을 상실하고 내면을 허망하게 만드는 상투적인 구를 받아들여 '집단적 몰개체성'의 상태로 통합되었다. 나는 이것이 늘 어떤 위험이라고 생각했고, 지금도 여전히 그러하다.

이 책에서 내가 시도한 것은 집단적 몰개성화가 우세해진 상황에서 벗어나 어떻게 생각하고 말할 것인가이다. 무의미하게 과잉된 이미지와 정보가 세상의 표층을 뒤덮어 주체성의 상실과 사고 정지, 상상력의 결여를 특질로 하는 상태가 유지되는 상황 자체를 무너뜨릴 논리를 알아내는 것이 효과적이라고 생각했다. 나는 이 상황에 매몰된 사람들은 느끼지 못하고 생각하지 못하는 것이 있다고 보았다. 우리는 생존 기반 자체를 붕괴시키는 중이다. 이 붕괴의 현실에서 벗어나기 위해 무의미하고 과잉된 이미지와 과다 정보의 영역이 비대해졌지만, 이는 생존 기반의 붕괴가 무시할 수 없을 만큼 진행되지 않는 한 무너지지 않는다.

기후 변동이 기후 위기로 불리고 나아가 인간의 실존적 위기에 관한 사태로 논의된다. 온난화만이 아니다. 지진이나 태풍 같은 재해, 나아가 신형 코로나바이러스 ……. 이는 인간 생활이 인간의 의도를 벗어난 곳에서 발생하는 사태에 영향을 받는 잠재적 현실의 징후이다. 우리가 사는 세계는 변하고 있다. 재해나 바이러스 발생은 어디까지나 세계의 변화를 느끼기 위한 것에 불과하다. 2010년 전후로 아이이던 사람, 그때 살던 사람, 나아가 그 후를 살아간 사람들은 다분히 이때 생겨난 위기 사태를 기본값으로 몸에 새기며 살아가게 되었다. 여기서 시작된 사태를 내적으로 사고하기 위해 무언가 실마리가 되는 저작이 필요하다고 생각했다. 이 책은 이에 일조하기 위해 시작했지만, 생각을 이어 간 끝에 결국 2017년에야 글쓰기를 마무리할 수 있었다.

이때의 구상안은 다음과 같다.

지진, 태풍, 해일 같은 재해에서 자연은 관념이 아닌 인간 세계를 지탱하는 실재이며 그 속에서 인간이 산다는 것에 대한 자각이 차오르게 되었다. 이와 더불어 '무엇이 실재인가'를 둘러싼 우리의 감성과 사고방식, 나아가 사상, 언어를 바로 세우기를 요청받는다. 이 책은 2010년대부터 영미권에서 벌어진 새로운 사상 조류(객체지향 존재론, 신생태 사상 등)의 소개와 도입을 시도하지만, 기조에는 그 이상의 관심이 있다. 즉 일본어로 지금까지 쌓아 온 사상의 성과를 염두에 두면서 자연과 인간 간 경계의 불분명성, 실재적인 것에 대한 파악으로 이루어진 새로운 사상적 과제를 도입하고, 그 전개와 발전을 시도한다.

　지금까지 써 온 단계에서 변경한 구상안을 시도하기도 했지만 적어도 최초의 방침은 유지해 왔다. 2017년 여름, 사람들이 불러 주지 않으면 좀처럼 누군가를 만날 생각을 못 하던 상황에서 나는 오사카 호쿠세쓰의 셋집 2층에서 인터넷을 통해 정보와 문헌을 모으고, 독해하고, 고독하게 생각하면서 이 글을 썼다. 다소 외롭긴 했지만 여기서 쓴 글이 세상과 밀접하게 연동됨을 느껴서인지, 이상한 것을 쓴다고 생각하지 않고 비교적 담담하게 글을 써 나갔다. 다만 이 책에서 말한 것처럼 홍수나 태풍의 무시무시함에는 공포를 느꼈다. 어쩌면 이때의 공포가 이 책에 반영되어 있을지도 모른다.

　내가 이 책에 담은 문제를 생각하게 된 것은 2007년 무렵이다. 이때는 모튼도 차크라바르티도 몰랐다. 무엇이 시작이었을까? 미요시 마사오와의 만남이 그 시작이었다. 어떤 일로 미요시가 교토에 왔을 때 그의 인터뷰 서적인 《저항의 장소》를 낸 라쿠쿠 출판의 편집자가 만든 식사 자리에 동석했다. 박사 논문을 마친 뒤라 이젠 무엇을 할 것인지 사색하고 있던 바로 그때였다. 거기에서 미요시는 이제부터 인문 사회 과학은 환경학을 기본으로 재편되어야 한다고 주장했다. 미요시 마사오의 이름이 일본에서 눈에 띄는 경우는 드물었다. 특히 《비평 공간》이나 《ANY》 같은 단편적 사색을 접했을 때도

'대체 어떻게 이런 걸 해내는 사람이 있을까, 착실히 전달하는구나' 정도로만 생각했다. 미요시가 서거한 이후 가라타니 고진은 이렇게 썼다.

그는 1928년 도쿄에서 태어나 구제1고, 도쿄 대학 영문과를 졸업한 후 1953년 풀브라이트 교환 학생으로 도미했다. 빅토리아기 문학을 전공하여 박사 학위를 취득하고, 1963년에는 캘리포니아 대학 버클리 분교에서 영문학 교수가 되었다. 그후 일본 문학에 관해서도 쓰기 시작하여 미국의 일본학에 획기적인 영향을 미쳤다. 나아가 샌디에이고 대학으로 옮겨 일본학을 포함해 다양한 연구를 이어 갔다. 한편, 1980년대 버클리에서 반전 운동을 시작한 후 노엄 촘스키(Noam Chomsky, 1928~), 에드워드 사이드(Edward Said, 1935~2003), 프레드릭 제임슨(Fredric Jameson, 1934~) 등과 나란히 행동하는 지식인으로 알려지게 되었다. 2009년 10월 서거(柄谷, 2010b : 216).

미요시 저작의 일본어 번역본이 몇 권 있는데[《오프 센터 Off Center : Power and Culture Relations Between Japan and the United States》(1991) 등], 뛰어난 독해로 일본의 상황을 세계적 맥락에 맞춰 논하는 데 탁월하다고 평가받았다. 하지만 나는 그가 무엇을 생각했는가를 이해하지 못했을 뿐 아니라 관심을 가진 것도 아니었다. 미요시의 이름은 에드워드 사이

드의 《문화와 제국주의》(1993)에 여러 차례 나온다. 그의 논의는 일본이 지닌 문제의 핵심 부분을 파악한 것으로 소개되고 있다.

현대 일본의 언어 문화는 질적으로 빈곤해지고 있다. 거기에 군림하는 것은 토크쇼, 만화책, 지치지 않는 강연과 패널 토론뿐이다. 미요시는 이 전례 없는 문화 현상의 발생 원인을 일본의 불안정한 재원을 가지고 경제 영역에서 전반적인 신기축으로 자리 잡은 글로벌한 지배와 문화 담론의 빈곤한 퇴행 현상, 그리고 서양 의존이라는 두 현상 간의 절대적 모순 속에서 파악한다(Said, 2001 : 235).

이러한 이해는 일본 밖에 몸을 두기 때문에 가능한 일이라고 할 수 있다. 그러나 이는 서양의 앞선 지식을 흉내 내고 이를 부정확한 잣대로 일본에 적용하여 무언가를 말하려 하는 몰주체적 자세와는 다르다. 미요시에 따르면 주체성은 매우 중요한 문제이다(《오프 센터》 제4장 참고). 주체성은 서양에 대한 흉내 내기의 반대인 토착주의와도 다르다. 일본적인 것에서 거리를 두면서(네이티비즘의 거부) 서양의 지식에 대한 흉내 내기도 거부하며 스스로 생각한다. 그러한 자세이다. 따라서 미요시의 일본 인식은 일본의 배타자성을 극복하지 못한 봉건성이나 맹신성과 결부되어 논의되는 근대주의적인 것과는 다르다. 보다 현실주의적인 정치적 분석이 그 기반이 된다. 즉 배타주의는 서양 및 다른 아시아 여러 나라와의 정치적 관계성으로 규정된다.

일본은 1945년까지 어디에도 점령당하지 않고 정복당하지 않은 몇 되지 않는 소수의 비서양 국의 하나였다. 이로부터 세계 '1등' 국이라고 생각하는 긍지에 대한 민감함이 생겨났다. 또 과거 서양의 식민지에 대한 노골적인 멸시가 자주 표면에 드러나는 전통적 배타주의도 생겨났다. 실제로 일본 자신의 식민지주의는 일본인이 그 희생자와 문화적으로나 인종적으로 얼마만큼 많은 것을 공유하는가를 안다는 바로 그 점으로 인해, 서양에 비해 야만적인 성격의 것이 되지 않을 수 없었다(ミヨシ, 1998 : 176).

미요시는 사이드와도 교류했고 그들의 입장과 유사했다. 비서양 문화권에서 태어나 미국에 단신으로 들어가 서양의 지식을 철저히 몸에 익힌 뒤 서양적인 것을 비판하는, 더구나 토착적 입장도 아닌 채로 서양적인 지식의 국지성, 제국주의성을 폭로했다. 비서양의 입장에서 서양의 지식을 흡수하고 이를 바꿔 나가는 방식은 여전히 소수자적인 것이지만, 이 시대에 무언가 참신한 시점을 도출하게 된다. 미요시는 어떤 의미에서 선구자였을지도 모른다. 그리고 그는 명시적으로 말하지 않지만, 일본의 독특한 야만성이란 '컬러 라인'*의 문제이다. 비서양에 속함에도 불구하고 정복당하지 않았기에 자신들을 서양의 나라와 동일시한다. 그래도 사실은 정복당한 쪽에 있을지도 모른다는 비서양의 입장에 있다. 서양의 일부라는 의식이 비서양에 있다는 현실을 은폐한다.

이 컬러 라인의 문제와 연관 지어 미요시가 영문학자에서 일본 연구자로 이행한 것을 모르는 바도 아니며, 이 입장에서 국민 국가의 한계성이나 대학 문제를 논한 바를 모르는 것도 아니다. 세분화된 학문 영역의 틀을 넘어 초학문적 영역을 제창하더라도 그의 입장에서 보면 자연스러운 과정이다. 그런데 어째서 그것이 생태적인 문제일까?

미요시는 2009년에 서거했기 때문에 그의 생태론은 전개되지 못한 채 끝났다. 따라서 그 아이디어를 계승하여 전개하는 것은 우리에게 남겨진 과제이다. 미요시는 환경 위기를 필두로 인류의 과제가 심각해진 가운데 요청되는 것은 초학문적 영역이라고 말한다. 그것은 '경계의 질서에 대한 저항'을 요청하는 것이다. 그는 "초학문 영역이란 각각의 학문 영역이 사라지고, 다른 사고방식과 융합하는 것을 의미한다. 따라서 경제학과 문학은 함께해야 하며, 경제학과 생물학도 함께해야 한다"(ミヨシ·吉本, 2007 : 322)라고 말한다.

여기서는 철학도 변하지 않을 수 없다. 단순한 문헌 독해가 아닌 이를 체화한 사고가 현실 세계로 향하는 일이 요청

---

* 미국에서 사용하던 인종 차별 용어이다.

된다. 그뿐 아니라 세계의 근본적 원리에 관한 추상적 사고를 자연 과학의 영역에서 해명해 낸 사실과의 접점에서 검증하는 일도 필요하다. 가브리엘이 하버마스를 비판한 것도 정확히 이것이다.

가브리엘이 하버마스를 비판한 것은 바로 세계에 관한 그의 개념이 오류이기 때문이다. 하버마스는 세계를 '총체적 이념'이라고 생각했지만, 이를 가브리엘은 '모순 없고 일관된 세계상'을 제시하는 것이라고 말한다(Gabriel, 2015a : 47). 총체를 거부하고, 전체로서의 통일된 세계는 없다고 주장하는 가브리엘의 신념에서 보자면 이런 생각은 오류이다. 즉 가브리엘은 하버마스의 사고에서 일체의 것을 그 일부로 포괄하는 세계 개념이 통합적 전체성이자 통제적 이념으로 환원되는 것을 비판한다.

이 비판은 개념의 오류에 대한 것이 아니다. 자연 과학에 억압된 철학의 현 상황과도 관련 있다. 가브리엘이 보기에 하버마스는 "언어와 담론의 분석이라는 작은 범주를 철학을 위해 확보하고, 현실에 대한 잔여 지식을 자연 과학과 사회 과학에 위임하는 것에 만족한다". 즉 하버마스는 '통제적 이념'으로서의 세계가 의미를 가지는 영역을 대학 안에서 확보하고 방어할 수 있다고 믿는 것이다. 그러나 자연 과학이 세계에 관한 독자적인 사고를 발전시킬 뿐 아니라 이를 현실의 성립에 대한 새로운 상식으로 정착시킴과 더불어 이 영역이 파악되고 있다(ibid., 47-48).

　가브리엘의 생각에 나도 동의한다. 철학을 위해 존재해 온 불가침의 영역(통제적 이념과 같은 것)이 자연 과학과 기술의 발전으로 해체되는 현상을 인정할 필요가 있다. 중요한 것은 인문학의 해체라는 현실에서 철학이 자연 과학에 저항하는 새로운 사고를 전개하는 일이다. 철학이 해체된 시대에 철학을 하면서 자연 과학의 침입 이전에 확보된 불가침 영역을 확보하는 것으로는 불충분하며, 나아가 철학적 사고의 설정을 바꿀 필요가 있다.

　이는 문리 융합이라는 제목을 기반으로 철학과 과학의 대화를 목적으로 삼는 것이 아니다. 인간 조건의 위기 및 재생과 관련된 철학적 물음을 견고하게 파헤치는 것이 우선 매우 중요하다. 미요시 사상의 기본에는 어떤 물음이 있을까? 이미 서술한 것처럼 이는 '인간의 종언'을 둘러싼 물음이다.

　인간의 죽음은 행성의 종말이 아니다. 지구 또한 우주에서 다른 행성 모두와 마찬가지로 최후에는 종말을 맞을 것이다. 그러나 이는 생태적 문제와는 아무 관계도 없다. 행성의 파괴는 매우 다른 종류의 힘을 요구한다. 그리고 물리적인 지구가 존재하는 한 행성에는 다른 종류의 생명이 존재하게 될 것이다. 미생물, 개미, 쥐, 바퀴벌레와 같은 생명 말이다. 그리고 생명이 이어지는 한 다른 종류의 진화 순환 과정이 존재할 것이다. 즉 인간의

종말 이후에는 다른 종류의 생명이 진화하고 고유한 문명을 산출할 것이다. 새로운 포스트휴먼종이 고유한 삶의 순환 과정을 갖게 될 것이다(ミヨシ, 2010a : 46-47).

미요시가 말하는 인간의 종말은 인간 절멸의 필연성을 주장하는 종말론이 아니다. 절멸 가능성이 있는 인간을 생각함을 뜻한다. 인간이 거주하는 행성의 불확정성으로 인해 절멸할 수 있는 것이다. 인간은 아직껏 절멸하지 않고 살아 있을 뿐이다. 우리는 인간이 절멸할 수 있다고 봄으로써 인간 중심주의적 사고에서 해방된다. 이때 무엇을 보게 될까?

첫째, 인간 세계가 끝나더라도 행성으로서의 세계는 지속한다. 인간이 아무리 강력하고 행성의 존재 방식을 바꾸고 화산이나 지진에 필적할 만큼의 지질학적 존재가 되더라도 지구 자체를 파괴하고 소멸시킬 만큼의 존재는 아니다. 인간의 종말이 일어나더라도 그것은 지구와는 아무 관련이 없다. 인간이 물러가고 부재하더라도 지구는 존속한다. 이때 지구는 인간으로부터 해방될 것이다. 인간으로부터 해방된 장소는 인간 이외의 동식물에게 열린다. 인간 부재의 환경 세계가 새롭게 시작될 것이다. 큰 곰이나 원숭이, 멧돼지나 사슴, 너구리 등이 인간과 상관없는 세계에서 훌륭하게 번식할 것이다.

둘째, 인간의 존재와 무관하게 존재하는 세계는 인간 이외의 여타 생명이 거주하는 곳이다. 인간 세계의 종말과 더불어 살아 있는 자연의 조직적이고 유기적인 질서 바깥에 형성된 인간적 질서를 따르는 인간 세계와 이를 둘러싼 사물의 세계, 곧 인간 없는 세계의 경계는 희미해질 것이다. 인간적 질서에 따라 형성된 세계는 인간 부재의, 인간에게서 해방된 세계로 열린다. 두 세계 사이에는 인간적 질서에서 해방되고 인간 없는 것과 섞이면서 인간도 거주하는 세계가 드러난다. 미요시는 이 세계에서 인간 이후의 존재인 포스트휴먼이 나타나는 일이 가능한 여지가 존재할 것이라고 말한다.

*

인간을 위태롭고 정해지지 않은, 인간적 척도를 넘어선 너비의 일부로, 더구나 보잘것없는 존재를 지탱하는 인간의 조건을 생각하는 것, 바로 이것이 이 책의 과제였다. 미요시는 이를 '포괄적 전체성inclusive totality'이라고 표현한다. 그가 말하는 '전체성'이란 단일한 보편적 가치 기준으로 통합된 하나의 전체를 의미하지 않는다. 이종 교배적인 다양한 존재로서의 인간이 인간 이외의 존재도 거주하는 행성의 조건 속에서 동적인 연관을 형성하면서 공존하는 원리로서의 전체성이다. 그는 "행성에 기반을 둔 전체성을 받아들일 때 우리는 유일하고 참된 공적 공간과 자원을 남겨 모두와 공유하는 방법의 제안에 겸허히 동의할 것이다"(ibid., 261)라고 말한다. 미요시가 남긴 것을 읽어 보던 당시, 물론 나는 이 책을 쓰리라 생각하지 않았다. 그래도 이렇게 쉽게 결론에 이르게 된 지금 미요시와의 만남이 중대한 시초였음을 느낀다. 나는 어쩌면 그가 말하는 '행성에 기반을 둔 전체성'의 관점에서 새로운 공존을 위한 형태를 생각한 것 같다.

공존에 관한 물음은 생존의 조건과 관련된다. 그리고 생존의 조건에 관한 물음은 인간이 자멸하든 말든 신경 쓰지 않고 인간적 척도를 벗어난 지구 규모 사물과의 접점에 있는 인간의 조건을 묻는 것을 의미한다. 생존에 관한 물음은 인류세에서 최대의 물음이다. 차크라바르티는 '세계 규모'로 '종의 생존'을 물어야 한다고 주장한다(Chakrabarty, 2012 : 15). 2000년대에 미요시는 이 물음이 중요한 것임을 느꼈다.

이렇게 미요시의 지적 편력을 더듬어 보면서 나는 현재 인류세의 일부이기도 한 근본적 파탄 또한 변동 상황 속에 있다고 생각하기 시작했다. 인류세 학설로 말하자면 인간 활동이 지구의 존재 방식을 바꾸고 더불어 인간의 생존 조건이 위기에 빠졌다. 지구 규모의 조건 변화가 아니라도 우리는 자신의 존재 조건에 관한 사고를 변경하지 않을 수 없지만, 일본 출신으로서 미국에 가서 영어로 사고하고 글을 쓴 미요시의 실천을 보면서 자기 나름대로 생각하고 글을 쓰는 것은 어쩌면 서양 유래의 사상만으로는 이해할 수 없는 일인 듯싶다.

이 책의 제7장은 내가 영어로 쓴 것의 일본어 번역판이다.

나는 영어 논문을 쓰면서 이 책을 진행했다(Shinohara, 2020). 내가 자크 데리다를 독해하면서, 듀보이스에 관한 저작을 내고 일본의 지적 상황에 관심을 보인 디미트리 챈들러를 만난 것은 2016년 여름이다. 2019년 2월에 재회할 때 영어로 논문을 쓰면서 그가 편집자로 관여한 잡지에 게재할 내용을 조정하면서 나는 꼭 글을 쓰겠다고 말했다. 이걸 쓰면서 나는 다음과 같이 생각했다.

우선 영어로 논문을 써서 전달할 테니 이후 함께 생각해 보자고 했다. 일본에서 일상적으로 영어를 쓰지는 않는다. 메일은 영어로 쓰더라도 보통 일본어로 말하고 생각한다. 그러나 이번 책의 참고 문헌 목록을 보면 알 수 있듯이 평소 나는 영어책을 읽는다. 일본에서도 영어를 독해하고 쓰면서 영어로 사고하는 것이 가능하다. 더구나 영어로 논문을 쓸 때 나는 서양적 사고, 미국적 사고와 달리 무언가 다른 사고를 구사하지 않을 수 없다. 서양적이지 않은 사고를 하는 주체가 영어를 써야 할 때, 그저 일본어를 영어로 바꾼 것과 달리 다른 영어 구사 방식을 쓸 수밖에 없는 것이다.

무엇을 실마리로 삼을 것인가? 이를 위해서는 미요시 마사오나 이즈쓰 도시히코 혹은 가라타니 고진 등 일본 출신이면서 영어를 쓴 선배들에게 배우는 것이 손쉽다. 그리고 이를 이어 가면서 내가 하고자 한 것은 비서양인으로서 글로벌하게 생각하고 쓰는 것이다.

이 경우 영어로 쓴 것을 일본어로 바꾸어 일본의 생각, 인문계 학문의 상황을 소개한다는 것은 매우 다른 방식의 글쓰기를 요청한다. 차크라바르티나 모턴, 나아가 모튼이 사고하는 상황 속에 자신의 사고를 넣을 때 본인의 독자적인 생각과 문장으로 표현해야만 한다. 영어로 쓴 것을 소개하고 설명하는 게 중요한 것은 아니다. 소개와 설명은 어디까지나 전제일 뿐 거기에서 '내가 생각하는 것'을 주장해야만 한다. 이는 '내가 생각하는 것'을 영어라는 글로벌 언어로 동화시키는 것과는 다르다. 세계인 모두가 생각하는 것을 영어로 쓴다면 투명하고 보편적인 국제적 소통의 공공권이 성립할지도 모른다. 그러나 이 소통의 투명성, 원활함은 과연 실제 생활 속에서 느끼는 일상 경험, 장소에 대한 감각, 생활 공간을 떠도는 음향성, 나아가 생활 경험의 저변에 있는 기억, 트라우마 같은 사태를 전달하기에 충분할까? 영어로 쓰더라도 원어민이 아닌 나는 영어를 일상적으로 쓰는 사람과 달리 철저하게 형식적인 문체를 쓰는 것에 불과하지만, 이를 구사하는 원점에는 감각하고 사고하는 내가 있다.

나는 현재 교토의 사쿄구에 주로 머문다. 여기서 생각하고 문장을 쓴다. 내가 감각하고 생각하는 것을 말로 표현한다. 일본어와 더불어 영어로 말을 할 때 나는 이를 철학이나 시적 언어가 만들어 내는 맥락을 섞어 가며 문장을 도출하지만, 일본어든 영어든 이 언어적 맥락은 생활 경험을 벗어난 형식적 언어이다. 이 형식성으로 인해 생활에 얽힌 감각이나 기억, 고통, 노여움의 감정을 소박하게 표출하기는 쉽지 않다. 더구나 나는 형식화된 문체를 써서 철학적 사고를 문장화한다. 일상적으로 사는 나와 철학적 문장을 쓰는 나 사이에 있는 차이나 장벽을 어찌할 것인가?

여기서도 시차가 발생한다. 시차는 해소 불가능한 것으로 존재한다. 형식화된 문장을 쓰는 나의 입장에 서는 한 느낄 수 없으면 사고할 수 없음에도 일상을 살아가는 현실에서 실제로 살아간다. 챈들러가 듀보이스에 대한 독해와 관련지은 가라타니의 시차에 관한 고찰에서 말한 것처럼 거기에서 나는 하나의 구체적 신체, 곧 인종적 신체로 존재한다. 한편으로 형식화된 문장을 쓰고 영어로도 쓰지만, 다른 한편으로는 동양인 남성의 신체를 가진 내가 존재하는 것이다. 형식화된 보편성을 지향하나 이는 동양인 남성의 신체에 얽힌 것이기도 하다. 이 양극을 의식하는 것이 듀보이스가 말하는 '이중의 의식'이지만 챈들러는 거기에서 살아 있는 시차를 유지하는 것이 "상상과 이해와 희망을 위한 근본적 가능성이다"(Chandler, 2012 : 18)라고 주장한다.

마르크스주의 같은 서양적 보편주의 위에서 이 시차를 해소하고자 하면 이는 동양인으로 사는 나의 신체를 무시하는 것이자, 이 신체가 감지하는 세계의 풍요로움을 무화하는 것에 지나지 않는다. '지금 여기'의 삶, 움직이는 신체의 물질성, 색깔이 있고 성별화된 신체의 물질성을 받아들이는 것이 중요하다고 생각한다. 그러나 다른 한편으로는 모순된 시차가 존재한다. 보편을 지향하는 나의 사고가 있음도 확실하다. 나라는 인간에게서 벗어난 곳에 존재하는 세계로 제대로 다가서기 위해서는 보편을 향한 관점이 불가피하다. 하지만 나를 벗어나면서도 이를 둘러싼 세계의 심층에 도달하는 일은 물질인 신체에 잠재된 교감 능력 등에 얽매이지 않을 수 없다. 또 이를 자각하기 위해서라도 인종적 신체로서의 나의 신체가 '지금 여기'에 있으면서 움직이고 존재함을 잊어서는 안 된다.

　기후 변동의 위기로 부상하는 인간 조건의 붕괴는 전 세계적인 사태이다. 서양에 한정된 것이 아니다. 따라서 특히 철학을 필두로 인문 과학에서 우세한 서양적 사고 이외의 생각을 현대적으로 재생하는 일이 필수 항목이 될 것이다.

　이 책에서 몇 차례 검토한 니시다 기타로도 비서양적 사고의 입장에서 세계를 둘러싼 철학적 사고를 시도했다. 이 책이 취한 물음인 '인간 이후의 세계'를 둘러싼 고찰은 사실 니시다의 생각에서 힌트를 얻은 것이다. 이는 세계를 인간 이후의 것으로 생각하는 것, 예컨대 인간이 자멸하더라도 지속하는 것으로 생각하는 것이다. 우리는 인간 세계와 인간이 있든 없든 존재하는 세계 양자가 모순되게 공존하는 상황에 살고 있다. 니시다의 통찰은 현재 우리가 맞이하는 어떤 인간 이후의 상황을 그려 내기 위한 실마리이다. 우리는 인간 세계에서 자기로서 완결되지 못하고 광대한 세계에 침입하는 상황에서 살고 있다. 이는 이미 어떤 인간 세계의 붕괴이지만 인간 세계의 바깥, 즉 다른 세계로 열려 있기도 하다. 이 다른 것으로서의 세계는 인간의 역사적 세계에 대한 타자이지만, 니시다는 이를 생명의 세계로 생각했다.

인류세에서 인간의 생존 조건과 관련된 철학적 고찰을 지탱하는 사상적 원리가 있다면 무엇일까? 인간적 척도를 벗어난 곳에 펼쳐진 타자로서의 세계를 서양적인 사고의 전통 바깥이라는 현실을 무시하지 않고 생각한다면 무엇이 근거가 될까? 니시다는 이를 "형태 없는 형태를 보는, 소리 없는 소리를 듣는 것과 같은 것"(西田, 1987b : 36)이라고 말한다. 형태 없는 형태란 구체적인 사물로 가득 차 있지 않지만 그래도 무언가 없다고는 할 수 없는 형태를 말한다. 생명의 세계는 형태 없는 형태로 형성된다고 할 수 있다. 바로 이것이야말로 우리의 존재 조건인 세계가 숨 쉬고 살아 있다고 볼 수 있을 것이다.

형태 없는 형태, 나는 이것을 잡초가 무성한 장소라고 느낀다. 2017년 초여름 오전 한큐 다카라즈카선 주변을 자동차로 지나가면서 나는 늘 잡초를 보았다. 보아야겠다고 생각해서 본 것이 아니고 그저 자연스럽게 보게 된 것이다. 잡초는 빈터에 살고 있다. 더구나 주택이 무너진 뒤 남겨진 빈터에 살고 있다. 주택은 사물의 집적이다. 주택 속에는 책상, 침구, 부억, 아이들의 공부 도구들, 냉장고, 세탁기가 있다. 주택이 무너진 빈터라는 것은 거기에 있던 생활의 장까지도 소멸해 그 흔적은 공백이 되어 버린 상태를 뜻한다. 그러나 이 공백은 정말 아무것도 없는 것일까? 빈터에는 잡초가 있다. 빈터는 잡초가 생겨남으로써 존재하는 것이 아닐까? 빈터에 잡초가 산다는 것은 어떤 의미일까? 2017년부터 2018년에 걸쳐 빈터가 잡초로 가득 차는 것을 보면서 나는 늘 이렇게 생각했다.

빈터는 기존 주택의 소멸 후에 남은 장소지만 거기에 무엇이 존재하든 빈터는 빈터로서 존재한다. 그리고 잡초가 사는 곳인 한 빈터라는 장소는 생명을 잃은 것이 아니다. 그렇다면 잡초로 채워진 빈터는 니시다가 말하는 생명의 세계로서 우리는 어쩌면 이 잡초적 공간의 측면에서 자신의 역사적 세계를 형성해 가는 것일지도 모른다. 우리는 자신의 역사적 세계에서 잡초적 세계를 부여받아 표현한다. 그러나 현대에 빈터는 페트병이나 편의점 도시락의 빈 그릇이 나뒹구는 가운데 잡초가 무성한 곳이기도 하다. 인간의 거주를 위해 만든 것이 아니라 방치된 곳이자, 인간이 생활을 영위하며 구축한 인위적 질서의 구성 요소이던 집이나 소비재의 잔해 사물로 남겨진 폐기물의 장소이다. 그래도 나는 여기서 지금도 형태 없는 형태를 본다.

그렇다면 나는 인간 세계의 바깥 같은 것을 잡초 공간으로 보는 것인지도 모르겠다. 인간 세계와 그 바깥의 경계. 바깥의 세계, 즉 소멸 후의 세계와 접하는 장소. 인간 세계는 이 외연에 둘러싸여 있음에도 이를 느낄 수 있는 사람은 사실 많지 않다. 몸을 둘 곳이 없어 방황하던 나는 잡초 공간을 앞에 두고 망연자실하여 거기에 표류하는 생명을 느낌으로써 바른 정신을 유지할 수 있던 것인지도 모른다.

*

미래에 관한 예측은 어렵지만 이를 상상할 수는 있다. 이를 위해서는 사건으로서의 과거가 흔적으로 각인되고 축적된 장소인 '이 세계'를 향해 나의 몸을 침잠시켜 '이 세계'를 깊이 느낄 것이 요청된다. 과거 속에서 미래의 예감을 느끼는 일. 이는 세계의 '여기'를 느끼는 것이지만 중요한 것은 듣는 것이다. 모튼이 자주 말했듯이 듣는 것은 세계 한가운데에서 벌어지는 어떤 징조로서의 기미에 음조를 맞추는 것을 의미한다.

듣는다는 것은 세계의 심층으로 침잠하여 그 깊이를 느끼는 것이 아니라, 내 몸의 내면을 파고들어 가 생각하고, 세계의 심층에서 느껴지는 기미로서의 징조를 확인하고, 그 내용이 무엇인지 상상하며 명료하게 이미지화하는 것을 의미한다. 징조에 음조를 맞출 때 보이는 것이 실마리가 되거나 미각이 실마리가 될 수도 있다. 그러나 어쩌면 세계의 심층에 도달하여 침잠하는 기본이 되는 것은 듣는 것이라고 생각한다.

세계를 메우는 소란과 공허함 전부를 지적으로 무의미하다고 여기는 것이 아니라 그 무의미함을 철저한 확신으로 고조시키는 일. 이를 위해 소란과 공허함으로 채워진 세계와는 다른 곳에서 확신의 근거를 탐구할 필요가 있다. 나는 모튼이 말하는 '세계에 대한 감각'에 그 실마리가 있다고 느낀다. 다시 말해 "이는 아무것도 닿지 못하면서 마치 공간 자체에 물질적 측면이 있는 것처럼(이러한 생각은 아인슈타인에게는 기묘한 것으로 생각되지 않았다) 물질적이고 물리적인 것"(Moten, 2007 : 33)이다.

우리를 둘러싼 세계, 만지거나 알 수 없는 것은 소란과 공허, 이데올로기, 주관적 사고의 개입, 교조, SNS에 확산된 저열한 비방과 중상모략으로 사라지지 않는 매우 섬세한 것이다. 그리고 섬세함에 닿는 것은 소란과 공허에서 벗어나는 게 아니라, 그것을 향해 섬세함을 지키는 강인함이다.

이와 같이 생각할 때 만난 것이 프랭크 오션(Frank Ocean, 1987~)의 음악이었다. 2012년 〈채널 오렌지Channel Orange〉의 첫 곡인 '싱킨 바웃 유Thinkin Bout You'에서 그는 줄곧 "언제나 난 당신을 생각해요. 당신은 나를 생각하나요?", "당신은 나를 그렇게 생각하지 않는 거죠? 왜냐하면 내가 당신을 너무나 오랫동안 생각해 왔기 때문에"라고 노래한다. 줄곧 과거로 눈을 돌리는 노래이다. 그러나 가사를 다시 읽고 들어 보면 그는 예전부터 상대와의 만남에서 자신에게 생긴 감각이 살아 있음을 확신하고, 이를 확인하고 싶어 한다.

피치포크Pitchfork 미디어와의 인터뷰 기사에서 프랭크 오션은 앨범에 표류하는 기분을 표현한다. 그도 참여 중인 제이지((JayZ, 1969~)와 카니예 웨스트(Kanye West, 1977~)의 앨범 〈워치 더 스론Watch the Throne〉(2011)에 수록된 '노 처치 인 더 와일드No Church in the Wild'의 가사인 "아무도 믿지 않는 무신자에게 신이란 무엇인가?"를 소개하면서 말이다. 물론 이 물음에는 명확한 답이 없지만, 적어도 말할 수 있는 바는 정말 아무것도 믿지 않는 인간들이 '신이란 무엇인가'라고 묻는 것은 터무니없다는 점이다. 그 또한 무리 없이 무언가를 믿기 어려운 시대에 믿는 것에 대한 근거를 탐구할지 모른다. 이것이 그의 내성적 스타일이다.

프랭크 오션을 헤드폰으로 들으면서 공허한 소란을 벗어난 다른 세계로 하강한다. 거기에서 내가 살아 있는 근거를 찾기 위해 알 수 없는 무엇이 나를 둘러싸길 요청한다. 2012년부터 수년간 나의 심신의 기조가 이러했다.

그리고 2016년 8월에 프랭크 오션의 〈블론드Blonde〉가 발매된다. 오바마 정권 말기 미국에서는 경찰의 만행이 반복되어 다수의 아프리카계 미국인이 살해되었다. 피치포크 미디어의 리뷰에 따르면 흑인의 권리를 요구하는 '흑인의 목숨도 소중하다Black Lives Matter' 운동이 들끓으면서 비욘세

(Beyoncé, 1981~)나 켄드릭 러마(Kendrick Lamar, 1987~)
가 '올바름'을 내걸고 노래한 반면, 프랭크 오션은 "바깥의 긴
장이 고조되고 있지만 그의 고요함은 줄곧 강인해져 갔다".
그의 침묵은 단순한 무관심을 의미하지 않는다. 리뷰는 "거기
에는 총체적 관점에 대한 그의 요구가 있었다. 무엇이 중요한
가, 이에 대한 통찰을 잃지 않고 (만행을) 어떻게 누를 수 있
을까?"라며, "이 노래는 행진을 위한 것이 아니다. 그저 결의
를 따르기 위함이다. 이는 일상을 노래하고, 그저 존재한다는
것의 훌륭함, 바로 그것을 주장한다"라고 이어진다. 나아가
리뷰는 〈블론드〉가 브라이언 이노에게 영향을 주었다고 쓴다
(Dombal, 2016).

〈블론드〉의 마지막 곡은 '미래의 자유Futura Free'이다. 시
간당 7달러를 벌어 생계를 이어 가던 일상이 변하여 음악으
로 돈을 버는 상태가 된 자신은 신이 아닌 그저 인간일 뿐이
지만 때론 신처럼 느껴지기도 하는데, 그래도 그렇지 않다는
자문자답과 더불어 과거를 반성적으로 노래할 때 세상 사람
들이 나쁜 상태에 처하기도 한다는 것이다.

이 곡이 흥미로운 것은 돌연 "어? 네 이름은?"이라는 물음
과 동시에 가수인 프랭크 오션과 다른 사람들에 대한 인터뷰,
이를 둘러싼 잡담으로 반전된다는 점이다. 다양한 사람의 목
소리가 프랭크 오션을 둘러싼 세계에서 들리는 것이다. 농담
섞인 말들이 오가도 거기에서 어렴풋이 이해되는 말의 반복

(예컨대 "죽어서 영원히 눈을 감고 싶다", "1광년이면 얼마나 긴 걸까, 그런 것을 생각하곤 한다")은 프랭크 오션과 함께 있는 이들의 생각이 현재가 아닌 미래에 있음을 시사한다.

소란과 단절하고 내면으로 깊이 침잠하는 것. 과거를 생각해도 생각하지 못한 지점까지 느끼고자 한다. 자문자답의 언어 대부분은 아무런 의미가 없는 것일지도 모르지만 회상, 나쁜 상태, 만나지 못하는 이에 대한 추억, 최근의 다툼과 이에 대한 추억 등을 중첩시킴으로써 나도 어쩌면 소음과는 이질적인 술렁거림의 감각으로 나갈 수 있을지 모른다. 공허한 소란과의 단절과 술렁거림이 은밀히, 그러나 확실하게 살아 있는 세계의 광대함으로 나가기 위한 통로를 열어 준다.

그렇게 나온 장소는 어떤 곳일까? 그곳은 어쩌면 내가 확실히 살아 있는 것, 존재함을 지탱해 주는 것이지만 지금은 우선 내가 존재하는 곳이 사실 정해지지 않은 채로 있다고 이해한다. 정해지지 않는다. 이는 모튼의 기본 주장이기도 하지만 그가 말하는 것은 언제부터인가 세계에 대한 이미지가 고정되고, 과거부터 현재로 선형적인 시간 축과 나란히 진전하는 것으로 믿기에 엉뚱한 변화라고는 없는 곳이다. 모튼의 생각에 세계에 대한 이미지의 고정으로 인해 사람은 자신이 있는 장소를 거의 감각할 수 없게 되었다. 세계의 불확정성에 자신의 심신이 닿는 것은 고정된 세계 이미지의 감금에서 벗어나는 것이 아니라, 이 고정 상태를 누그러뜨릴 것을 요구한다.

고정된 세계 이미지를 모방하는 것으로는 세상의 소란, 대중 매체의 언어, 미디어와 영합한 사람들의 말이 있다. 문제는 이들 언어의 내용이 허위(페이크)인가 아닌가가 아니다. 오히려 사람의 심신을 소란스럽게 하고 현실 세계의 심층에 침잠하는 것을 방해하는 경직된 언어의 작용이 문제이다.

세상의 소란을 벗어난 곳에 현실 세계가 있다. 내가 메이야수나 모튼의 논의에서 얻은 것을 한마디로 정리하자면 이것이다. 그러나 세상의 소란을 벗어나기 위해 그 세상이 반드시 인간 부재일 필요는 없다. 현실 세계는 공동체적 독아론의 소란 속에 매몰된 사람들이 있는 곳에 펼쳐져 있다. 그곳은 정해진 것이 없거나 늘 인간의 지식을 초월한 현실에 기반해 돌연 변화하는 해협에 갇혀 있다.

적어도 나는 이 책에서 인간의 의식이나 의지 혹은 목적 설정을 벗어난 세계가 어떤 것인가를 논했다. 사람은 현실, 바로 이곳에서 산다. 현실 세계가 정해지지 않더라도 이는 단지 의식이나 의지에 기반한 목적성이 무효이기 때문이다. 바꿔 말해, 현실 세계를 정할 수 있다고 생각하는 데 무언가 무리가 있다는 것이다. 따라서 '불안'이나 '불안정'이라는 말로 내가 사는 곳을 묘사하는 것에 무리가 있을지도 모르겠다. 불확정적인 움직임, 이는 어쩌면 기미, 풍경 따위의 흔들림 같은 감각적 형태로 존재할지도 모른다. 인간적인 것으로 정할 수 있다고 생각하던 세계는 기후 변동, 해수면 상승, 가뭄, 팬데

믹과 더불어 붕괴하는 것이 확실하다.

붕괴되고 말 것이라는 공포. 따라서 거대한 제방을 쌓는다. 제방은 물리적 실재물이 아닌 우리 마음의 둘레에 있다. 예컨대 붕괴되더라도 우리는 살아간다. 딱히 두려울 것이 없다. 정해질 수 있다고 생각한 세계가 간단하게 붕괴할 수 있음을 알게 된 우리는 거기에 빈 구멍으로 다양한 것이 들어올 수 있음을 느끼기 때문이다.

2020년 3월 11일

후기

　나는 2017년부터 2020년에 걸쳐 일어난 일, 만난 사람, 일상의 경험에서 느낀 것을 떠올리면서 생각한 것을 잊지 않고 이 책을 썼다. 글쓰기는 독립적이며 사적이지만 이 독립성이 나를 둘러싼 곳에서 일어난 크고 작은 다양한 사건에서 느낀 본질을 이 책에 농축했다. 지금은 추상적인 철학책을 읽지 못하는 아이들이나 코로나 이후라는 상황에서 새롭게 태어난 사람들은 이 책을 어떻게 읽을까? 이 책은 다가올 미래의 사람을 위해 썼다. 미래의 사람들이 살아 있는 상황에서 어떻게 하면 지금 있는 상태로 되돌아오게 할 것인가를 위한 실마리로 읽어 주었으면 한다. 물론 미래의 사람들뿐 아니라 현재의 나와 지금 책을 읽는 독자분을 포함해서 말이다.

　이 책은 고단샤의 다가이 모리오(互盛央, 1974~　) 씨와의 만남이 없었다면 존재하지 않았을 것이다. 2017년 8월, 신주쿠의 카페에서 처음 만난 이후 몇 차례 보았다. 이는 미팅이라기보다는 오히려 연구회에 가까운 논의의 장이었다. 나 같은 스타일로 생각하고 문장을 쓰는 사람에게는 자신의 생각이 타인에게 어떻게 받아들여지는가를 확실히 할 장이 필요하다. 연구회에서 논의한 것이야말로 귀중한 일이 아닐 수 없었다. 인문계 저자인 다가이 씨와의 만남은 정말 고마운 일이었다. 2017년 여름, 이야기 나눌 사람이 적었다. 다가이 씨에게 감사드린다.

2020년 6월 27일, 시노하라 마사타케

미주

서문

1 아사다 아키라(浅田彰, 1957~   )는 1983년 《구조와 힘》에서
  "자연의 질서인 피시스에서 나와 카오스 한가운데에 들어선 인간은
  문화의 질서를 세우지 않을 수 없다. '자연의 질서는 훨씬 강력하고
  항상성, 조정 작용, 프로그램화의 지배를 받고 있다. 인간의 질서야
  말로 무질서의 재난désastre? 아래 전개되고 있다'"(浅田, 1983
  : 37)라고 말한다. 이 저작은 인간이 세운 문화의 질서를 파탄 내
  고 붕괴시키는 것을 생각하는 게 과제지만, 어쩌면 그 근저에는 자
  연은 프로그램화의 지배를 받는 것으로 파악할 수 없다는 감각이
  있을지도 모른다. 덧붙여, 이마니시 긴지(今西錦司, 1902~1929)
  는 1928년 〈자연 문답〉(대담 형식의 글)에서 어느 정도 인간 문명
  이 발달하더라도 자연 세계의 광대함을 넘보지는 못할 것이라고 말
  한다. 그는 이 글에서 다음과 같이 말한다(今西, 1986 : 26-27).
  "나도 인간은 생물의 한 종임을 인정하지 않을 수 없다. 그러나 오
  늘날 인간은 문화를 가진 동물로서 역시 생물 일반과는 동렬로 다
  룰 수 없는 독특한 존재가 아닐까 한다." …… 틀림없다. 그러나 인
  간은 문화를 손에 넣기 위해 다른 생물에게는 없는 불을 시작으로
  마침내 자멸하지 않을 수 없다. 내가 말하는 전체로서의 자연은 인
  간이 자멸하고 말 것임에 신경 쓰지 않고 영원히 미래로 갈 하나의
  자연으로서 살아 나가는 것이다. …… 평가할 수 없는 것은 알 수

없다. 그러나 생물 32억 년의 역사로부터 보건대 기껏 200~300년 간의 사건에 불과한 것이 아닐까."

1980년대에는 아주 극단적인 자연관이 있었다. 이 어긋남을 단순한 세대 차이로 보지 않고 근본적인 문제로 생각하는 것 또한 현대의 과제 중 하나이다. 여기서는 어쩌면 '자연=통제 가능' vs '자연=인간 세계를 초월한다'라는 대립이었을 것이다. 이 책은 후자의 입장에서 논의한다.

프롤로그

2   길리언 씨는 베네치아 비엔날레 국제건축전(2016)에서 일본관을 위해 쓴 글을 통해 나를 알게 되었다고 했다(篠原, 2016b). 사실 이 글은 출전 작가의 한 사람인 노사쿠 후미노리(能作文德, 1982~)와 대부분을 함께 쓴 것이다. 건축과 도시의 위태로움에 관해서는 2019년 11월에 있던 노사쿠와의 대담도 참고할 수 있다(篠原·能作, 2020).

3   'Zuhandenheit'를 '귀향 존재'로 번역한 것은 구키 슈조(九鬼周造, 1888~1941)이다. 이 단어를 선택한 이유에 관해 그는 "도구는 늘 다른 도구로 귀향하여…… '……에 이르기까지(um zu……)' 존재 성격을 가지기 때문"이라고 말한다(九鬼, 2016 : 288).

4   구로사와 세이야(黒沢聖覇, 1991~)는 인간 세계의 외연적 영역에 관심을 둔 예술가의 한 사람으로서 그와 동 세대인 나카조노 고지(中園孔二, 1989~2015)의 작품을 논한다(黒沢, 2019). 여기서 구로사와는 다음과 같이 말한다.

"나카조노는 자신의 스케치북에 '표현력이란 보이지 않는 것을 보이는 현상계로 되돌리도록 만드는 힘'이라는 말을 남긴다. 이 말이 기록된 쪽에는 웅크리고 앉아 스케치 중인 화가로 보이는 인물의 머리에 주변을 둘러싼 인형들 '사이'의 윤곽 같은 선이 묘사된다. 이 드로잉은 지금까지 말한 '주변성'을 모방하는 외연을 보여 주는 하나의 사례일 것이다. 이 스케치에서는 인형들이 화가의 내적인 선의 연장으로서 외적으로 묘사되기도 하지만, 화가를 '둘러싼 것'으로서 선으로 묘사되기에 앞서 내측과 외측의 '사이'에 존재하는 것이기도 하다. 즉 이 스케치에서 인형들은 화가의 선에 의해 시각화되기 전부터 '보이지 않는 것'으로 이미 존재해 오던 것이다."

구로사와는 모턴 철학과의 연관 속에서 나카조노의 작품을 논하지만, 이 책을 쓰면서 나는 나카조노의 그림을 보고 모턴의 철학에 대한 이해를 심화했다. 실제, '외연(아우터 에지)'이라는 말은 나카조노에게서 얻은 것이지만, 구로사와의 논문을 읽으면서 그와 동시대 작가에게 공유되는 감각을 표현하는 말로도 이해된다.

제1장

5   다키 고지는 자신의 문제의식의 시초에 관해 건축이 물건으로서의 질서를 받아들이는 데 비해 "거기에 포함된 형이상학(이데올로기)을 배제하거나 상대화한다"고 말한다. '사물은 객관적 대상으로 존재하고 이를 조작하는 것이 건축'이라는 생각이 무조건 신뢰받는 상황과 달리 다키는 "인간이 집에 산다는 사실"을 중시하면서 경험이나 기억 혹은 의미라는 객관적 사물의 질서로 환원되지 않는 것에 주목한다(多木, 2000 : 211). 따라서 다키는 에드문트 후설이나 메를로퐁티의 현상학으로 향하지만 이로부터 기호론이나 상징론으로 시야를 넓혀 집은 그저 사는 공간이 아니라 "언어를 필두로 표

상 체계를 개입시켜 '시공간을 장악'하고, '집 안과 집을 중심으로 제어할 수 있는 공간과 시간을 창조'한다(André Leroi-Gourhan, ibid., 196)". 다키에게 사물은 경험의 질서와는 다른 질서에 속하는 객관적 대상으로 파악된다. 이와 달리 이 책은 사물을 중시하지만 다키가 생각하는 객관적 대상으로서의 사물과는 다른 경험에 앞서 외적인 영역에 속하는 것으로 생각한다.

6　차크라바르티는 〈역사의 기후〉를 쓰던 2003년 무렵 호주 캔버라에서 발생한 산불에 관해 말한다.

"2003년이라는 어느 비참한 해 산불 회오리바람이 캔버라를 덮쳐 300년이 넘은 가옥이 파괴되었고, 이때 캔버라 주변에 있던 내가 좋아하는 자연의 장소를 상실했다. 비통 속에서 나는 호주에서 산불의 역사를 설명하는 저작을 읽었지만, 읽으면 읽을수록 '인간이 야기한 기후 변동'이라는 현상이 시야에 들어왔다. …… 나는 '인간이 야기한 기후 변동'이 어떤 것인지에 흥미를 느껴 기후 과학자가 일반인을 위해 쓴 글을 읽었는데, 당시 나의 세계상이 요동치는 것을 느꼈다"(Chakrabarty, 2018c : 245).

7　"보통 내가 유일한 세계라고 생각하는 이른바 자연계는 유일한 하나의 세계지만, 반드시 유일한 것은 아니다. 우리는 자연계가 주관적 자아를 벗어나 존재한다고 생각하는 것과 동일한 이유로, 아니 한층 강한 권리를 가진 역사의 세계가 객관적으로 존재한다고 주장할 수 있다고 생각한다. …… 역사적 세계는 자연 과학적 세계에 비해 한층 구체적인 실재로 생각되지만, 예술의 세계나 종교의 세계는 이것보다 훨씬 깊고, 직접적으로 실재하는 것이다. 특히 우리는 각각의 세계에 속해 다양한 세계를 넘나든다"(西田, 1987a : 16-17).

자연 과학으로 파악된 세계를 유일 절대로 보는 것에 관해 니시다는 비판적이다. 다만 그는 주관과 상관적인 세계를 비판적이며 자연 과학적 객관화를 따르더라도 인간 주관과 관련될 수밖에 없는 역사적 실재로서의 세계를 사유하고자 한다. 그리고 그는 이를 '깊고, 직접적으로 실재하는 실재'라고 표현한다. 이는 우선 심층은 주관적 자아를 멀리 벗어난 것을 의미하고, 직접성은 주관이나 도그마로부터 해방된 순수함, 투명성에 닿을 수 있는 현실을 의미한다.

8   그로스의 사유는 건축가뿐 아니라 나이절 클라크를 필두로 한 지리학자에게도 영향을 끼쳐 인류세를 둘러싼 철학과 인문학 조류의 하나가 되었다. 상세한 것은 인터뷰를 참고할 것(Yusoff, Grosz, Clark, Soldanha, and Nash, 2012).

9   이소자키는 현실의 도시를 폐허로 이중적으로 느낀다고 할 수 있을 것이다. 이 감각은 전후 도시가 마치 황폐화가 없던 것처럼 두 번 다시 일어나지 않을 사태로 간주하고 발전해 온 데 대한 무의식적 위화감이라고 할 수 있다. 일종의 트라우마일 것이다. 이 위화감을 철학적인 사고의 근저에서 사상적 언어로 표현할 수 있는가가 오늘날 던져야 할 질문이다. 니시다 기타로의 제자인 니시타니 게이지 (西谷啓治, 1900~1990)는 선구자의 한 사람이다. (태평양 전쟁 종결 후 16년이 지나고 도쿄 올림픽 3년 전인) 1961년에 간행된 《종교란 무엇인가》에 수록된 논문 〈종교에서 인격성과 비인격성〉에서 니시타니는 다음과 같이 말한다. "언젠가는 긴자 거리도 억새풀로 뒤덮이는 날이 올 것이다. 제자 중 한 사람이 '스승님, 이 돌과 건물은 어떻게 융성한 겁니까?'라고 묻자, '그렇네요. 몇 시간 동안 비슷한 크기의 건물을 보지만 하나의 돌도 붕괴하지 않고 그 위에 얹어진 거군요'라고 답했다"는 것이다. 황무지와 나란하다. 긴자는 현재의 아름다운 모습 그대로 황무지로 관찰될 것이다. 이른바 사진의 이중성이 만들어 낸 것이다. 오히려 이중성이라고 하지만 진

실의 모사이다. 진실은 이중적이다. 100년 전이나 지금이나 산책하는 남녀노소는 그저 한 사람이 아니다. 그러나 일념만년(一念万年), 만년일념(万年一念)처럼 100년 후의 현재는 오늘 이미 현재이다. 이런 이유로 건강하게 산책하며 살아가는 것 자체를 죽은 자로서 이중적으로 볼 수 있다. "번개나 얼굴에 핀 억새풀은 긴자의 그것과 같다"(西谷, 1961 : 58-59).

제2장

10 "상관주의란 주관성과 객관성의 영역을 각각 독립적인 것으로 생각하는 주장을 무효화한다. 우리는 주체와의 관계에서 분리된 대상 '그 자체'를 파악하는 것이 절대 불가능하다고 말할 수 없으며, 주체는 언제나 이미 대상과의 관계에 위치 지어진다. 그렇지 않고서는 주체를 파악하는 것이 절대 불가능하다고 주장한다"(Meillassoux, 2008 : 50).

11 언어적 분절화를 벗어난 현실을 사고하는 이즈쓰는 자크 데리다의 철학에 친근함을 느낀다. 그는 데리다의 '로고스 중심주의 비판'에 대한 시도를 다음과 같이 파악한다. 데리다가 비판한 것은 "신이든 이데아든 형상이든 의미든 부동의 실재가 경험계의 사물, 사물 쪽에 존재함을 인간이 지금 여기에서 자신에게 현전토록 할 수 있다"고 생각하는 '현전의 형이상학'이라고 말한다. 그리고 데리다의 현실관에 관해 다음과 같이 말한다.

"모든 현실이란 유동하는 기호의 유희 현상이며, 이른바 사물이란 영원히 현전하지 않는 것의 '흔적trace'에 불과하다. 지금, 여기에서 무엇을 파악하거나 생각하는 순간 보이는 것 자체는 손안에 있는 것이 아니다. 이 '잡히지 않는' 것이 지금까지도 지속되어 왔다"

(井筒, 2019 : 118).

또 그는 데리다 논의의 심층에 있는 독특한 장소 감각에 주목한다. 바로 사막이다. 즉 '일정한 장소'로 정해지지 않은 장소 아닌 장소 로서의 사막이다.

"뚜렷한 한계선으로 구분된 장소는 어디에도 없다. 자신의 위치를 머물게 할 특정한 장소는 없다. '하나의 뚜렷한 장소, 하나의 범위, 타자를 배제하는 지역, 하나의 특수 지구, 게토'는 여기에 없다. 늘, 지금까지 '저편'과 같은 장소, 경험 세계에는 절대 없을 장소, 무한 의 과거인 동시에 무한의 미래이기도 한 장소. '사막'에는 '비장소' 의 꿈이 있다"(ibid., 121).

12 특히 이 세계상이 사고의 자유를 빼앗고, 세계상을 공유하지 않는 이에 대한 몰이해나 단정을 불러일으킨다. 나아가 세계의 현실을 무시하게 될 가능성이 있다. 비외르크와의 메일에서 모턴은 "주의 (이즘)는 오래도록 현실을 무시해 왔다. 바꿔 말해, 비인간적인 것 에 대한 무시이다"(Björk and Morton 2015)라고 쓴다.

13 이렇게 정치적 올바름의 관점에서 현실의 부정을 폭로할 뿐 아니 라 중재하는 것이 예술의 목적일 가능성이 높다. 하세가와 유코는 2019년 도교도현대미술관에서의 전시인 〈덤 타입/액션+리플렉션〉 을 둘러싼 다카타니 시로(高谷史郎, 1963~   )와의 대담에서 다음 과 같이 말한다.

"지금 세상 한가운데의 맨 끝에서, 종국에는 네트워크의 세계가 되 더라도 실체 없는 곳으로부터의 근간과 언어(왕따라든가 근거 없는 풍문)가 다양하게 도출되어 누군가를 신뢰해야 할지 알 수 없게 되 었다"(長谷川·高谷, 2019).

덤 타입에서 "적대 관계는 신뢰 관계 위에 성립한다"는 감각을 공 유한다. 이 감각을 결여한 상태로 무페와 같은 외국 사상을 직수입하여 이를 근거로 '올바른 의견'을 타인에게 주장하는 자세가 옳은 것이라면 신뢰 관계의 붕괴가 진행되고 말 것이다.

14 그러나 20세기 철학에서 논리나 언어를 기초로 한 보편주의가 우세했다.

"논리나 언어를 파악함으로써 장소를 고려하는 것은 한층 더 사라졌다. 이야기하고 생각하는 장소는 그런 활동에 전혀 영향을 주지 않는다고 말해지게 되었다"(Casey, 1997 : xii).

사변적 실재론이나 객체지향 존재론은 언어로부터의 이탈로 특징지어진다. 이 동향 가운데 장소를 재검토하는 것이 이 책의 의도이다.

15 후지타 마사카쓰(藤田正勝, 1949~   )는 니시다가 말하는 '직접 경험'은 공공의 언어로는 말할 수 없다고 주장한다.

"이 점을 니시다는《선의 연구》제2권〈실재〉의 '진정한 실재는 늘 동일한 형식을 가지는 곳에 있다'에서 '실재의 진경은 자아를 가진 우리가 스스로 얻어야 할 것으로서, 이를 반성하고 분석한 언어로 표현할 수는 없을 것이다'라고 말한다. 니시다의 주객 대치에 대한 비판은 '공공의'의 척도로 측량한 '공공의' 언어로 말하는 것이 진리를 파악하게 해 준다는 견해에 대한 비판이기도 하다"(藤田, 2011 : 29).

제3장

16 2016년 여름에 내가 라이스 대학을 방문했을 때 모턴은 "이 책은 나의 전부를 표현한다"라고 말했다.

17 레비나스의 철학과 트라우마에 관해서는 무라카미 야스히코(村上 靖彦, 2012)를 참고할 것. 무라카미는 레비나스가 말하는 '있음 (il y a)'을 트라우마적 현실을 은폐하는 것으로 파악하고 이에 대

해 '있음(공기 중에 있음)'이 들어가 있는 곳으로서의 공허한 공간
을 정신병을 앓고 있는 인간이 현실에 사는 곳으로 해석한다. 그가
주목하는 것은 레비나스의 다음과 같은 논의이다.

"공간의 공허함이 보이지 않는 공기로 가득 찬 것(바람의 애무나 태
풍의 위협이든 지각에 대해 감추어지고, 지각하지 못하는 것임에
도 나의 내면성의 주름에 이를 때까지 침투하는), 이 비가시성 혹은
이 공허가 호흡 가능성 혹은 공포를 일깨운다. 이 비가시성을 무관
심하게 내버려 둘 것이 아니라 모든 주제화에 앞서 나에게 육박해
오는 것, 이 단순한 분위기ambience가 장소의 기분과 관련된다는
것. …… 이것이 괴로운 …… 주체성을 의미한다"(ibid., 149).

第4장

18 아렌트는 인간의 현실 감각이 "공적인 영역의 존재에 기반한다"고
말하면서 이를 "숨겨진 존재의 어둠"과 대치시킨다. 즉 사적 영역
의 어둠으로 인해 펼쳐진 공적 영역의 밝음이 현실 감각을 지탱한
다는 것이다. 사실 아렌트도 공적인 영역의 빛에 드러나지 못하고
존재하는 것을 알고 있지만, 거기에 있는 특유의 실재성에 관해서
는 말하지 않는다(Arendt, 1958 : 51).

第5장

19 가라타니는 칸트에게 《형이상학적 꿈으로 해명된 영혼을 보는 자의
꿈》이 중요함을 알았던바, 사카베 메구미(坂部惠, 1936~2009)
의 《이성의 불안》(1976)에 수록된 논고인 사카베와의 대담을 서

술한다.

"칸트의 반성을 낳은 것은 이런 종류의 역겨운 시차라는 것이 나의 생각이다. 그런데 사실 이 느낌에 대해서는 사카베의 논문 덕분이다. 칸트의 기묘한 에세이인《형이상학적 꿈으로 해명된 영혼을 보는 자의 꿈》을 상세히 논한 사카베의《이성의 불안》이라는 글을 읽고 나는 거기에서 무언가를 느끼고, 시차라는 개념을 보게 되었다. 그리고 이로부터 칸트의 초월론적 반성을 시차에 기반한 것이라고 생각하게 되었다"(柄谷·坂部, 2001 : 198).

20 이 점에 관해 나는 챈들러의 논의에서 시사점을 얻었다. 챈들러도 가라타니의 '시차'에 관한 논의가 가진 보편주의적 경향에 대해 그 것을 해소할 수 없는 것으로 파악한다. 이로부터 정해지지 않은 존재로 사는 일의 중요성을 설파한다. 시차의 해소 불가능성이야말로 "상상과 이해와 희망을 위한 유일한 가능성"(Chandler, 2012 : 18)이다.

21 가라타니 고진이 애독한 나쓰메 소세키는 이 세상에 없고 죽었다는 것을 늘 생각나게 한다.

"유쾌하지 못함으로 가득한 인생을 터벅터벅 걷던 나는 언젠가 당도할 죽음이라는 경지에 관해 늘 생각했다. 그 죽음이라는 것을 삶보다 즐거운 것이라고 믿었다. 어떤 때는 이를 인간으로서 도달할 수 있는 최상의 경지라고 생각했다. '죽는 것이 사는 것보다 귀하다.' 이런 말이 요즈음 나의 머릿속을 떠돈다. 자연스레 현재의 나는 지금 언저리를 살고 있다"(夏目, 1956 : 20-21).

22 《트랜스크리틱》은 2010년대에 현저해진 인류세를 둘러싼 문제를 선취하고 있다. 예컨대 AI 문명 세계에 관한 통찰이라고 할 만한, 에이전트인 스미스가 포획한 모피어스를 향해 "인간은 지구의 병과 같기에 절멸하는 것이 낫다", 그리고 "AI가 문명을 구축하는 것

이 좋다"고 말한다. 이때 거기에는 살아 있는 몸을 가진 인간의 신체가 지구에 부하를 걸어 AI를 필두로 기계 장치로 대체하는 것이 낫다는 발상이 자리 잡고 있다고 할 수 있다.

제6장

23 "(음을 재현하는 것이 아니라) 음을 분자화하고, 원자화하고, 이온화하여 우주의 에너지를 취하는 음의 기계. 그러한 기계가 집합체가 됨에 따라 생겨난 것이 신시사이저이다. 모듈, 음원이나 처리의 요소, 진동자, 제너레이터, 변성기 등을 조합하여 미시적인 간극을 조절하기보다 신시사이저는 음의 과정 자체를 청취 가능하게 한다. 이 과정의 생산도 청취 가능하며 음의 질료를 넘어선 다른 요소와의 관계로 우리를 인도한다"(Deleuze et Guattari, 1980 : 423-424).

제7장

24 생태적 위기의 진전뿐 아니라 세계의 타자성, 즉 인간이 있든 없든 세계는 존재한다는 것에 대한 느낌이 고조되는가에 대한 자각이 요청된다. 이 점에 관해서는 다노프스키와 비베이루스 지 카스트루의 논의를 참고할 것(Danowski and Viveiros De Castro, 2017 : 20).

참고 문헌

1. 영어 문헌

Allucquère Rosanne Stone, 1996, *The War of Desire and Technology at the Close of the Mechanical Age*, Cambridge, Mass. : MIT Press.

Alphonso Lingis, 1998, *The Imperative*, Bloomington, Ind. : Indiana University Press.

Andrew Feenberg, 1999, "Experience and Culture : Nishida's Path 'To the Things Themselves'", *Philosophy East and West*, 49(1), January, 1999 : 28-44.

Björk and Timothy Morton, 2015, *This Huge Sunlit Abyss from the Future Right There Next to You⋯⋯ : Emails between Björk Guðmundsdóttir and Timothy Morton*, October, 2014, edited by James Merry, New York : Museum of Modern Art/ London : Thames & Hudson.

Bruno Latour, 2017, *Facing Gaia : Eight Lectures on the New Climate Regime*, translated by Catherine Porter, Cambridge : Polity Press.

Chantal Mouffe, 2008, "Art and Democracy : Art as an Agonistic Intervention in Public Space", *in Open : Art as a Public Issue. How Art and Its Institutions Reinvent the Public Dimension*, 14, May 1, 2008 : 6-13.

Christophe Bonneuil, and Jean-Baptiste Fressoz, 2016, *The Shock of the Anthropocene : The Earth, History and Us,* translated by

David Fernbach, London : Verso.

Claire Colebrook, 2014, *Death of the PostHuman : Essays on Extinction,* Vol. 1, Ann Arbor : Open Humanities Press.

——2018, "Escaping Meaning, Escaping Music", *CR : The New Centennial Review,* 18(2) : 9–34.

Clive Hamilton, 2017, *Defiant Earth : The Fate of Humans in the Anthropocene,* Cambridge : Polity Press.

David Wallace, 2018, "Fred Moten's Radical Critique of the Present", *The New Yorker,* April 30, 2018 (https://www.newyoker.com/culture/persons-of-interest/fred-Motens-readical-critique-of-the-present).

Déborah Danowski and Eduardo Viveiros De Castro, 2017, *The Ends of the World,* translated by Rodrigo Nunes, Cambridge : Polity Press.

Dipesh Chakrabarty, 2009, "The Climate of History : Four Theses", *Critical Inquiry,* 35(2), Winter, 2009 : 197–222.

——2012, "Postcolonial Studies and the Challenge of Climate Change", *New Literary History,* 47(2–3), Spring & Summer, 2016 : 377–397.

——2018a, "Anthropocene Time", *History and Theory,* 57(1), March, 2018 : 5–32.

——2018b, "Planetary Crises and the Difficulty of Being Modern", *Millennium : Journal of International Studies,* 46(3), May, 2018 : 259–282.

——2018c, *The Crisis of Civilization : Exploring Global and Planetary Histories,* New Delhi : Oxford University Press.

Edward S. Casey 1997, *The Fate of Place : A Philosophical History,* Berkeley : University of California Press.

Elizabeth Grosz, 2008, *Chaos, Territory, Art : Deleuze and the Framing of the Earth,* New York : Columbia University Press.

———2019, "Interview with Elizabeth Grosz", *The Architectural Review*, May 3, 2019 (https://www. architectural-review. com/essays/profiles-and-interviews/interview-with-elizabeth-Grosz/10042212.article)

Ella Myers, 2013, *Worldly Ethics : Democratic Politics and Care for the World*, Durham : Duke University Press.

Eric Cazdyn, 2015, "Enlightenment, Revolution, Cure : The Problem of Praxis and the Radical Nothingness of the Future", in Marcus Boon, Eric Cazdyn, and Timothy Morton, *Nothing : Three Inquiries in Buddhism*, Chicago : University of Chicago Press, pp. 103-184.

Eric L. Santner, 2006, *On Creaturely Life : Rilke, Benjamin, Sebald, Chicago* : University of Chicago Press.

Federico Campagna, 2018, *Technic and Magic : The Reconstruction of Reality*, London : Bloomsbury.

Fred Moten, 2003, *In the Break : The Aesthetics of the Black Radical Tradition,* Minneapolis : University of Minnesota Press.

———2017, *Black and Blur,* Durham : Duke University Press.

———2018, *The Universal Machine*, Durham : Duke University Press.

Gilles Deleuze and Félix Guattari, 1980, *Mille Plateaux : capitalisme et schizophrénie 2,* Paris : minuit.

Graham Harman, 2002, *Tool-Being : Heidegger and the Metaphysics of Objects,* Chicago : Open Court.

———2005, *Guerrilla Metaphysics : Phenomenology and the Carpentry of Things,* Chicago : Open Court.

———2011, *Quentin Meillassoux : Philosophy in the Making,* Edinburgh : Edinburgh University Press.

———2012, "The Mesh, the Strange Stranger, and Hyperobjects : Morton's Ecological Ontology", *Tarp 2(1)*, Spring,

43979164453

2012 : 16–19.

Hannah Arendt, 1958, *The Human Condition*, Chicago : University of Chicago Press.

Jon Roffe and Hannah Stark, 2015, "Deleuze and the Nonhuman Turn : An Interview with Elizabeth Grosz", *in Deleuze and the Non/Human*, edited by Jon Roffe and Hannah Stark, London : Palgrave Macmillan, pp. 17–24.

Jürgen Habermas, Sara Lennox and Frank Lennox, 1974, "The Public Sphere : An Encyclopedia Article", *New German Critique*, 3, Autumn, 1974 : 49–55.

Karatani Kojin, 2003, *Transcritique on Kant and Marx*, translated by Sabu Kohso, Cambridge, Mass. : MIT Press.

Kathryn Yusoff, Elizabeth Grosz, Nigel Clark, Arun Saldanha, and Catherine Nash, 2012, "Geopower : A Panel on Elizabeth Grosz's Chaos, Territory, Art : Deleuze and the Framing of the Earth", Environment and Planing D : Society and Space, 30(6), December, 2012 : 971–988.

Levi R. Bryant, 2010, "Hyperobjcets and OOO", *Larval Subjects*, November 11, 2010(https://larvasubjects.wordpress.com/2010/11/11/hyperobjects-and-ooo/).

——2011, *The Democracy of Objects*, Ann Arbor : Open Humanities Press.

Markus Gabriel, 2015a, *Why the World Does Not Exist,* translated by Gregory S. Moss, Cambridge : Polity Press.

——2015b, *Fields of Sense : A New Realist Ontology,* Edinburgh : Edinburgh University Press.

Masao Miyoshi, 2010a, "Literary Elaborations", in *Trespasses : Selected Writings,* edited and with an intro-duction by Eric Cazdyn, Durham : Duke University Press, pp. 1–48.

——2010b, "Outside Architecture", *in Trespasses : Selected*

Writings, edited and with an introduction by Eric Cazdyn, Durham : Duke University Press, pp. 151-158.

Maurizio Ferraris, 2015, "New Realism : A Short Introduction", *in Speculations VI*, edited by Fabio Gironi, Michael Austin, and Robert Jackson, New York : Punctum Books, pp. 141-164.

Nahum Dimitri Chandler, 2012, "Introduction : On the Virtues of Seeing -At Least, But Never Only- Double", *CR : The New Centennial Review*, 12(1), Spring, 2012 : 1-39.

Quentin Meillassoux, 2008, *After Finitude : An Essay on the Necessity of Contingency*, translated by Ray Brassier, London : Continuum.

Ray Brassier, Iain Hamilton Grant, Graham Harman, and Quentin Meillassoux, 2012, "Speculative Realism", *Collapse*, 3, December, 2012 : 307-450.

Ryan Dombal, 2016, "Frank Ocean : Blonde", *Pitchfork*, August 25, 2016 (https://pitchfork.com/reviews/albums/22295-blonde-endless/).

Shinohara Masatake, 2020, "Rethinking the Human Condition in the Ecological Collapse", *CR : The New Centennial Review*, 20(2)(forthcoming).

Slavoj Žižek, 2006, *The Parallax View*, Cambridge, Mass. : MIT Press.

Steffen Will, Jacques Grinevald, Paul Crutzen, and John McNeill 2011, "The Anthropocene : Conceptual and Historical Perspectives", *Philosophical Transactions of the Royal Society A*, 269(1938), March, 2011 : 842-867.

Steffen Will, Johan Rockström, Katherine Richardson, Timothy M. Lenton, Carl Folke, Diana Liverman, Colin P. Summerhayes, Anthony D. Barnosky, Sarah E. Cornell, Michel Crucifix, Jonathan F. Donges, Ingo Fetzer, Steven J. Lade, Marten

Scheffer, Ricarda Winkelmann, and Hans Joachim Schellnhuber, "Trajectories of the Earth System in the Anthropocene", *PNAS : Proceedings of the National Academy of Science of the United States of America*, 115(33), August 14, 2018 : 8252–8259 (https://doi. org/10./pnas.1810141115).

Susan Buck-Morss, 1992, "Aesthetics and Anaesthetics : Walter Benjamin's Artwork Essay Reconsidered", *October,* 62, Autumn, 1992 : 3–41.

Timothy Morton, 2002, "Why Ambient Poetics? : Outline for a Depthless Ecology", *The Wordsworth Circle*, 33(1), Winter, 2002 : 52–56.

——2007, *Ecology without Nature : Rethinking Environmental Aesthetics,* Cambridge, Mass. : Harvard University Press.

——2010, *Ecological Thought,* Cambridge, Mass. : Harvard University Press.

——2011, "Hauntology and Non-Places", *Ecology without Nature*, May 28, 2011 (https://ecologywithoutnature.blogspot.com /2011/05/hauntology-and-non-places.html).

——2013a, *Realist Magic : Objects, Ontology, Causality,* Ann Arbor : Open Humanities Press.

——2013b, *Hyperobjects : Philosophy and Ecology after the End of the World*, Minneapolis : University of Minnesota Press.

——2017, *Humankind : Solidarity with Nonhuman People,* London : Verso.

——2018, "The Hurricane in My Backyard", *The Atlantic,* July 8, 2018 (https://www.theatlantic.com/technology/archive /2018 /07/the-in-my-backyard/564554/).

2. 일본어 문헌

가라타니 고진(柄谷行人), 1989, 〈거울과 사진 장치(鏡と写真装置)〉, 《은유로서의 건축(隱喩としての建築)》, 고단샤(講談社), 153-165쪽.

──2010a, 《트랜스크리틱-칸트와 마르크스(トランスクリティック-カントとマルクス)》, 이와나미 서점(岩波書店).

──2010b, 〈하늘 귀신 미요시 마사오(天の邪鬼マサオ・ミヨシ)〉, 《신초(新潮)》, 2010년 1월호, 216-221쪽.

가라타니 고진·사카베 메구미(柄谷行人·坂部惠), 2001, 〈대담 칸트와 마르크스-'트랜스크리틱' 이후로(対談 カントとマルクス-「トランスクリティック」以後へ)〉, 《군조(群像)》, 2001년 12월호, 194-210쪽.

구로사와 세이야(黒沢聖覇), 2019, 〈새로운 생태학 아래 '풍경'의 표현-나카노조 고지의 '외연'의 증거를 중심으로(新たなるエコロジー下の「景色」の表現-中園孔二における「外縁」の検証を中心に)〉, 도쿄예술대학 대학원 국제예술창조연구과 석사 논문.

구키 슈조(九鬼周造), 2016, 〈하이데거의 철학(ハイデッガーの哲学)〉, 《인간과 실존(人間と実存)》, 이와나미 서점(岩波書店).

나쓰메 소세키(夏目漱石), 1956, 《유리문 안에서(硝子戶の中)》, 신초샤(新潮社).

니시다 기타로(西田幾多郎), 1987a, 〈가지각색의 세계(種種の世界)〉, 우에다 시즈테루 편(上田閑照編), 《니시다 기타로 철학 논집 I 장소·나와 너 외 6편(西田幾多郎哲学論集 場所·私と汝 他六編)》, 이와나미 서점(岩波書店), 7-32쪽.

──1987b, 〈움직이는 것에서 보는 것으로(働くものから見るものへ)〉, 우에다 시즈테루 편(上田閑照編), 《니시다 기타로 철학 논집 I 장소·나와 너 외 6편(西田幾多郎哲学論集 I 場所·私と汝 他六編)》, 이와나미 서점(岩波書店), 33-36쪽.

──1989, 〈장소적 논리와 종교적 세계관(場所的論理と宗教的世界觀)〉, 우에다 시즈테루 편(上田閑照編), 《니시다 기타로 철학 논집 III 자각에

관하여 외 4편(西田幾多郎哲学論集Ⅲ 自覺について 他四編)》, 이와나 미 서점(岩波書店), 299-397쪽.

니시타니 게이지(西谷啓治), 1961, 〈종교에 있어서 인격성과 비인격성(宗 敎における人格性と非人格性)〉, 《종교란 무엇인가-종교 논집Ⅰ(宗敎 とは何か-宗敎論集Ⅰ)》, 소분샤(創文社).

다키 고지(多木浩二), 2000, 《살았던 집-경험과 상징(生きられた家-経験 と象徵)》, 신쇼샤(新裝社), 아오키샤(靑土社).

무라카미 야스히코(村上靖彦), 2012, 《레비나스-무너진 존재로서의 인간(レヴィナス-壊れものとしての人間)》, 가와데쇼보신샤(河出書房新社).

미요시 마사오(ミヨシ マサオ), 《오프 센터-일미 마찰의 권력 · 문화 구조(オフ · センター-日米摩擦の権力·文化構造)》, 사마타 히데키 역(佐 復秀樹訳), 헤이본샤(平凡社).

미요시 마사오·요시모토 미쓰히로(ミヨシ マサオ·吉本光宏), 2007, 《저항 의 장소로-일체의 경계를 넘어서기 위해 미요시 마사오 자신을 말한다 (抵抗の場所へ-あらゆる境界を超えるために マサオ · ミヨシ自らを 語る)》, 라쿠호쿠슈판(洛北出版).

시노하라 마사타케(篠原雅武), 2016a, 《복수성의 생태학-비인간적인 것 의 환경 철학(複数性のエコロジー-人間ならざるものの環境哲学)》, 이분샤(以文社).

──2016b, 〈인연의 공간론(緣の空間論)〉, 야마나 요시유키 · 히시가와 세이이치 · 우치노 마사키 · 시노하라 마사타케 편(山名善之 · 菱川勢 一 · 内野正樹 · 篠原雅武編), 《인연-연계의 예술[en(緣)-アート·オ ブ·ネクサス]》, 토토출판(TOTO出版), 8-15쪽.

──2017, 〈다키 고지에게 '공간'-시노하라 가즈오와 건축 공간과의 대 결을 둘러싸고(多木浩二における「空間」-篠原一男の建築空間との対 決をめぐって)〉, 《인문 학보(人文学報)》, 제110호(2017년 7월), 교 토 대학 인문과학연구소.

──2018, 《인류세의 철학-사변적 실재론 이후의 '인간의 조건'(人新世の 哲学-思弁的実在論以後の「人間の条件」)》, 진모쇼인(人文書院).

시노하라 마사타케 · 노사쿠 후미노리(篠原雅武 · 能作文德), 2020, 〈인류

세의 생태학으로부터, 건축과 예술을 생각한다(人新世のエコロジーか
ら, 建築とアートを考える)〉, 《코스모-에그스│우주의 알-집단 이후
의 예술(Cosmo-Eggs│宇宙の卵-コレクティブ以後のアート)》, 토
치프레스(torch press), 211-225쪽.

아사다 아키라(浅田彰), 1983, 《구조와 힘-기호론을 넘어(構造と力-記
号論を超えて)》, 게이소쇼보(勁草書房).

오카다 도시키(岡田利規), 2019, 첼피시×가네우지 덴페이(チェルフィッ
チュ×金氏徹平), 〈고무지우개 산(消しゴム山)〉과 〈고무지우개 숲(消
しゴム森)〉의 〈작품 개요〉, 첼피시 웹사이트(https://chelfitsch.net/
activity/2019/07/eraser.html).

요네다 도모코(米田知子), 2012, 〈인터뷰-감광된 시간의 층(インタビュ
ー感光きれる時間の層)〉, 《아트 아이티(ART iT)》 웹사이트(https://
www.art-it.asia/u/admin_ed_feature/okikhyr34qftclo976fe),
2012년 2월 1일.

──2013 《어두운 곳에서 만난다면/어둠이 없는 곳에서 만나리라(暗なき
ところで逢えれば/We shall meet in the place where there is no
darkness)》, 도쿄도사진미술관 · 헤이본샤 편(東京都写真美術館 ·
平凡社編), 더 웍스(루스 아크랠리)+가핑글 역[ザ · ワード · ワークス(
ルース · アクレリー)+ギャビン · フルー訳], 헤이본샤(平凡社).

이마니시 긴지(今西錦司), 1986, 〈자연 문답(自然問答)〉, 《자연학의 제창
(自然学の提唱)》, 고단샤(講談社).

이소베 히로아키(磯部洋明), 2017, 〈우주의 연기자인가, 아니면 관찰자인
가(宇宙の演者か,それとも観察者か)〉, 《현대사상(現代思想)》, 2017
년 7월호, 216-225쪽.

이소자키 아라타(磯崎新), 2003, 《건축에서 '일본적인 것'(建築における
「日本的なもの」)》, 신초샤(新潮社).

이즈쓰 도시히코(井筒俊彦), 2019, 《의미의 심층으로-동양 철학의 수위(意
味の深みへ-東洋哲学の水位)》, 이와나미 서점(岩波書店).

하세가와 유코(長谷川祐子), 2017, 《파괴한다, 그녀들은 말한다-부드럽게
경계를 횡단하는 여성 예술가들(破壊しに, と彼女たちは言う-柔らか

に境界を横断する女性アーティストたち)》, 도쿄예술대학출판회.

하세가와 유코·다카타니 시로(長谷川祐子·高谷史郎), 2019, 〈하세가
와 유코와 다카타니 시로가 말한다 '덤 타입'의 지금까지와 여기로부
터(長谷川祐子と高谷史郎が語る「ダムタイプ」のこれまでとこれか
ら)》, '미술 수첩(美術手帖)' 웹사이트(https://bijutsutecho.com/
magazine/interview/21099), 2019년 12월 28일.
후지타 마사카쓰(藤田正勝), 2011, 《니시다 기타로의 사색 세계-순수 경
험에서 세계 인식으로(西田幾多郎の思索世界−純粋経験から世界認識
へ)》, 이와나미 서점(岩波書店).

인류세 시대의 장소성의 의미

이 책의 배경에는 불평등, 난민, 국제적 재난, 전쟁, AI의 등장과 같은 글로벌한 문제들이 있다. 이러한 문제들을 다루는 분야 중 하나가 시민 교육이다. 여기에서 핵심이 되는 시민성은 이른바 '빅 파이브_{big five}' 시민성, 즉 '민주 시민성, 글로벌 시민성, 다문화 시민성, 디지털 시민성, 생태 시민성'이다.

이들 중 디지털과 생태는 2020년대 들어 우리 정부와 사회도 관심을 기울이게 된 주제이다. 먼저 디지털과 관련 있는 현상으로는 챗 GPT를 내장한 로봇의 진화, SNS 확산에 따른 정보 윤리, 탈진실, 가상 화폐, 물류 산업의 AI화, 인공 지능을 활용한 합성 물질 개발, 자율 주행 자동차의 '레벨4'로의 진입 등을 꼽을 수 있다. 물류와 의료 기술 등 사람과의 상호 작용이 적은 분야는 굉장히 빠른 속도로 발전하는 반면, 감정

노동 로봇이나 자율 주행 자동차처럼 인간과 상호 작용이 많은 분야는 기대보다 속도가 느리다.

　다음으로 생태 문제를 보면 기후 변화 회의론이 수그러들었음에도 기후 변화를 저지하려는 활동가들과 발전을 지향하는 정부 및 기업 간에 여전히 입장 차이가 크다. 활동가들은 2100년의 지구 평균 기온 상승을 4℃를 넘어 최대 5℃에 이를 것으로 전망하는 반면, 기후 변화에 대한 정부 간 협의체인 IPCC(Intergovernmental Panel on Climate Change)의 2021년 보고서는 2.7℃ 전후일 가능성이 클 것으로 내다본다. 극지 전문가이자 기후 과학자인 김백민 교수에 따르면 평균 기온 상승이 4℃ 이상일 경우 태백시를 제외한 전 국토가 물에 잠기지만, 2.7℃ 전후라면 부산과 같은 연안 지역 정도가 물에 잠길 것이라고 한다. 어느 쪽이든 생태계와 경제에 타격이 될 것이다.

　어느 쪽이 맞는다고 손을 들기는 어렵다. 적어도 에너지 전환과 같은 정부와 국제적 차원의 노력이 수반되지 않는다면 파국은 피할 수 없을 것이다. 더불어 글로벌한 범위에서 생태 시민성을 논할 때가 왔다. 이때 생태 시민성은 환경 문제가 가진 역설을 극복하고 개인의 삶과 정부의 정책 모두에서 효용감을 느끼는 수준의 사회 건설을 지향한다. 환경 문제의 역설이란 유엔기후변화협약의 문구로도 잘 알려진 '공동의, 그러나 차별화된 책임'을 가리킨다. 오늘날 북반구의 선진국들이 저지른 환경 파괴로 인해 남반구의 가난한 사람들이 고통을 겪고 있다. 그러나 이는 지구인 공동의 문제이다. 동시에 이 문제는 환경 파괴가 일어나고 한참 뒤에야 사람이 아프고 동식물이 고통에 처해 있음을 깨닫게 되는 시간 지체성 특징을 띤다. 이것이 생태 학습이 필요한 이유이다.

*

이처럼 지구 온난화와 지질학적 문제가 핵심인 인류세 개념은 대기 과학과 지리학뿐 아니라 사회적·경제적·교육적 문제이기도 하다. 저자는 인류세를 철학적으로 사고해 온 디페시 차크라바르티, 티머시 모턴, 프레드 모튼, 마르쿠스 가브리엘과 같은 서구 철학자들, 그리고 니시다 기타로, 요네다 도모코, 오카다 도시키, 가네우지 뎃페이 등 일본의 현대 철학자들과 예술가들을 가로지르며 사유를 펼쳐 간다. 바로 자신이 살고 있는 땅, 곧 주관적 체험의 장소를 사유하고 있다. 그러면 이 책에 거론된 주요 철학자들과 예술가들의 생각을 따라가 보자.

먼저 저자는 니시다 기타로의 '장소의 철학'에 주목한다. 그가 왕성하게 활동하던 1890~1920년대는 일본이 청일 전쟁(1894~1895)과 러일 전쟁(1904~1905)의 승리로 경제적 수혜를 누리던 시기였다. 전쟁의 승리는 문화 예술의 발전을 동반했는데 이 시기에 유행한 것이 역설적이게도 생명 사상이다. 그것은 산업의 발전에 대한 우려 속에 형성된 생명에 대한 존중을 담고 있다. 일본인들은 하천이 오염되고 공장에 나간 이들이 병에 든 것을 보면서 전통 사회가 급속히 변모하는 것을 깨닫게 된다. 일본의 전통, 일본의 독자성이 서양의 문물로 대체되면서 니시다는 장소를 주체가 확실히 감각하는 곳이면서도 '아무것도 없는/정해진 것이 없는' 이중적인 것으로 파악한다.

프레드 모튼은 니시다의 장소성이 모순적이기에 결국 파탄날 것이라고 생각한다. 그는 이를 확장하여 지구 규모의 사물에 대해 우리가 갖는 생각에 적용한다. 우리는 인간이 구축한 세계를 확실히 있는 것으로 느끼는 반면, 그렇지 않은 세계, 특히 사물의 세계는 없는 것처럼 취급한다. 인간적 질서에서 버려진 사물, 생활 세계의 안쪽에 은폐된 채 역사도 없고, 정치도 없는 거대한 벽에 막힌 사물의 세계는 지하 세계나 다름없다. 화석 연료를 기반으로 한 산업 혁명은 지구를 가열하여 북극의 얼음을 녹이고 해수면을 상승시키며 홍수와 가뭄, 산불을 일으킨다. 거대한 태풍과 쓰나미 같은 자연의 맹위 앞에 인간의 세계가 붕괴하고 말 것이라는 두려움이 몰려온다.

티머시 모턴도 장소를 생각했다. 그는 콜로라도의 거대한 쇼핑몰에 만들어진 주차장 공터를 '비장소'라고 부른다. 저자가 보기에 모턴의 이런 감각은 1970년 오사카 만국박람회

장을 폐허 자체로 파악한 이소자키 아라타의 감각과 공명한다. 인류가 최초로 원자 폭탄을 사용하면서 끝난 태평양 전쟁 (1941~1945)은 대동아 공영권 건설이라는 환상을 품고 도시를 건설했다. 그러나 전쟁으로 폐허가 된 도시에 남겨진 말라붙은 풍경, 얼어버린 사멸의 풍경은 미래에도 반복될 것이다. 폐허가 된 도시는 인간이 없는 풍경에 대한 감각을 촉발한다.

이처럼 니시다 기타로 등을 계기로 프레드 모튼과 티머시 모턴으로 확장되는 장소에 대한 사유는 결국 '취약성' 개념으로 수렴된다. 취약성이란 장소의 붕괴에 대한 감각을 말한다. 사회학자인 오를로프(Orlov)는 지진의 리히터 규모처럼 '금융적→경제적→정치적→사회적→문화적 붕괴' 단계를 설정하고 여기에 생태학적 붕괴를 추가했다. 금융적 붕괴 단계에서는 예금, 카드, 투자, 보험과 연금이 종잇조각이 된다. 경제적 붕괴 단계에서는 생필품 부족이 일상화된다. 정치적 붕괴 단계에서는 공공 서비스가 사라지고, 도로 유지 보수가 불가능하며, 쓰레기도 수거되지 않는다. 사회적 붕괴 단계에서는 정부를 메꾸기 위해 나선 지역 사회 기관이 제 역할을 못 하고 사람들은 각자도생의 처지로 내몰린다. 문화적 붕괴 단계에서 사람들은 친절, 배려, 애정, 정직, 환대와 같은 인간미를 상실한다. 마지막으로 생태학적 붕괴 단계에서는 척박한 환경 속에서 다시 시작할 가능성이 매우 희박해진다.

비인간적 장소에 대한 사유. 인간이 쓰다 버린 공간과 우리를 둘러싼 세계에 대한 사유는 바람, 눈과 모래의 소리, 하천의 졸졸거림 등 음향적이고 촉각적인 것을 동반한다. 인간이 의식하지 못하던 '존재'들이 우리에게 인식될 때 마르쿠스 가브리엘은 이를 '의미장'이라고 부른다. 서울역 같은 복잡한 공간에서 형사와 여행자는 서로 다른 의미장을 갖는다. 인류세 또한 의미장의 눈으로 바라볼 수 있다. 인류세는 산업 혁명으로 상징되는 인간 행위의 축적을 반영하는 동시에 인간의 역사를 훨씬 뛰어넘는 지질학적 시공간과 관련된다. 가브리엘에게 존재한다는 것은 의미장에서 객관적으로 나타난다는 것이다. 거기에 나타나는 것의 관계성은 이를 파악하는 지엽적이고도 인간적인 조건에 의해 제한되지 않는다.

요네다 도모코의 2004년 사진집 〈지진 재해 이후 10년〉은 비인간적 장소를 제시한다. 이 사진집은 1995년 한신·아와지 대지진 10년 뒤의 고베 거리를 담고 있다. 표제는 '시내 최대의 피해를 받은 지역'이지만 실제로는 그저 빈터를 보여 준다. 빈터에는 잡초화가 진행 중이다. 누군가 살고 있었을 파탄의 흔적, 거기에 담긴 상실감, 비애, 적막함과 더불어 사라진 것들. 요네다는 거기에 살았던 사람의 개성, 거주지, 삶에 관한 생각, 그렇게 소멸되어 버린 흔적들을 가리켜 '원풍경의 층'이라고 부른다. 대중 매체나 SNS가 제공하는 정보에 휘둘

려서는 현실에서 벌어지고 겹겹이 각인된 음향이나 냄새 같은 질감의 정밀함을 느낄 수 없다. 개념적 지식과 관련된 직접 경험을 얻기 위한 일차적 조건은 바로 장소에 대한 감각과 사유이다.

오카다 도시키가 이끄는 극단 첼피시의 실험 연극인 〈고무지우개 산〉은 인간적 범위를 넘어선다. 오카다는 사람과 사물이 주종 관계가 아니라 평평한 관계성으로 존재하는 세계를 연극으로 만들고자 했다. 〈고무지우개 산〉은 사물과 관련된 에피소드를 다룬다. 세탁기나 소파 등 흔한 일상용품으로서의 사물이 전조도 없이 고장 난다. 소파는 실제 무대 장치가 아니라 배우의 상상 속에만 존재하는 것으로 설정되어 있다. 이렇게 설정한 이유는 소파를 출현하게 하는 배우의 말에 관심을 기울이게 하기 위해서이다. 즉 소파의 성질은 배우가 직접 구축한 것이 아닌 소파가 배우에게서 끌어낸 것이다. 소파는 배우에게서 끌어낸 무언가를 자신 안에 숨기고 있다. 이 무언가를 배우가 적절히 튜닝함으로써 끌어낸다는 식이다. 인간적 척도가 우세한 세계관에서는 사물의 성질이 무시된다. 일본의 젊은 예술가들이 보여 주는 이런 예술적 실험들은 티머시 모턴, 프레드 모튼 등 이 책에서 다루는 서구 사상가들의 붕괴에 대한 감각과 공명한다. 이처럼 인간 이후의 철학을 위한 실마리는 비인간적 장소에 담겨 있다.

시노하라는 가라타니 고진의 시차를 통해 인류세를 사유한다. 가라타니는 칸트의 작품 중 1759년 스톡홀름 대화재를 예언한 스베덴보리에 관한 논의를 검토한다. 칸트는 스베덴보리를 망상에 빠진 사람이 아니라 초감성적인 것을 받아들이는 존재로 파악한다. 가라타니는 이 논의를 통해 이성적 인간의 시점도, 스베덴보리의 시점도 아닌 양자의 어긋남을 시차라고 부른다. 만일 시차가 없다면 우리는 대상을 객관적으로 볼 수 없다. 예를 들어, 아이폰으로 찍은 사진은 내가 찍었지만 생각지도 않은 부분을 화면에 보여 준다. 나의 시점과 아이폰의 시점이 다르다는 것을 알기 위해서는 양자 간의 어긋남을 알아차려야 한다. 이것이 바로 시차이다.

이 논의를 지구 온난화 문제로 바꿔 보자. 세계는 인간이 거주하는 상상의 세계와 인간이 없어도 존재하는 세계로 나눌 수 있다. 우리는 인간 중심적인 세계에 사는 동시에 우리와 무관한 객관적인 세계에서도 산다. 칸트는 인간을 이성적이고 사교적인 존재로 봄으로써 인간 중심의 세계를 위한 기반을 제공했다. 그러나 차크라바르티가 보기에 칸트의 인간상은 늘 온화한 기후를 배경으로 하고 있을 뿐이다. 두 세계는 시차로 인해 통합될 수 없다.

이 책을 번역하는 데 많은 분이 도움을 주었다. 먼저 시노하라의 저작을 한국에 소개해 준 조성환 교수님과 이우진 교수님께 감사드린다. 다음으로 추천사를 써 준 성공회대 진태원 교수님께 감사드린다. 이 세 분과는 학술 대회도 함께하기로 하여 역자로서는 큰 힘이 된다. 이비출판사 박세원 대표님과의 만남도 빼놓을 수 없다. 일본의 철학서가 가진 잠재력을 알아본 대표님 덕분에 이 책이 출판될 수 있었다. 시노하라는 이 책 외에도 《복수성의 생태학》(2016), 《살았던 뉴타운》(2016), 《공공 공간을 위해》(2011), 《공공 공간의 정치 이론》(2007) 등을 쓴 다작가이다. 그의 능력이 부럽기도 하지만 이를 가능하게 준 일본 학계의 풍토에 눈길이 간다. 앞으로 그의 다른 책들도 한국의 독자들에게 소개해 보고 싶다.

2023년 6월 최승현

추천사

붕괴의 상상력, 사물적 유령론, 촉각의 언어
　: 인류세를 철학적으로 사유한다는 것

진태원(성공회대학교 민주자료관 연구교수)

　며칠 전 국제층서위원회(ICS) 산하 인류세실무그룹(AWG)이 캐나다 토론토시 부근의 크로퍼드 호수를 인류세의 시작을 가장 잘 나타내는 국제표준층서구역(GSSP)으로 선정했다는 소식이 전해졌다. 이른바 '대가속기'가 시작된 1950년대 이후 핵 실험과 원자력 발전에서 발생하는 플루토늄, 그리고 석탄 같은 화석 연료를 발전소에서 태울 때 배출되는 구형탄소입자(SCP)와 같이 인류세를 대표하는 주요 마커가 지구상에서 급속히 증가했다는 지질학적 흔적이 이 호수의 퇴적층에 뚜렷이 나타나 있고, 이는 우리가 새로운 지질 시대로 접어들었다는 강력한 증거가 된다는 것이 선정 이유였다. 이제 제4기층서위원회(SQS)와 내년 국제층서위원회에서 차례로 투표를 거쳐 이 선정안이 통과되면, 2024년 국제지질학총회(IGS)

에서의 최종 비준을 통해 인류가 신생대 제4기 인류세 크로퍼드절에 들어섰다는 사실이, 적어도 지질학적인 차원에서 공식적으로 승인되는 것이다.

2000년에 미국의 생물학자 유진 스토머(Eugene F. Stoermer)와 네덜란드의 화학자 파울 크뤼천(Paul Crutzen)이 공식적으로 사용한 이후 인류세 개념은 지구 시스템 과학이나 지질학 같은 자연 과학 분야만이 아니라 인문 사회 과학과 예술 분야, 그리고 대중적 담론에 이르기까지 급격하게 확산되어 왔기 때문에 사실 이런 뉴스가 그다지 새삼스럽지 않을 수도 있다. 하지만 이는 자연 과학뿐만 아니라 인문학 또는 철학과 관련해서도 매우 중요한 사건이다. 왜냐하면 이런 사건은 단지 새로운 지질 시대가 시작되었다는 과학적 사실을 뛰어넘어 이것이 뜻하는 바가 무엇인지, 특히 인류의 삶의 형태와 방향, 윤리적 책임과 관련하여 무엇을 함축하고 있는지 등의 물음을 제기하기 때문이다. 요컨대 인류가 지금처럼 계속 살아도 되는지(심지어 더욱 강렬하게 이렇게 해야 하는지), 아니면 지금까지와는 (매우) 다른 삶의 형태와 방향을 추구해야 하는지, 그렇다면 그것은 어떤 것이어야 하는지 등이 인류세와 관련한 인문학 또는 철학의 고유한 물음일 것이다.

이런 측면에서 보면 시노하라 마사타케 교수의 이 책은 여러 가지 측면에서 인류세 문제를 사유하는 인문학적 사유의 특성을 잘 보여 주고 있다.

이 책의 첫 번째 특징은 저자가 붕괴의 상상력에 입각하여 자신의 사유를 전개한다는 것이다. 붕괴의 상상력이란 무엇인가? 왜 인류세 시대를 사유하기 위해 붕괴의 상상력이 필요한가? 그 이유는 먼저 인류세가 인간의 조건에 관한 근대적 사유 및 문명의 근본적 한계를 드러내는 사태이기 때문이다. 인간의 조건에 관한 근대적 사유가 "인간 세계가 자연과 단절된 것이며 안정적이고 지속 가능한 상태로 유지되어 왔다"(5쪽)고 보는 이해 방식이라면, 인류세는 안정적이고 지속 가능한 것으로 상정된 인공적인 문명 질서가 "붕괴하거나 잠재적으로 폐기물이 될 수 있"(6쪽)음을 위협적으로 보여 준다.

마르틴 하이데거가 잘 보여 준 바와 같이 근대 문명에서 인간은 자연과 분리되는 것을 넘어 자연의 지배자가 되기를 추구해 왔다. 그런데 인간의 자연 지배 성립 조건은 자연이 인간의 지배에 순응하는 존재라는 가정, 물론 이런저런 저항과 부작용이 존재하겠지만, 그럼에도 결국 인간이 점차 탐사하고 통제하고 길들일 수 있는 수동적 대상이라는 가정이었다. 하지만 20세기 중엽 이후 지배자로서 인간의 힘이 더욱 강해지는 만큼 자연 또는 지구 시스템의 반작용도 더욱 강해져서 더 잦은 폭염과 산불, 가뭄, 태풍과 침수, 영구 동토층의 해빙, 빈번한 전염병 확산 등 파괴적인 결과가 산출되고 있다. 이에 따라 대다수 과학자는 지구 평균 기온을 2℃ 내지 1.5℃ 낮추는 데 성공하지 못한다면 예측 불가능한 파괴적 결과들이 초래되리라 우려하고 있다.

따라서 인류세는 역설적 성격을 지닌 사태라고 할 수 있다. 한편으로 인류세는 인류의 인공적 행위성이 불변적인 것으로 간주되어 온 지구 시스템 자체를 변동시킬 위력을 보여 주는 한에서, 주체와 객체 이원론 및 자연의 주인으로서의 인간이라는 관점에 입각한 근대 철학과 문명의 정점을 나타낸다고 볼 수 있다. 하지만 다른 한편으로 인류세는 이런 변동으로 인해 초래되는 지구의 폭력적인 힘과 인류의 가능한 종말을 가리키는 한에서, 인류의 왜소함을 표현하는 것으로 이해할 수 있다. 인간의 행위성과 주체성의 정점이라고 생각되던 것이 역설적으로 인류의 약소함과 의존성을 보여 주는 사태로 밝혀지고 있는 셈이다.

하지만 인류세의 역설에서 반드시 붕괴의 상상력이 도출되는 것은 아니다. 왜냐하면 에코모더니스트eco-modernist라고 불리는 이들은 인류세라는 사태를 인간의 주체성에 대한 자연 내지 지구 시스템의 도전으로 이해하면서, 지금까지 인류 문명의 기본 방향에 입각하여 이런 도전을 극복하려고 시도하기 때문이다. 이는 지금까지 그런 것처럼, 더 많은 과학과 기술을 통해 인류세의 도전을 극복하고 더 많은 발전과 안락함을 추구하는 길이다. 그것은 때로는 지구 온난화에 대한 역배출기술(NETs)이나 우주 양산 같은 기술적 대응의 시도로 나타나기도 하고, 때로는 화성 이주와 같은 우주 공학적 시도로 나타나기도 한다. 핵심은 지금까지 삶의 형태나 방향을 바꾸지 않으면서 지구 시스템의 도전을 극복하는 길을 모색하는 것이다.

반면, 시노하라 교수는 인류세 의미를 지금까지 인류의 근본적인 생존 조건이라고 자각되지 못한, 따라서 "사실상 배제되고 무시되어 온"(249쪽) 지구 시스템이라는 조건이 동요하면서 인류의 인공적인 문명 기반 자체가 흔들리고 무너지게 된 사태로 파악한다. 일본인으로서 저자는 2011년 동일본 대지진에서 이런 붕괴의 전조를 예감하고 있지만, 중요한 것은 이런 붕괴의 가능성 및 현실성이 단지 지역적인 사태가 아니라 인류 문명 전체와 관련된 보편적인 사태라는 점이다. 그것은 수만 년 동안 인간이 구축해 온 문명 질서 내부에 어두운 바깥이 존재하며, 인간이 소멸하거나 부재하는 미래의 세계가 있을 수 있다는 것, 아니 그 세계는 이미 도래한 현실로 자리 잡고 있다는 것, 여기에서 붕괴의 상상력이 나온다.

붕괴의 상상력은, 인류세를 통해 우리 인류가 어떤 결정적인 전환점에 도달했으며, 여기서 우리 삶의 형태와 방향을 근본적으로 바꾸지 않는다면, 우리에게, 그리고 아마도 수많은 생명체에게 파멸의 길밖에 남지 않으리라는 절박한 철학적·윤리적 관점에 입각해 있다. 저자는 다음과 같이 말한다.

"인간이 반드시 소멸한다는 것은 아니다. 이는 어디까지나 사변적인 문제이다. 생태적 위기라는 현시대의 생존 조건을

구상하기 위해서는 인간이라는 종 또한 소멸할 수 있는 상황을 연결 지을 필요가 있다는 것이다."(202쪽)

여기서 독자들은 SF의 여러 광경을 떠올릴지도 모르겠다. 우거진 잡초와 황량한 들판, 잔해로 남은 문명의 흔적들, 원시인 차림새의 소수 생존자 간 치열한 생존 경쟁……. 하지만 시노하라 교수의 붕괴의 상상력은 통속적인 SF의 상상력과는 상당히 다른 유형의 것이다. 저자가 주목하는 첼피시 극단의 〈고무지우개 산〉이라는 연극은 저자의 붕괴의 상상력이 어떤 것인지 잘 보여 준다. 연극의 한 대목에 돌연 고장 난 세탁기 이야기가 등장한다. 이는 일상생활의 부분적인 파탄 내지 붕괴를 보여 주는 것인데, 보통의 경우라면 서비스 센터에 연락해 수리를 받거나 코인 세탁방에 가는 것으로 이런 상황을 모면할 수 있다. 하지만 이 작품의 극작가이자 연출가인 오카다 도시키와 함께 저자는 이런 사물의 부분적인 붕괴에서 다른 측면을 파악한다. 바로 "세탁기의 비활성화"(134쪽)라는 사실이다. 세탁기의 비활성화는 무엇을 의미하는가? 이는 세탁기의 각 부분이 "세탁기라는 전체로부터 해방"(137쪽)되는 것을 의미하며, 세탁기가 고장 나면서 들려오는 '바삭바삭' 하는 소리는 "세탁기에서 벗어난 부품의 소리"(134쪽)를 나타낸다.

세탁기라는 전체로부터 부분의 해방. 이는 인간이 구축해 놓은 인공적 문명의 질서에서 세탁기가 벗어남을 가리키는 것이고, 세탁기를 포함하는 문명적인 사물의 질서를 바라보는 인간주의적 관점이 깨지는 것을 뜻한다. 인공적 문명의 질서 내부에서 보면 세탁기의 고장(좀 더 큰 사례를 들자면, 카카오톡 서비스 장애 같은 것)은 상당히 번거롭고 불편한, 그리고 불쾌감을 유발하는 일로 표상될 것이다. 하루빨리 수리되거나 해결되어 원래의 정상적인 기능 상태로 복원되어야 하는, 일시적인 일탈이나 장애 상황일 뿐이다.

이는 인류가 구축한 현대 문명이 목적 합리성의 원리에 따라 운영되고 있으며, 이런 원리는 문명 내의 거의 모든 것이 기능적인 적합성 내지 최적의 상태에 따라 작동하도록 통제되고 있음을 말해 준다. 어떻게든 전력 공급망은 무사히 작동되어야 하고, 어떻게든 카카오톡 서비스도 지장 없이 가동되어야 하며, 어떻게든 교통 연결망도 지체 없이 운영되어야 한다. 만약 이들 중 하나라도 제대로 작동되지 않거나 심지어 해체되는 날이 온다면, 우리의 삶은 상상할 수 없이 망가지게 될 것이다. 전기가 수 주일 들어오지 않는 밤, 카카오톡이 일주일, 한 달째 연결되지 않는 생활, 도로와 철로, 항공로가 막혀 이동이 불가능해지는 삶 …….

그런데 저자는 우리에게 바로 이런 문명적 질서가 붕괴된 상황을 상상해 보도록, 그리고 그 상황을 재난이나 재앙이 아니라 해방으로, 적어도 우리 인류가 삶의 근본적인 전환을 추구하기 위해서는 환영하고 감수해야 하는 해방의 상황으로 생각해 보도록 요청한다. 이는 "기존 생활 세계의 파탄으로부터 사물이 흘러넘치고 이와 더불어 인간도 이로부터 해방된다"(216쪽)고 사유하는 것이다. 오직 인간의 편리와 유익을 위해 디자인되고 구축된 현대 문명의 인공적 질서는 자연 생태계 파괴를 작동의 전제 조건으로 삼고 있기 때문에 우리가 의도적으로 환경을 훼손하거나 자연 생태계를 파괴하는 행위를 하지 않는다고 해도, 우리가 그저 익숙한 생활을 정상적으로 유지하는 것만으로도, 사실 우리는 이미 지속적으로 그리고 능동적으로 돌이킬 수 없는 자연 생태계의 파괴 및 지구 시스템의 근본적인 변형 활동에 동참하는 셈이다. 저자의 붕괴의 상상력은 그 존재 자체 속성상 생태계 파괴 지향적일 수밖에 없는 현대 문명의 기본 속성을 성찰하도록 촉구하고 있다.

이로부터 이 책의 두 번째 인문학적 또는 철학적 특징이 도출된다. 이런 특징을 (저자는 직접 거론하지는 않지만) 자크 데리다의 용어법을 사용해서 표현하자면 유령론의 관점에서 인간 이후를 사고한다고 할 수 있다. 이때의 유령론은 물질적인 유령 내지 사물적인 유령에 관한 것이다. 사물적인 유령이란 사물들이 실체로 존립하는 게 아니라 어떤 잔해 내지 흔적으로 나타난다는 것, 그리고 사물의 본질 또는 사물성이란 그처럼 '자기 자신으로 존립하지 않음, 완결되지 않음, 자립적이지 않음'으로 성립한다는 것을 의미한다.

두 번째 주제와 관련하여 저자가 가장 많이 의존하는 사상가는 최근 국내에서도 많은 주목을 받고 있는 생태 철학자 티머시 모턴과 영문학자 프레드 모튼, 그리고 일본의 사진작가 요네다 도모코 같은 사람들이다. 모턴은 생태적인 것을 "모든 것이 상호 의존적이며 상호 연관된다는 것"(161쪽)으로 정의하는데, 여기서 상호 의존 내지 상호 연관성이 뜻하는 바를 잘 이해하는 게 중요하다. 이는 서로 관계를 맺기에 앞서 이미 모종의 자립적 실체들로서 확고한 자기 정체성을 지닌 사물들이 이차적인 존재 방식으로 서로 관계를 맺게 됨을 뜻하는 게 아니다. 모턴이나 저자가 이해하는 관점에 따르면, 상호 연관으로서 자연 또는 세계를 이해한다는 것은 사물들을 그것들의 고정성과 독립성으로부터 분리시킨다는 것을 의미한다.

이는 이중적인 측면에서 우리가 지닌 세계상을 탈구축하는 작업이다. 첫째, 이는 인간과 독립적으로 존립하며 불변적인 정체성을 지닌 것으로 간주된 실체로서의 자연 및 사물의 질서에 대한 탈구축을 함축한다. 자연적인 사물들의 부동적이고 자립적인 질서는 사실은 '자연'이라는 것을 능동적인 주체로서의 인간이 탐구하고 개척하고 정복해야 할 수동적인 대상으로 이해하는 관점 위에서 성립한 것이기 때문이다. 불변적이고 자립적인 실체로서의 자연이라는 표상은 인공주의적 문명에 기반을 두고 있으며, 그 바탕 위에서 성립하는 세계상인 것이다. 인류세로 표현되는 생태적 위기가 깨뜨리고 있는 것이 자연 및 사물의 질서에 대한 이런 표상이다.

둘째, 따라서 저자는 우리가 진정으로 인간 중심주의에서 벗어나 사물의 진상을 파악하려면 사물을 "형태 없는 흔적"(92쪽)으로 이해하는 관점이 필요하다고 주장한다. 이는 모턴이 말하듯 "상호사물성의 공간"(space of interobjectivity, 163쪽)이라는 개념에 입각해서 사물의 질서를 이해하려는 시도다. 여기서 상호사물성의 공간이란, 단어가 표현하듯이 "사물의 '사이'에 있는 공간"(164쪽)을 말한다. 단, 여기서도 주의해야 할 점은 "사물의 사이"란 이미 확고한 자기 정체성을 지닌 실체로서의 사물들이 먼저 존재하고, 그다음 이 실체들 사이에 존재하는 공간을 가리키지 않는다는 사실이다. 그런 사이는 오히려 사물들을 성립하게 해 주는 사이 또는 공간이다. 이런 사이 내지 공간 이전에는 사물들이 존재하지 않는다. 더 나아가 이런 사이 자체도 무언가 확고한 실체성을 지닌 어떤 것, 사물들이 공유하는 어떤 것이 아니라, "오히려 무언가가 멀어지고 벗어나 버리는 곳에서 생겨나는 것"(164쪽)이며, "인간과 인간 아닌 모든 것의 행위가 현실 세계에 남긴 흔적을 축적한 공간"(164쪽)이다.

이로부터 다음과 같은 결론이 나온다. 곧 "현실의 모든 사건은 존재하는 것이 그 흔적을 다른 것에 남겨 각인시킨 것"이고, "상호사물성의 공간은 이런 모든 흔적의 총체에 불과"하며, 또는 요네다의 표현을 빌린다면 "역사는 눈에 보이는 기념품이나 건축물만으로 나타나는 것이 아니라, 그 흔적이 무형으로 태연하게 존재"(93쪽)하는 것이라고 할 수 있다. 이제 독자들은 내가 왜 저자의 사유의 두 번째 특징이 사물적인 유령론이라고 말했는지 이해할 수 있을 것이다. 저자의 관점에 입각하면 사물들은 흔적의 흔적이며, 상호사물성의 공간으로서의 상호 연관은 실재성을 지니지 않지만 현실의 사물들이 상호 작용할 조건을 이루는 것이다. 확고한 실재처럼 보이는 인류 문명의 인공적 질서 기저에는 유령적인 "지하 세계"(모튼)가 존재하는 것이다.

다시 여기서 독자들은 다음과 같은 의문을 가질 수 있다. 왜 사물적 유령론이 필요한가? 왜 자연적 세계를 포함한 실재하는 모든 것의 실재성을 이렇게 철저하게 박탈해야 할까? 일차적인 이유는 저자가 보기에 인류가 구축해 놓은 인공적인 문명의 질서, 그 자체로서 생태계 파괴적인 그 질서가 너무나 강력하게 존속하고 있고, 그 질서는 자연과 문명에 관한 실체론적 세계상 및 자연의 정복자이자 주인으로서의 인류라는 관점에 의해 강력하게 지지받고 정당화되고 있어서 철저하게 이 질서 및 세계상을 해체하지 않고서는 인류세가 제기하는 문제를 제대로 사유하고 그에 적절하게 대응하는 것이 불가능하기 때문이다.

또 다른 이유는 이 책의 세 번째 특징과 관련되어 있다. 이는 저자가 감각을 매우 중요시하는 철학자라는 점이다. 저자는 '공공권'이라는 개념으로 집약되는 합리주의적 철학을 신뢰하지 않으며, 오히려 그 철학이야말로 인간 중심주의를 정당화하는 최종적인 보루라고 간주한다. 이런 합리주의 철학 그리고 공공권에 기초를 둔 사유는 오직 감각에 의지함으로써 극복할 수 있는 것이다. 그 감각은 "취약성에 대한 실존 감각"(15쪽)이며, 소멸을 사물의 존재 양식으로 파악하는 감각, 소멸을 "인간적 척도를 벗어난 곳에 남겨짐"(28쪽)으로 파악하는 감각이다. 이는 일상적인 감각이라기보다는 예술적인 감각, 예술가들의 민감하고 섬세한 감각을 통해 드러나고 고양되는 감각이다.

저자가 말하는 감각의 차원은 프레드 모튼과 클레어 콜브룩이 각자 제시하는 소리와 음향의 구별에 관한 논의에서 파악할 수 있다. 소리가 개별화된 음을 가리킨다면, 음향은 어떤 개체에 귀속되기 이전의 "무수한 익명의 노이즈"(208쪽)를 가리킨다. 다시 말해 음향은 "인간의 신체가 형성되고 조직화되기에 앞서 존재하는"(211쪽) 것이며, "인간 신체와 무관한 곳, 인간 신체를 벗어난 곳에서 생겨나고 존재"(210쪽)하는 것이다.

음향성이 문제가 되는 이유는 한편으로 그것이 "무언가 이야기되어야 함에도 이야기되지 않거나 이야기된다 해도 어떤 의미 있는 것으로 받아들여지지 않거나 무시"되는 극한적 상황, 곧 "자격 박탈" 상황을 가리키기 때문이다. 자크 랑시에르(Jacques Rancière)가 몫 없는 이들의 목소리는 들리지 않으며 들린다 해도 그것은 무의미한 소리, 곧 음향으로만 들릴 뿐이라고 말한 것처럼 소리와 구별되는 음향은 공공권에서 들리지 않은 세계의 파탄에 관한 이야기를 들을 수 있는 계기를 전해 준다. 다른 한편으로 음향은 인간적 신체를 넘어서는, 인간이 없는 "매끄러운 공간"(들뢰즈·가타리)의 차원을 감지하게 해 준다. 그 공간은 "지점이나 대상처럼 정해진 것이 아니라 바람, 눈 혹은 모래의 파동, 음향, 얼음 소리, 촉각적인 것과 같은 성질의 움직임, 방향성의 총체로서 살아 있는 것으로 파악"(212쪽)되는 곳이다. 진정으로 생태적인 차원은 시각에 기반을 둔 언어를 넘어서는 이런 감각, 촉각적인 언어의 발명을 통해 접근할 수 있다.

아마도 저자의 논의에 전적으로 공감하기는 어려울 수 있다. 여러 독자, 특히 사회 과학 분야의 독자들이 보기에 저자의 입장은 지나치게 비합리적인, 어쨌든 사회적 합리성의 차원을 너무 과도하게 비판하고 경계하는 것으로 비칠 것이다. 또는 공공권의 철학과 촉각의 철학을 그처럼 선명하게 대비시키는 게 인류세에 대한 적절한 대응인지, 데리다식으로 말하면 양자는 이율배반 관계가 아닐까 하는 반론이 제기될지도 모르겠다. 하지만 내가 보기에 이 책의 인문학 또는 철학적 가치는 이런 첨예한 논란을 촉발할 수 있다는 점에서 찾을 수 있다. 인류세가 모두가 합의할 수 있는 어떤 실정적인 대상 positive thing을 지칭하는 용어가 아니라 "논란을 본질로 하는 개념"[W. B. 갈리(W. B. Gallie)]이라는 점, 이처럼 본질적으로 논쟁적인 차원의 개방 속에서만 인류세의 문제는 철학적으로 더 깊이, 그리고 성숙하게 다뤄질 수 있기 때문이다. 이런 측면에서 이 책은 인류세의 문제를 고민하는 독자들에게 흥미로운 성찰의 기회를 제공해 주리라 믿는다.

찾아보기

인간 이후의 철학

시노하라 마사타케 지음 / 최승현 옮김

초판 1쇄 발행 2023년 9월 16일
교정·교열 신윤덕 / 디자인 김미연 / 제작 세걸음
펴낸이 박세원 / 펴낸곳 이ㅣㅂㅣ
출판 등록 2020-000159(2020년 6월 17일)
주소 서울시 종로구 창덕궁4길 4-1. 401호
전화 070-8847-2047 / 팩스 0504-227-2047
전자우편 2b-books@naver.com
블로그 https://blog.naver.com/2b-books
인스타그램 @ether2bbooks

ISBN 979-11-971644-5-3(03100)